ヴィジュアル版

世界のティータイムの歴史

ヘレン・サベリ　村山美雪 訳

Teatimes A World Tour

原書房

ヴィジュアル版

世界のティータイムの歴史

Teatimes: A World Tour

by Helen Saberi

was first published by Reaktion Books, London, UK, 2018.

本書を亡き母ヒルダ・キャニングに捧げます。

目次

謝辞

リアクション・ブックスのマイケル・リーマン、マーサ・ジェイ、スザンナ・ジェイエスに感謝いたします。さらに、助言、情報、レシピ、図版、励ましを与え、あらゆる面で助けてくださった以下の人々にもお礼を申し上げます。ゲイル・ボウエン、故ヘンリー・ブラウンリッグ、サラ・バーン、ホーニマン博物館のトム・クローリー、シャーロット・クラーク、グラハム・デイ、カレン・ディアス、〈ポストカード・ティーズ〉のティム・ドファイ、シュビレ・エクロイド、ハッティ・エリス、アニャ・ゴダード、ヘレン・グレイヴズ、ジェラルデン・ホルト、ノリーン・ハワード、カレン・ハワード、フィルとパッツィー・イディソン、ボブソ・カンワル、マリア・エミリア・ロペス、シボーン・マクガイア、アイルランド観光局のジョン・マルケイ、〈ナポレオーナ・ティーズ〉のシャロン・マイヤーズ、ライラ・ヌール、ゲイトリ・パグラチ＝チャンドラ、アレックス・サベリ、ナシル・サベリ、オリヴァー・サベリ、レジーナ・セクストン、ジェニー・ステーリー、故ロージー・スターク、マリエツェとジャコ・スワルト、ビー・ウィルソン。

　わたしの原稿を読み通して、ほんとうにたくさんの有益な提案や、意見、励まし、助言を与えてくれたコリーン・テイラー・センにはことに感謝します。専門知識を惜しみなく教示し、的確な意見と有益な提案を与えてくれたデイヴィッド・バーネット、ローラ・メイスン、バーバラ・サンティッチ（オーストラリア）、メアリー・ウィリアムソン（カナダ）にも感謝します。

機知と知恵を貸してくれただけでなく、落ち込んでいるときには背中を押し、書籍、写真、ハガキ、そのほかの茶についてのあらゆる資料を提供してくれたヒラリー・ハイマン、カオリ・オコナー、ジリアン・ライリーには感謝の気持ちでいっぱいです。ロンドンの歴史研究集団〈ウォークス・アンド・トークス〉のメンバー、なかでもマギー・アレン、ロジャー・アトウェル、ジェニー・クック、キャロル・コックス、シーラ・ジェント、ベティー・マッテス、マイラ・モーガン、ガイ・ロウストン、スー・シムズ、サイモン・スウィンデル、デレク・ウォード、クリスティン・ウォルスキーにも熱心な支援に感謝します。わたしたちは長い道のりを歩いたあとで幸せなティータイムを何度もともに過ごしています。

序文

本書の執筆によってティータイムのたくさんの幸せな記憶がよみがえってきました。一九五〇年代から六〇年代にヨークシャーで過ごした子供時代には、学校からへとへとになってお腹を空かせて帰ってくると、母がお茶《ティー》を用意してくれていたものです。当時の〝ティー〟は午後五時から六時頃の夕方にとる食事でした。昼間の食事がディナーと呼ばれていました。これは長いあいだ、イングランド北部ではごく一般的な慣習でしたし、いまでも昼食をディナー、いわゆるティータイムにとる食事をティーと呼ぶ人々もいます。母は真っ先にお腹を満たせるものを出してくれました。わたしのお気に入りは燻製《くんせい》タラのミルク煮とバター付きパンでしたが、チーズトースト、マカロニチーズ、カリフラワーチーズ、ベーコンエッグパイなど、ほかにも好物はいろいろありました。夏には、コンビーフサラダ（必ずビートの根、レタス、ゆで卵の薄切り、トマト、サラダクリーム付きで）や、スパムやハムなどのサラダもよく食べました。母はお菓子作りが得意だったので、〝食後〟の甘いものももちろん用意されていました。母のお菓子缶には、カップケーキ、ラズベリーパン、ジャムタルト、レモンカードタルト、デーツ、クルミのケーキなど、たくさんのケーキやビスケットが入っていたのです。飲み物はインド産の濃い紅茶にミルクと砂糖を加えたもの。冬には、暖かな炉辺でバターが滴《したた》る熱々のクランペットも食べました。特別な日や、お客様を招いたときの午後のお茶の時間には、母が銀製のティーポット、ミルク入れ、砂糖壺、角砂糖挟み、上等な磁器を揃えていたことも憶えています。お茶は居間で、もてなし用のワゴンからお客様に供されていました。その最下段にはサンドイッチとともにスコーン（ジャムとバター付き）、バタフライケーキ、それにマデイラケーキを切ったものなども並んでいたはずです。母はジャムとバタークリームがたっぷりのヴィクトリア・スポンジケーキやチョコレートケーキを焼くこともありました。

一九七〇年代にアフガニスタンで暮らしていたときに経験したティータイムも格別な思い出となっています。アフガニスタン人と結婚して様々な国からやってきた女性たちで〝外国人妻のティーサークル〟を結成したのです。毎月第一木曜日に、持ちまわりでティー・パーティを催していました。集まっておしゃべりできる格好の場でした。みな各国の伝統や名物を披露しあいました。ドイツ出身者がグーゲルフップフやトルテといったすばらしいケーキを作れば、スカンジナビア出身者もオープンサンドイッチや焼き菓子を味わわせてくれました。わたしたち英国出身者はスコーンにクリームとジャムを添え、チョコレートケーキやティー・サンドイッチでもてなし、アメリカ出身者はエンジェルケーキやストロベリー・ショートケーキを作りました。アフガニスタンのティータイムに食べられているものも頻繁に取り入れていました。シャミケバブ（挽肉、マッシュポテト、スプリットピー、タマネギをソーセージ形に詰めて油で揚げたリッソウルの一種）や、生地に具を詰めて揚げるボラニと呼ばれるおやつ、ジャガイモやナスなどの野菜を刻んでスパイスを加えた衣を付けて揚げたパコーラー、甘くてサクサクしたゴーシ・フィール（象の耳）と呼ばれる、ピスタチオをまぶした揚げ菓子などです。そうしたお茶会はあらゆる文化を知る貴重な機会となりました。

何を食べるにしても欠かせないものが、お茶です。その始まりは、はるか昔、中国で水瓶にたまたま野生の茶葉が舞い落ちたことだと伝えられています。伝説の神農皇帝がその浸出液を飲み、「茶は身体に活力を与え、心を満たし、意志を強める」と宣言し、臣下たちに勧めたとのこと。それは学名カメリア・シネンシス（*Camellia sinensis*）という植物の葉でした。以来、中国の代々の王朝にわたって、茶のあらゆる飲み方が生みだされていきました。八世紀には東方の日本にも伝わり、複雑な茶道の儀式が築かれたのです。さらに古代の隊商によりチベット、ビルマ（現在のミャンマー）、中央アジア、その先へも輸送されて広がりました。ヨーロッパへ到達したのは、だいぶのちの十七世紀に、ポルトガルとオランダの商人たちが絹や香辛料とともに贅沢品として茶葉を持ち込んだときのことです。茶を飲む慣習はヨーロッパからアメリカ、インド、そのほかの地域へも伝来しました。

本書は、茶を飲む慣習とティータイムの歴史をたどり、茶がなぜ、どのようにして世界で水に次いで好まれる飲み物となったのかを探ります。また、茶を飲む文化の社会的役割、世界各地の人々の様々な茶の飲み方、茶とともに食べられているものについても解説します。

茶は気晴らしに飲むだけのものではありません。喉の渇きを癒やし、心の安定と調和、明るい気分、温かなもてなしを感じさせてくれます。茶の種類、地域、個人の嗜好により、あらゆる方式で供される、多様性に富む飲み物です。茶はまさに全世界に普及しています。現在では、ロンドン、ハンブルク、パリ、ニューヨークでも、日本や韓国の茶葉や、高価なプーアール茶やダージリンのファーストフラッシュ（新茶）を容易に買えるようになり、もちろん、様々な形態の店で提供され、あらゆる場所で飲まれています。日本では喫茶店、香港と中国では点心料理のレストラン、中央アジアではチャイハナ、東アジアでは茶館、北米とヨーロッパでは高級ホテルでというように。

飲まれる茶の種類や飲み方は、性別によっても違いが見られます。たとえば、英国の労働者階級の男性は概して厚みのあるマグカップで濃い紅茶にミルクとたっぷりの砂糖を加えて飲むのを好み、〝ビルダーズ・ティー（建設現場で働く人々のお茶）〟とも呼ばれています。かたや、カナダの裁縫サークルに集う女性たちなら、優美な磁器の受け皿付きのカップでダージリンなどの軽めの茶を好んで飲んでいることでしょう。

ティー（またはティータイム）は、一日のうちで人々が気分転換に茶を楽しむ時間を表す言葉でもあります。午前の半ばや、午後の半ばに、ちょっとしたおやつ、ビスケットやひと切れのケーキとともに茶が味わわれています。午後四時から五時頃の〝アフタヌーンティー〟なら、可愛らしいサンドイッチと小さなケーキとともに茶を味わうひと時を意味しています。夕方にもっとしっかりとした食事をとる場合にはたいがい〝ハイティー〟と呼ばれ、茶とともに味わうのは、夕食代わりになる煮込み料理、肉類、パイ、チーズ、大きなケーキ、パンとバターです。

ティーは社交行事でもあります。茶の飲み方が幾通りもあるように、ティータイムの流儀も多岐に及んでいます。英国、アイルランドのほか、カナダ、オーストラリア、ニュージーランドなどの英連邦ではおおむねティーが食事と深く結びついていて、自家製のケーキやビスケットを〝たっぷり蓄えておく〟ことを誇りにしています。本書ではそうした国々のティータイムの歴史を中心にたどります。オランダ、ドイツ、フランス、アイルランドのティータイムの伝統についても解説します。アメリカ合衆国のティールームでは、鶏肉のポットパイといった家庭料理が呼び物となり、アイスティーが好まれています。インドでは、英国に統治されていた時代から現在に至るまで茶が重要な社会的役割を担い、英国式のケーキとインドの香辛料の利いたスナックが一緒に食べられるなど、東洋と西洋の文化が融合したティータイムが広く見られます。

世界のほかの地域のティータイムの流儀には、チベットのバターティーや、ビルマ時代から続くミャンマーのラペッ（茶の漬物）など、西洋とは異なる方式も多くあります。茶の生産方法や供され方についても詳述します。その一例として、ロシアやシルクロード沿いのほかの国々では、まずサモワールで湯を沸かしてから、美しい装飾のグラスに茶を淹れて飲まれています。

中国、日本、韓国、台湾にはそれぞれ独自のティータイムの文化が育まれてきました。茶の始まりの地である中国では、正午前から昼にかけて楽しまれる飲茶《ヤムチャ》という独特の慣習があり、点心と呼ばれるひと口大のおいしい小皿料理をともに味わいます。日本では茶の湯という儀式の前に茶懐石と呼ばれる食事が供されます。韓国にも独自の茶の飲み方があり、種類豊富なハーブティーが楽しまれていますし、台湾はバブルティー（タピオカティー）という新たな茶飲料の流行を生みだしました。ティータイムの物語の締めくくりには、モロッコのミントティー、チリの〝オンセ〟、パタゴニアのウェルシュティーなど、世界各地のティータイムの流儀をさらにご紹介します。

本書によって、みなさんがそれぞれのティータイムの思い出を懐かしく振り返り、肘掛け椅子に座ってのんびりと好みの茶を飲みながら、昔から現在に至る世界じゅうのティータイムについて学び、楽しんでいただけたら幸いです。

▲チャールズ2世の妻、キャサリン・オブ・ブラガンザがサマセットハウスで開いたティー・パーティ。キティ・シャノン画。1926年。

第1章　英国

茶は一六五〇年代にオランダの貿易会社によって英国の海岸に持ち込まれ、たちまち裕福な上流階級に広まった。けれども、貧富のべつなく万人に好まれる飲み物となったのは、茶葉の価格が格段に下がり、入手しやすくなった一八五〇年代に入ってからだ。茶は社会構造に組み込まれ、英国の生活様式を形作り、ファッションから装飾美術に至るまで、暮らしのほぼすべての面にその関わりが見てとれる。茶はまぎれもなく英国らしさの象徴となった。

『阿片常用者の告白』（一八二一）の著者として名高いイングランドの評論家トマス・ド・クインシーは、英国で茶を飲む楽しみを次のように表現している。

　きっと誰もが冬の炉辺ならではのこのうえない喜びを知っているはずだ。戸外では風雨が唸《うな》りを立てて吹き荒れている午後四時に、鎧戸《よろいど》を閉めて、床までたっぷりと襞《ひだ》飾りを垂らした花模様のカーテンの内側にあるのは、蠟燭《ろうそく》、暖炉で温められたラグ、茶と優美な茶漉《ちゃこ》しだ。

小説家のA・P・ハーバートが一九三七年に次のような詩を書き、ヘンリー・サリヴァンが曲を付けて大変な人気を博した歌には、英国人にとって〝おいしい茶〟がどれほど重要なものなのかがよく表れている。

朝には一杯のおいしい茶を飲みたい
もちろん、一日を始めるために
十一時半にも
至上のひらめきを発する
おいしい一杯の茶を
夕食では一杯のおいしい茶を飲みたい
食後にも一杯のおいしい茶を
さらに就寝まえにも
良いことがたくさんある
一杯のおいしい茶を飲めるなら

茶を飲むことがまさに英国のアフタヌーンティーとハイティーの慣習を生みだした。今日では、英国文化の重要な一端を体験したい人々にとって、ホテルやティールームにアフタヌーンティーを飲みに出かけるのは欠かせない旅の行程となっている。

喫茶時代の幕開け

一六五八年に英国の新聞に初めて茶の広告が掲載された。「医師たちがこぞって称賛する、中国では〝チャ〟、そのほかの国では〝テイ〟とも呼ばれる、別名〝ティー〟は、ロンドンの王立取引所そば、スウィーティングス・レンツの〈サルタネス・ヘッド・コフェー（コーヒー）ハウス〉にて販売中」

時間はかかったものの、茶は飲み物としてもしだいに受け入れられた。十七世紀にヨーロッパに新たに伝来した三種の飲み物、ココア、茶、コーヒーのうち、英国人はまずコーヒーを気に入り、コーヒーハウスが誕生していたので、そこで茶も一般に広まった。茶はすぐにエールに代わる国民的な飲み物となった。エッセイストのアグネス・レプリアは著書『茶について思うこと』で、次のように述べている。

茶は救済を求める地に救世主として現れた。牛肉とエールを好み、大食らいで大酒飲み、曇りがちな空に疾風が吹き、男も女も粘り強く意志堅固で熟考する地に。何にもまして、安全な家のなかの暖かい炉辺を思い焦がれ、湯が沸騰したやかんと芳しい茶の息吹を待ち侘びていた地に。

著名な日記作家、サミュエル・ピープスは早くから茶を愛飲していた。一六六〇年に「かつて飲んだことのない中国の飲み物、カップ一杯の茶を取り寄せた」と書いている。七年後の一六六七年六月二十八日には「帰宅すると妻が〝ポティカリー（薬剤を用いた化学者の古称）のミスター・ペリングから寒気と鼻水に効くと勧められた〟茶を淹れていた」と記録している。

一六六二年にチャールズ二世がポルトガルの王女キャサリン・オブ・ブラガンザと結婚した。キャサリンも茶を愛飲していて、嫁入り道具には中国茶の収納箱も含まれていた。イングランドの海岸に着いてまず一杯の茶を求めたと伝えられている。
王妃キャサリンが茶を飲む慣習を定着させた。一六六三年に詩人で政治家のエドムンド・ウォーラー（一六〇六―八七）は誕生日を祝して、王妃と〝最上の薬草〟を称えた詩を贈った。

ヴィーナスの神木ギンバイカ、ポイボスが戴く月桂樹。茶はそのいずれよりもすぐれ、ヴィーナスに称賛を賜る。最上の王妃、かの大胆不敵な国に生まれし最上の薬草により、日いずる麗しきわれらが国への道は開ける。その恵み豊かな産物は尊ぶに然るべきもの。ミューズの友である茶はわれらの比類なき助けとなり、頭に忍び入る憂鬱を消し去り、魂の宮殿を平穏に保ち、王妃の誕生日にこそ讃えるにふさわしい。

その時代に中国から伝来した緑茶は高価だったため、裕福な人々のあいだでのみ飲まれるものにとどまった。新たな外来の原料の扱い方を誰もが知っていたわけではない。モンマス公爵（一六八五年に処刑された）の未亡人はスコットランドの親類に一ポンド（約四百五十四グラム）の茶葉を飲み方について記さずに贈ったと伝えられている。料理人は送られてきたものを茹で、その湯は捨てて、残りの茶葉をほうれん草のように野菜として皿に盛りつけた。
茶は炻器《せっき》や磁器の小さなティーポットから把手《とって》のない小ぶりの碗に注いで飲まれていた。大半が青と白の柄の光沢のある優美な磁器で、製造された地から名を取って、たいがいは陶磁器《チャイナウェア》と呼ばれていた。茶葉が香辛料やそのほかの贅沢品とともに中国からヨーロッパへ船で運ばれるときには、船倉に陶磁器を詰めた箱を積み重ねて、茶葉をのせる台をこしらえていた。木造の船は浸水しやすいので、ティーポットと茶碗は海水で濡れても壊れはしないが、貴重な茶葉を濡らすわけにはいかなかったからだ。[1]

キャサリン・オブ・ブラガンザも中国の磁器や炻器のティーポットで茶を楽しんでいたのだろう。のちに銀製のものも使われるようになったのに違いない。一六七〇年に製造されて東インド会社の委員会に贈られた銀製のティーポットがイングランドで最古のものとされている。

茶葉がヨーロッパへ伝来してから百年近く経って、ドイツのマイセンにある会社も磁器の秘伝の製造方法を会得するに至った。この会社で一七一〇年に磁器の製造が始まり、ほどなく英国に輸出された。一七〇〇年代中頃にはドイツの周辺国にも製造方法が広まった。一七四五年にチェルシー磁器工房が英国で初めて磁器を製造し、さらにウースター、ミントン・スポード、ウェッジウッドが次々と精美な茶器を生みだした。

茶はイングランドとスコットランドの王室で愛飲されつづけた。のちのジェームズ七世（イングランドのジェームズ二世）の二番目の妻メアリー・オブ・モデナが一六八一年に茶を飲む慣習をスコットランドに持ち込むと、瞬く間に流行した。ジェームズ二世と最初の妻アン・ハイドとのあいだに生まれた娘メアリー、その姉妹で一七〇二年に王位に就いたアン女王も、茶を飲む慣習を受け継いだ。アン女王の時代に社交の場で茶を飲む慣習が盛んになるにつれ、持ち運びしやすい椅

▲この銀製のティーポットにはこう刻まれている。〝この銀のティーポットは1670年、かの誉れ高き名士……ジョージ・バークリー閣下により東インド会社の委員会へ進呈されたものである〟。

子とテーブル、高級な茶器を収納する陶磁器の飾り棚が求められるようになった。最古の茶器はアン女王の治世に遡る。

アン女王はティー・テーブルで茶会を催し、イングランドの上流層の女性たちがそれを真似て、小さな磁器の碗で中国茶を飲み、茶を供するティー・テーブルを求めた。アン女王は頻繁に茶を飲んでいたので、小さな中国製のポットでは足らず、もっと容量の多い釣鐘形の銀製のティーポットが使われるようになった。

茶器一式

一七二七年頃に画家リチャード・コリンズがティー・テーブルを囲む洒落た一家を描いた絵では、一家の豊かさと地位の高さを示す上質な装いのみならず、高価そうな茶器一式が目を引く。一家は中国製の磁器の小さな茶碗から優雅な物腰で茶を飲んでいる。ティー・テーブルに並ぶのは当時の典型的な銀製の茶器一式だ。砂糖入れ、砂糖挟み、湯差し、船形の皿に置かれたティースプーン、茶こぼし、保温用のランプとその上に置かれたティーポット、茶缶。

茶葉は高価で貴重なものだったので、婦人の私室か客間でキャニスターまたはカティ（中国、東南アジアのおよそ二十一オンス、六百グラムを表す重量単位の呼称）と呼ばれる中国製の壺か瓶に入れて保管していた。そうした壺が、鍵付きの木箱や、べっ甲、紙張り子《パピエマシェ》、銀で作られた入れ物へ進化し、たいがいは種類別に茶葉を収納できるように内側がいくつかに仕切られ、真ん中に砂糖入れを設けたものもあった。それらは茶缶《ティー・キャディー》と呼ばれるようになった。

ティーポットに茶葉を入れるための計量スプーンもティー・キャディーに収められていた。最初に茶箱に収めた茶葉が輸入されたときには、茶葉をすくうためのホタテガイの貝殻も入っていた。それが最古の茶の計量スプーンだとされている。それからほどなく作られた茶葉用スプーンはすくう面が大きいわりに柄《え》の短いものだった。動物の骨や真珠、べっ甲、銀など、様々な材質の当時のスプーンが残されている。形状や装飾がいたって簡素なものから、葉や貝殻、シャベル、騎手帽など独創的な意匠を凝ら

▲リチャード・コリンズ画『茶を飲む英国人一家』1727年頃、カンヴァス、油彩。

▲シーダーとオークの美しい装飾の茶箱。カエデ、シカモア、ユリノキ、キングウッド、サテンウッド、アマランス、ホリー、ステンドホリーが貼り合わされていて、緑茶と紅茶の茶葉入れに分かれ、真ん中に砂糖か混合した茶葉を入れられる仕切りもある。1790年頃。

したものまで多種に富む。

茶漉《モートスキマー》しとも呼ばれた穴あきスプーンは当時の英国で上流階級の茶器には欠かせないものだった（〝モート〟は特に食べ物や飲み物に入ったわずかな埃や異物を意味する古語）。一六九七年には穴あきスプーンがすでにあったとされ、銀製で、すくう面に小さな穴がいくつもあき、先端が尖った細長い柄が付いていた。中国から入荷した茶葉は当初、葉の大きさを選別せずに取り混ぜられていたので、葉が注いだ茶に浮いていたり、注ぎ口に詰まったりしていた。茶を供していた上流社会の女性たちは茶のなかに埃のようなものが浮いているのを気にして、そうしたものや浮かんだ茶葉を取り除くために穴あきスプーンが優雅な茶器のひとつに加えられた。スプーンの柄の尖った先端で注ぎ口に詰まった茶葉を取り除いた。一七九〇年から一八〇五年のあいだに専用の茶漉しが使われるようになり、注ぎ口の奥に漉すためのいくつもの穴があいたティーポットが登場すると、穴あきスプーンはようやくティースプーンに取って代わられた。

十八世紀中頃まで、茶は把手のない小さな半球状の碗、いわば杯で供されていたので、「茶を一杯飲む」という言い方がよく聞かれた。一七五〇年頃に、ひとりの男性、ロバート・アダムズが把手の付いたティーカップを考案した。茶碗より製造費がかかり、ぎっしり重ね詰めして遠方の市場まで運ぶこともできなかったが、ティーカップの発明は、茶碗を不便に感

▲18世紀の銀の穴あきスプーン。

▲現代の銀めっきの貝殻形の茶さじ。

じて火傷することも多かった英国の茶の愛好者たちに喜ばれた。アダムズはより高さのあるティーカップを作り、受け皿も付けた。熱い茶を受け皿に注いで冷ましてから飲む人々も現れた。このことからもまた「茶を一杯飲む」という言い方が広まった。

やかんは、茶を注ぐティーポットに湯を補充するために使われた。茶を保温するためのランプやバーナーの燃料には無臭で安価な樟脳油《しょうのうゆ》が用いられた。裕福な人々は銀製のやかんに銀製のティーポット、ミルク差し、砂糖入れを揃えていた。一七六〇年代に木炭焜炉《こんろ》で温める湯沸かし壺が登場し、アルコール燃料で湯を沸かすやかんは姿を消す。シェフィールドプレート（銀めっき銅板）の湯沸かしポットの登場はさらに一七八五年まで待たなければならなかった。

当時はまだ、十七世紀後半に使われはじめたティー・テーブルで茶が供されていた。一七〇〇年頃に英国に輸入されていたラッカー塗装のティー・テーブルは六千台以上にのぼる。十八世紀中頃には、ロンドンの家具製造者が富裕層向けに真鍮《しんちゅう》細工をあしらったマホガニーのテーブルを作りだしていた。

▲彫刻が施された一本脚にゼリー型の足が付いた紫檀材のティーポイ。1820年代頃。ノーフォーク、フェルブリッグ館。

ティーポイと呼ばれる一本脚のテーブルも使われはじめた。上面を開くと蓋付きのふたつの茶葉入れが現れ、さらに乾燥茶葉を混ぜるためのガラスの容器もふたつ収められていた。実用的なだけでなく、茶とゴシップを楽しむ茶会を催す女性たちにとっては家具の流行に敏感なことを示せるものでもあった。[2]

準備は使用人たちがすべて調えていたものの、茶を淹れるのは女主人が執り行ない、客人たちに供された。緑茶と紅茶のどちらも好まれていたが、茶葉と同様に伝来したばかりで高価だった砂糖を加えて飲まれることもあった。この頃はまだ茶にミルクはあまり入れられていなかった。男性たちは騒がしく煙臭いコーヒーハウスでゴシップや政治について語りながら茶を飲み、女性たちもより優雅な環境で同じことをしていたのだ。

ただし誰もが茶を好んだわけではない。一七四八年に、メソジスト運動の祖師ジョン・ウェスレーは、茶が「とりわけ神経にかかわる無数の疾患」を引き起こすとの理由でいっさい禁止すべきだと主張した。スコットランドでも医師や聖職者たちが茶を非難した。「食品として著しく不適切で、時間と金をかけるに値せず、人類を弱体化させる」と考えられていた。[3]スコットランド教会の牧師のなかには、ウイスキーよりはるかに害を及ぼすものと見なしている人々もいた。〝危険な茶葉〟を撲滅すべしとの運動がスコットランドじゅうに広がった。けれども、そのような逆風をものともせず、茶を飲む習慣は女性たちのあいだではことにしっかりと根づいていった。男性たちには概してなおアルコールが好まれていたが。

イングランドでは、ジョナス・ハンウェイが一七五七年の随筆で、茶は「人体に有害で、産業の発展を妨げ、国を疲弊させる」と糾弾した。いっぽうで一七五五年に出版された最古の英語辞典を編纂したジョンソン博士は一日に二十五杯の茶を飲み、おそらくは最も著名な茶の愛飲家として知られ、みずからを「何年にもわたって、食事ではこの魅惑的な植物の浸出液のほうにばかりかまけてきた恥知らずな筋金入りの茶飲み」だと認め、茶を擁護した。博士のやかんは冷ます間もほとんどないほどで、夕べの楽しみに茶を味わい、夜更けのなぐさめに茶を飲み、茶を飲んで朝を迎えると語っていた。ジョンソン博士はロンドンの名だたるコーヒーハウスを頻繁に訪れていたことでも知られている。紳士たちはそこで昨今の政治や事業について語りあった。どこも煙が充満した騒がしい場所で、女性たちは付き添いの男性がいなければ立ち入りを許されていなかった。だから家で茶を楽しんだ。家で茶を淹れられるようにいくつかのコーヒーハウスでは茶葉が売られていた。一七〇六年にストランド街に〈トムのコーヒー店〉を開いたトマス・トワイニングは女性客たちがコーヒーハウスには入れないことに商機を見いだした。そこで一七一七年に〈ゴールデン・ライアン〉と店名を変え、幅広い種類の上質な茶とコーヒーを提供する専門店を始めた。

これがロンドンで最初の茶の販売店で、女性たちも見咎《みとが》められることなく足を踏み入れることができた。作家ジェーン・オースティンもトワイニングの店から茶葉を入手していた。一八一四年にロンドンから姉カサンドラに宛てた手紙にこう書いている。「茶が値上がりしているのは残念です。新鮮なものを手に入れたいので、トワイニングを訪ねるのは午後にするつもりです[4]」ジェーンがストランド街のトワイニングの店にみずから出向いていたのなら、現在とほぼ変わらないあの扉を開いて入っていったのだろう。

茶葉には高い税金がかけられていたので、茶を飲むのは一七八四年までもっぱら富裕層の娯楽だった。密輸が横行し、おのずと粗悪品も出まわった[5]。政府は利益を著しく損なわれた正規の茶商人たちから突き上げを受け、当時の首相ウィリアム・ピット（小ピット）は茶にかけられる税金を百十九パーセントから十二・五パーセントへ大幅に引き下げた。茶は入手しやすいものとなり、違法な密輸貿易はあっという間に一掃された。

ティーガーデン

茶が中産階級にも広まると、朝食時のエールや、そのほかの時間に飲まれていたジンに代わって楽しまれるようになった。茶は英国で最も好まれる飲み物となり、コーヒーハウスでコーヒーが飲まれる機会は減少した。多くのコーヒーハウスが紳士のクラブに鞍替えし、そのうちのいくつかは現代でもペル・メル街やセント・ジェームズ・ストリート近辺に残っている。男性たちも女性や家族と連れだって、多くは〝ティーガーデン〟と呼ばれた楽しめる遊園を訪れた。低木、花々、水遊びのできる池、噴水、彫像のある大きな庭園だ。腰をおろして茶を飲み、バター付きのパンを食べられる緑豊かなあずまやがあった。一六六一年には、ロンドンのテムズ川の南岸にあるヴォクソールにそうした庭園が造られていた。一七三二年になると、訪れるだけでなく着飾って出かける場所へと発展した。そこを足繁く訪れていたのが、のちにジョージ四世となる摂政皇太子だ。ホレス・ウォルポール、ヘンリー・フィールディング、ジョンソン博士も文学者の友人たちとともに訪れていた。[6] やがて、ロンドンのほかの場所（ラネラ、メリルボーン、クーパーズのほか、ロザハイズのセント・ヘレナ・ガーデンズやイズリントンのローズマリー・ブランチなどのあまり有名ではないところも含め）や、国じゅうのおもな街にもそうした庭園が造られた。

ティーガーデンは四月から九月まで、階級のべつなくすべての人が屋外で楽しめる場所だった。茶と軽食とともに、音楽、奇術、曲芸、花火、乗馬、ローン・ボウルズなどの余興も楽しめた。メリルボーンのティーガーデンは一七五〇年代後半に作曲家のヘンデルら著名人たちを引き寄せていた。レオポルト・モーツァルト（ロンドンにやってきて地元の音楽愛好家たちから神童だと驚かれていたヴォルフガングの父）が、ラネラのティーガーデンを訪れたときのことを記録している。〝入園料が二シリング六ペンス。これでバター付きのパンとコーヒーや紅茶を好きなだけ楽しめる〟[7]。

残念ながら、ロンドンの街の急速な発展とともに〝粗暴な振る舞い〟も横行し、ついにはティーガーデンも閉じられて、茶は家で飲むものとなった。

摂政時代

摂政時代の定義は幅広い。正式な摂政時代は、英国王ジョージ三世が病気により統治不能と見なされて息子が摂政皇太子に就いた一八一一年から二〇年までの期間だ。一八二〇年にジョージ三世が逝去し、摂政皇太子がジョージ四世となった。けれども、英国の建築、文学、服飾などに独特な傾向が見られる一七九五年から一八三七年までが摂政時代と呼ばれることも多い。その場合の摂政時代は、ウィリアム四世からヴィクトリア女王が王位を継承したときまでを区切りとしている。

その時代に茶は朝食時と夕食後の一日の終わりに飲まれていた。大夜会《ロート》とも呼ばれた夜のパーティが頻繁に開かれていた。そのことから、茶とともに供されたビスケットのような小さなケーキもロートと名づけられた。『新方式の家庭料理』（一八〇六）にマリア・ランデルによるレシピが書かれている。

▲1790年頃のジョージ・モーランド画『ティーガーデン』。ラネラ・ガーデンズで茶を楽しむ中産階級の一家が描かれている。

小麦粉二ポンド（約九百十グラム）、バター一ポンド（約四百五十四グラム）、砂糖一ポンド、干しブドウ一ポンドを混ぜ合わせ、清潔に乾かす。その硬い練り物に、卵二個、橙花水、薔薇水、甘い葡萄酒、ブランデーを大さじ一ずつ加えて湿らせ、小麦粉をまぶしたブリキの皿に落として、ほんの短時間で焼く。

ジェーン・オースティンは朝食と夕方の夕食後に茶を飲むのを日課にしていて、そのような場では男性たちもともに茶とケーキ、会話とカードゲームと音楽を楽しんでいた。オースティンの小説のなかでも登場人物たちが茶を飲んでいる。『マンスフィールド・パーク』（一八一四）でも、ファニー・プライスにとって、茶は待ちきれないものだった。求婚されているヘンリー・クロフォードから言い寄られまいと自分の部屋へ逃げたくても、礼儀に反するので茶を飲み終えるまでは席を立てなかった。

救いとなるその物音が聞こえてこなければ、ファニーはもうそこに座ってはいられなかっただろう。それはまさしくやけに遅れているように思えて待ち焦がれていた物音だった。茶盆、湯沸かし、ケーキ……が次々と厳かに運び込まれ、ファニーの前にも供されて……ミスター・クロフォードは立ち去らざるをえなかった。

アフタヌーンティー

人生において、アフタヌーンティーなる儀式に捧げる時間ほど快いときはほとんどない。

——ヘンリー・ジェイムズ『ある婦人の肖像』より

アフタヌーンティーの慣習の始まりは、ヴィクトリア女王の侍女のひとりで第七代ベッドフォード公爵夫人のアンナ・マリアと結びつけて語られることが多いが、一七五〇年代には午後にパンやケーキとともに茶を飲む慣習があったことはオックスフォードやバースなど主要な街の新聞広告から読みとれる。バース・クロニクル・アンド・ウィークリー・ガゼット紙（一七六六）には次のような広告が掲載されていた。

夏に向けて朝食とアフタヌーンティーを楽しめるスプリング・ガーデンズが開園した。例年どおり、日曜を除く毎朝九時半から十時半まで、ホットロール、スプリング・ガーデンズ特製ケーキを提供する。

とはいえ、午後四時から五時にとるアフタヌーンティーは、ジェーン・オースティンが一八一七年に死去してから四半世紀後まで一般的な慣習だったことを示す記録は見当たらない。その間に英国社会は大きな変化を遂げた。昼間か夕方に一日のうちで最もしっかりと口にしていた食事が、時には午後八時か九時といった夜遅くにずれ込んで、昼食を軽く済ませるようになったのだ。

ベッドフォード公爵夫人が昼食から夕食までの時間が長くて空腹のせいで〝気分が沈む〟と不満を洩らし、私室に茶を飲むのに必要なものすべてと食べ物（おそらく軽いケーキやパンとバター）を揃えさせたと伝えられている。一八四一年にウィンザー城から義兄へ宛てた手紙にはこう書かれている。「先日の午後五時に古い友人のエステルハージ公とお茶を頂いたことを書き忘れていました。正確には、城を訪れていた八人の女性たちとともにですが」この公爵夫人はラトランドにあるベルヴォァ城に滞在中もほかの婦人たちを私室に招いて茶を楽しんでいた。女優ファニー・ケンブルは一八八二年に出版した自伝で、一八四二年三月にベルヴォァ城を訪れたときのことを回顧している。

わたしが〝アフタヌーンティー〟を初めて経験したのはベルヴォァを訪れたときだった。幾度かひそやかな謎めいた誘いを受けて私室を訪ねるたび、ベッドフォード公爵夫人は城に招いた〝ごく限られた〟婦人客たちと、公爵夫人専用の湯沸かしで忙しく茶を淹れて飲んでいた。いまでは〝午後五時のお茶〟がごくひそやかなものどころか、広く誇れるものとされ、英国文化の長い歴史の一部として語られているとは信じられない。わたしにはむしろ恥ずかしいことのように感じられる。

▲トマス・ローランドソン画『茶を飲む婦人たち』1790－95年。水彩。「茶をもう一杯いただけませんか」と記されている。

　午後に茶を飲むことが長らく神秘的なものとされていたらしいことは、その八十年まえの一七五八年十月付ジェントルマンズ・マガジン誌の記述からも読みとれる。「午後に茶を飲むことは、中下流層では、噂話、中傷、時には陰謀すら語られる、時間と金の無駄遣いだと非難されている」十八世紀と十九世紀に〝午後の茶会《ケトルドラム》〟と呼ばれた私的なティー・パーティではたしかに、噂話、中傷、時には陰謀も語られていた。茶、飲むチョコレート、ケーキ、サンドイッチを味わいながら。

　醜聞や噂話も娯楽だったかもしれないが、一八〇〇年代には茶葉で運勢を占うことも楽しまれた。

　一八五〇年代半ばにはアフタヌーンティーは英国の慣習としてしっかりと根づいた。上流層の女性たちはたいして時をおかずアフタヌーンティーという流儀を取り入れ、客間で行なわれるほど優雅なもてなしとして広く見なされるようになった。ジョージアナ・シットウェルは次のように書き残している。

客間で午後五時に茶を飲むのが当たり前のこととなったのは一八四九年か五〇年以降のことで、それまでは七時半や八時に遅く夕食をとる、ごく限られた上流家庭でのみ楽しまれていた。わたしの母はスコットランドで初めてこの慣習を体験した。バルモラルにともに滞在していたアレクサンダー・ラッセル卿から、母上のベッドフォード公爵夫人がいつもウォーバーン（公爵夫人の自宅）でアフタヌーンティーを楽しんでいると聞かされたのがきっかけだった。[8]

優雅な社交の場としてアフタヌーンティーはとりわけ女性たちのあいだで、より手の込んだものとなっていった。上流社会でこぞって茶とともにサンドイッチとケーキが楽しまれるようになるまでにさほど時間はかからなかった。用意されたのはたいてい夕食までの空腹をしのげる程度のものだ。誰もが賛同していたわけでもない。サー・ヘンリー・トンプソンは『食と供給』（一九〇一）にこう記している。

アフタヌーンティーはわりあい最近の発明と言えるのだろうが、食事とは認めがたい。じつのところ、〝家に〟客を招いてなごやかに噂話に興じる時間をとるには格好の口実で、そこで腹を満たして来たるべき夕食を消化できずに〝無駄に〟してしまうとしたら、悪習となりかねない。そのような時間に口にするのはなにより望ましくない、甘くこってりとしたケーキや、熱いバター付きトーストやマフィンが頻繁に供されているのだ。それでも茶を飲むとするなら、その時刻には胃にもたれる砂糖やクリームを加えるのは控え、半クラウン銀貨程度の大きさの薄切りレモンを加え、皮の香りとかすかな酸味を芳しい上質な茶に合わせて味わえば、台無しにすることもほとんどなく新たな慣習として賢明に楽しめるのではあるまいか。

▲『ナイツブリッジの午後の茶会』1871年。紳士淑女がこうしたパーティで入り交じって醜聞を語りあっていた。

▲茶葉の占い師。1894年。

column

茶葉占い

茶葉占いは、タッセオマンシー、タッセオグラフィー、テオマンシーとも呼ばれる。タッセオマンシーは、カップを意味するアラビア語のタッサと占いを意味するギリシア語のマンシーを組み合わせたものだ。茶葉と同じように茶葉占いの起源も古代の中国にまで遡るが、放浪民族ロマの人々も始めたのをきっかけに世界じゅうに広まった。茶葉で運勢を予見する茶葉占いはイングランドでも、茶葉が中国からヨーロッパに伝わった十七世紀に始められていたとの最古の記録が残されている。一八〇〇年代には未来を予見する手法として人気が高まった。占われる人のカップに浮かんだ茶葉が示す表象や模様から未来を予見する。

占うにはまずカップに注いだときに茶葉が浮かぶように漉し器を使わずに茶を淹れなければいけない。占い師の指示に従って、ゆっくりと願い事をしながら茶を飲む。カップにティースプーン一杯くらいの茶を残す。左手でカップを反時計回りに三回まわす。カップを受け皿にひっくり返して置く。それからまた元に戻す。そのときにカップの把手を自分のほうに向けておく。占い師は両手でそのカップを取り上げる。茶葉の残り方を調べて、茶葉が示した図柄と象徴を読みとる。解読するには想像力や洞察力が求められる。カップの縁に近いところにある茶葉はすぐに起こることを、底のほうに残った茶葉は悪い予兆や遠い未来のことを示している。把手の近くにある茶葉には目下の心配事が表れている。

ただし、象徴や模様の読みとり方はそばのべつの茶葉によっても変わるので、全体を関連づけて見る必要がある。たとえば、星、三角形、木、花、王冠、円は、幸運の象徴だ。蛇、梟《ふくろう》、十字架、猫、銃、鳥かごは、良くない予兆とされている。

茶葉占いは現在でもアイルランド、スコットランド、カナダ、アメリカ合衆国、そのほかの地域でも広く行なわれている。信じるか信じないかはべつにして、友人と茶を飲むときの楽しみにもなる。わたしにも、薄暗く寒い冬のティータイムに母が茶葉占いを披露してくれた思い出がある。母は茶葉占いが得意で、わたしたちはみなとても楽しんでいた。
占いに使われる象徴や暗示は数多《あまた》ある。本書では、未来を予見するものとして、個人的に気に入っているものをご紹介する。

錨《いかり》――旅行、成功
本――新事実
雲――疑念や問題
十字架――苦しみ
馬――野望の達成
梯子《はしご》――前進
山――前途多難
星――幸運
椰子《やし》の木――創造力
車輪――進歩の兆し
風車――努力が報われる

それでも、冬には濃く苦みのあるアッサム茶などが、シナモントーストや熱いバターを塗ったクランペットや、濃厚なフルーツケーキといった温かい食べ物とともに暖炉のそばで味わわれていただろうし、夏には繊細な風味のアールグレイや最高級のセイロン茶がサンドイッチとともに味わわれ、やがてそこにヴィクトリア女王が茶とケーキを楽しんでいたことからヴィクトリア・サンドイッチ・ケーキと名づけられたジャムやバタークリームを挟んだ軽いスポンジケーキも加わった。ヴィクトリア女王に好まれたことは、間違いなくアフタヌーンティーという行動様式が定着する後押しになった。茶とともに食べられたケーキにはほかに、小さなバルモラル（波形屋根の兵舎のような型で焼く）、マデイラケーキ、シードケーキがある。

ヴィクトリア女王時代から第一次世界大戦時まで、マフィンもまた広く好まれていた。ティータイムにはマフィン売りがフランネルの布に包んで温かく保ったマフィンをかごに入れ、手振り鈴を鳴らしながら通りを売り歩いた。牛乳とバターをたっぷり使って発酵させた軟らかい生地で軽くふんわりと仕上げられるマフィンは、たいがいグリドル（持ち手の付いた厚手の鉄盤）で焼かれ、表面も底面も平たい黄金色で、その中間はぐるりと白っぽかった。こんがりと焼き立てのものをふたつに割り、バターを塗って、それをまたひとつに合わせて保温した。[9] ヴィクトリア時代の著名な記者ヘンリー・メイヒューは一八五一年の『ロンドン貧乏物語――ヴィクトリア時代　呼売商人の生活誌』（植松靖夫訳、悠書館、二〇一三年）でマフィン売りに触れ、マフィンは郊外でとてもよく売れていると述べている。

ハックニーのほうが最高で、それにストーク・ニューイントン、ダルストン、ボールズ・ポンド、それからイズリントンだな。あのあたりだと、銀行勤めの旦那たち――まじめな連中だ――が軽くなにか食べに家に帰ってくるから、奥さんがマフィンを買っておくんだよ……

▲マフィンが入ったかごを片腕にさげて、手振り鈴を鳴らしながら歩く〝マフィン売り〟。1841年。

アフタヌーンティーに欠かせないものとなったサンドイッチは、第四代サンドイッチ伯爵、ジョン・モンタギューが、一七六二年以前のある晩に多忙でゆっくり夕食をとる時間がなかったので、薄切りの二枚のパンのあいだに冷製牛肉を挟んで持ってくるよう頼んだことに由来すると伝えられている。そのとき伯爵は賭けカードゲームの卓を囲んでいたというのが通説だが、海軍卿としての執務で忙しかったとの説もある。[10] サンドイッチは一八四〇年代に一般に食べられるようになった。ヴィクトリア時代初頭のサンドイッチに挟まれていたのはおおむねハム、舌肉、牛肉で、有毒と考えられていたキュウリは使われていなかった。けれどもその後、〝正式な〟アフタヌーンティーには欠かせない具と言われるまでに人気を得た。

ビスケットもティータイムに好んで食べられた。アフタヌーンティーが流行しはじめた当初は、多くの人々がショートブレッド、ロートやナポリといったビスケットを手作りしたり菓子職人から買ったりしていたが、十九世紀中頃には〈ハントレー・アンド・パーマーズ〉などの製菓会社の工場で生産されるようになった。この会社は一八三〇年代後半には、アバネシーやオリバーをはじめとする堅焼きビスケット、マカロン、ラタフィア、スポンジ・ティーケーキなど、およそ二十種の菓子を売りだしていた。ピーク・フリーンズが茶葉の輸入会社として創業したピーク・ブラザーズ社も、一八六一年にガリバルディ・ビスケットの製造を開始した。工場で製造されるビスケットは主婦の倹約にも役立った。

アフタヌーンティーにはインドと中国のどちらの茶も供された。最初にインドの茶が英国に伝来したのは一八三九年で、ほどなく一八七九年にセイロン茶が輸入されはじめた。ミルクやクリームも用意されるようになったが、一七二〇年代まではあまり加えられていなかった。ミルクはインドの濃い紅茶の苦みをやわらげるために使われるようになったと思われる。砂糖も同じ理由から加えることもあった。

ミルクを入れるのは紅茶を注ぐまえとあとのどちらなのかについては、昔から論議が続いている。ミルクは繊細な磁器のカップを傷つけないよう保護するため、先に入れるべきとも言われている。かたやヴィクトリア時代の礼儀作法では、カップに茶を淹れてから、ミルクやクリームを加えるべしとされていた。作家ジョージ・オーウェルはあきらかに〝ミルクをあとに加える派〟で、一九四六年一月にイブニング・スタンダード紙に寄せた随筆『一杯のおいしい紅茶』に次のように書いている。

まずカップに紅茶を注ぐべし。これについてはとりわけ論議のあるところだ。現に英国のどの家庭でも、おそらくはどちらを好むかの二派に分かれることだろう。ミルクを先に入れる派はこれを強硬に主張するが、私も持論を翻す余地はない。先に紅茶を注いで、あとからミルクを加えてかき混ぜるから適量に調整できるのであり、逆の順序になってはミルクを入れすぎてしまいかねない。

現在でも、英国じゅうで様々な意見があり、この論争が今後も続くのは間違いない。

優美な銀製の茶器、上質な《ファイン》ボーン・チャイナ（骨灰磁器）、ケーキスタンド、サンドイッチトレー、砂糖挟み、茶漉し器が高い人気を博した。高価な茶器を誇示するためにティートロリー（ティーカートやティーワゴンとも呼ばれる）が多く使われた。茶器を目立たせるためばかりでなく、茶やケーキやサンドイッチを運ぶにはキャスター付きでたいがい二段式の棚から成るワゴンが重宝された。ティートロリーはあらたまった茶会がまだ日常的に楽しまれていた一九三〇年代まで広く使われていた。テーブルには刺繍やレースがあしらわれた布とナプキンが敷かれた。アフタヌーンティーは客を迎える際に欠かせないものとなり、特別なもてなしとして供された。ビートン夫人は著書『家政読本』（一八六一）のなかで従僕の務めについてこう記している。

客間でティーを求める呼び鈴が鳴らされたらすぐに、従僕があらかじめ準備していた盆を運んでくる。その盆から来客にクリーム、砂糖、たいていすでにカップに注いである茶やコーヒーを供して、またべつの従者が、ケーキ、トースト、ビスケットなどを並べる。通例の親族の茶会であれば、女主人がそうした準備を調え、湯沸かしややかんは従僕が運んでくる。トーストなどの食べ物は必要に応じて供され、茶会が終われば同様の方式で片づける。

▲ヴィクトリア時代にサンドイッチとケーキを取り分けるために使われた優美な挟み。

▲19世紀イタリアの茶漉し器。

▲ヴィクトリア時代の細やかな装飾が施された銀製の砂糖挟み。

午後五時のお茶《ティー》、〝自宅で〟のティー、公式の茶会

ヴィクトリア時代にはあらたまった茶会が流行した。招待はじかに口頭で、またはちょっとした書付やカードで伝えられた。返答は不要だった。出席したければそこへ現れればいい。アフタヌーンティーには開始時刻きっかりに訪れるのが望ましいとされていた。マリー・ベイヤードは一八八四年に『作法の心得』で「午後四時から七時に開かれるのが適切」だと記している。ほかに「午後五時に始めるのが最適」だとする主張もあった。招待客は最後までいる必要はなく、適当な頃合いを見て辞去すればよい。三十分で去る人々がほとんどだったが、午後七時過ぎまで居残るべきではないとされていた。

富裕な人々はおそらくはヴィクトリア女王の慣例に倣い、より大がかりでかしこまった自宅での茶会に客を招待するようになり、〝自宅で〟のティー、さらにはティー・レセプションとも呼ばれた。時には招待客が二百人にものぼり、たいがい午後四時から七時に開かれ、そのあいだに招待客がやってきては帰っていった。貴婦人たちは紳士に導かれて軽食が用意されたテーブルについた。さらにいっそう手の込んだ茶会では、フォアグラ、サーモン、キュウリなどの小さなサンドイッチと、マデイラケーキ、パウンドケーキ、スモールケーキ、プチフール、マカロンなど多彩なケーキやビスケットがビュッフェ形式で供されることが多かった。従者たちがアイスクリーム、クラレット（おもにフランス産の赤ワイン）、シャンパンのカップ、そしてもちろん茶のカップを配ってまわった。主催者と招待客も余興を披露しただろうが、とりわけ豊かな屋敷ではその日のために演奏家や歌手が雇われた。

コンスタンス・スプライは著書『受け継がれる庭と料理』（一九四二）で、大きな屋敷で育った子供

時代の茶会の思い出を振り返っている。

あらゆる面であらたまった催しだった。レース編みの卓上敷物、把手にリボンがあしらわれた大皿、何段もあるケーキスタンド。牧師は不謹慎な愛称で呼ばれ、創意と財が、競いあうように慈善市に注がれた。訪問の作法にも細かなしきたりがあった。子山羊革の白手袋は必須だった。ご婦人方の最たる見せどころは髪で、一分の隙もなく完璧に整えられていた。なめらかなシルクのドレスの襞飾りが衣擦れの音を立て、ベールが船乗りでも言い表しようのない複雑な形に捩《ね》じり結ばれていて、顔は巨大な羽毛襟で妖艶に縁どられていた。

第二火曜日、第四木曜日、そのほかにもともかく神聖な日にはそれにふさわしく設《しつら》えられた。朝、階段をおりていけばすぐにわかった。厨房がすでに慌ただしかったからだ。火が燃え盛り、かまどが熱せられ、無駄な動きは何ひとつ見られなかった。

厨房の重要な仕事の担い手たちは屋根裏部屋に上がってしっかりと身体を洗った。黄色い石鹼《せっけん》と水で顔を洗い、眉が吊りあがるほど髪を後ろに引っぱり上げ、黒いお仕着せのボタンをきっちり留めて、身分をあきらかに示す帽子をかぶった。重要な日であるほど、その羽根飾りは長く……

客間の働き手たちは身支度により長い時間をかけていたのだろうが、メアリーほど頭の先までぴしりと整えられた者は見たことがない。ついに巻き髪の着飾った貴婦人たちが訪れて……

時間については中庸の法則が保たれていて、訪問者はいつ到着しても礼儀違反にはならなかった。

ただし、いつなんどき現れても、呼び鈴が鳴らされたら息もつかずに応じなければいけない。わたしたち子供は階段の手すり越しに羽根飾りを眺め、衣擦れの音を聞き、パーティでの振る舞いを学んだ。
……手袋をきっちりとつけた婦人たちが複雑に結ばれたベールをうまくあしらいながらカップと受け皿を持ち上げ、キュウリのサンドイッチを小刻みにふるわせながらもちゃんと口に運んでいたのをわたしは見ていた。

column

口髭《マスタッシュ》カップ

同時代に英国ではマスタッシュ・カップが考案された。ヴィクトリア時代には口髭《くちひげ》が流行し、その形状を整えるために蠟を使うことも多かった。するとカップから湯気の立った茶を飲むときに蠟が溶けて、カップに垂れ落ちてしまうという問題が生じた。しかも口髭は汚れやすかった。マスタッシュ・カップは一八六〇年代に先進的な陶器職人ハーヴィー・アダムズによって開発されたことが広く知られている。口髭がカップに入って濡れないように内側に半円形の覆いが突き出ている。さらにその覆いにも液体を通すための半月形の隙間があいている。このカップはヨーロッパじゅうに広まり、マイセンやリモージュなど名だたる工房で製造され、アメリカにも伝来した。

▲フランス、パリのマリアージュ・フレールの紅茶博物館に所蔵されているマスタッシュ・カップのコレクション。

食べ物の細やかな盛りつけ、上質な茶器、優雅な飾りつけによって特別な雰囲気が演出されていた。けれども、コンスタンス・スプライの記述からも読みとれるように、上流婦人たちの着飾り方もそれらに引けをとらないものだった。

茶会服《ティーガウン》は一八七〇年代に着用されはじめ、少しずつ変化しながらも一九一〇年代まで広く身につけられていた。もともとは婦人が私室でくつろいでいるときに着られていたものが、午後に客を迎えるのにふさわしいティーガウンに進化した。ビューティー・アンド・ファッション誌（一八九〇年十二月六日号）には、茶会を催す女主人に次のような助言が書かれている。

アフタヌーンティーを催す女主人にとって何より大切なのは、ふさわしい装いを選ぶことです。芸術性を感じさせる薄織物をまとっていれば、お茶をより甘く味わえて、カップがさらに美しく見えることでしょうし、優美なティーガウンを身につければ、飲む物も同じように気品を漂わせ、機知もひときわ引き立つはずです。装いを整え、薄く上質な美しいレースと柔らかなシルクが特別な友人たちの目を引けば、会話にも自信に満ちた魅力が加わり、いつもにまして温かな思いやりにあふれたおもてなしができるに違いありません。

ティーガウンはコルセットをせずに身につけられていたので、鯨骨に締めつけられていた晩餐や昼間のドレスよりいくぶんか着心地がよかったことも着目すべき点だ。ドレスでも部屋着でもなく、化粧着と夜会ドレスのあいだ、私室と華やかな社交場の中間に位置づけられるものだった。ティーガウンには洒落た手袋やパラソル、凝った装飾の婦人帽、小さな手提げが合わせられることが多かった。手袋は必須ではなかったものの、大勢の客が招かれている場では、多くの婦人が身につけていたし、温かい手の持ち主はなるべく手袋をすることが招待主からも喜ばれた。アフタヌーンティーでダンスが行なわれるときにも女性たちは帽子を脱ぐことができなかった。[11] エドワード朝時代のティーガウンは〝ティージーズ〟とも呼ばれた。プリーツの入ったシフォンやシルクとモスリンで仕立てられたものが多く、レースやサテンのリボンで縁どられたり、クリスタルや黒玉、銀の房飾りなどがぶらさげられたりしていた。女性らしい曲線のティーガウンを緩やかに身につければ、美しく上品に動きまわることができた。週末に田舎屋敷《カントリーハウス》で過ごす午後には、女性たちにとって欠かせない装いとなった。

一九一四年に第一次世界大戦が始まると、エドワード朝の優雅な贅を凝らした〝黄金時代〟はしだいに終焉を迎え、生活様式が元に戻ることはなかった。ティーガウンもだんだんと姿を消し、〝アフタヌーンティー用のドレス〟やカクテルドレスと融合していく。一九三〇年代のビートン夫人の『料理書』にもはるかに倹《つま》しい〝自宅で〟の茶会が記述されている。

ティーは小さなテーブルで供される。茶を淹れるのはたいてい女主人で、使用人が茶器を運んできて、手の届きやすいところに揃える。このようなティーでは皿は並べられず、使用人は用意がす

▲クイーン誌に掲載された挿画。第一次世界大戦中にティーガウンや私室用のドレスを身につけた３人の女性たち。

べて調ったのを確かめて部屋を去り、必要に備えてつねに待機している。

　茶器はたいがい銀の盆にのせられていて、湯は銀製か磁器の小さなやかんに入れて台の上に置かれ、カップは小ぶりだ。薄切りのパンとバター、サンドイッチ、ケーキ、プチフール、時には果物も供される。それらは美しく皿に盛りつけられ、レース編みの小さな卓上敷き布《ドイリー》とともに配される。

ハイティー

　上流階級が楽しんでいた優雅なアフタヌーンティーとは対照的に、中下流階級の家庭では、ハイティーという慣習が定着しはじめていた。ハイティーもアフタヌーンティーと同様に社会の変化によって生まれた。十七世紀と十八世紀にはほとんどの人々が農場で働き、昼間に一日でいちばんしっかりとした

▲ビートン夫人のティー・テーブル、1907年。

食事をとり、晩は軽食で済ませていた。産業革命後は、昼間に温かい食事はとりづらくなり、採掘坑や工場で長時間の骨の折れる労働を終えて家に帰ってから、ミルクを入れた濃く甘い茶とともに力のつく食事をとる暮らしに変化した。一七八四年の租税改革法により関税が大幅に引き下げられ、茶は誰にとっても手が届くものとなった。さらに、十九世紀半ばには、より安価な紅茶がインドから英国に輸入されはじめた。労働者階級の家庭でも紅茶を日常的に飲めるようになったのだ。こうしてたいがい午後六時頃にとられるようになった食事は〝ハイティー〟または〝ミート（肉料理）ティー〟と呼ばれた。ただし鉱山や工場で働く人々が多い北部では、おおむねただ〝ティー〟と呼ばれていた。

　そもそもなぜ〝ハイティー〟という言葉が生まれたのだろう？　食物史家、ローラ・メイソンによれば、〝ハイ〟は十七世紀に豊かさを表した言葉で、「元来〝ハイティー〟は〝ティー〟だけでなく、よりたっぷり食べることを示すために使われた表現ではないか」と解説している。[12]ほかにも、アフタヌーンティーに使われていた低いテーブルよりも高さのあるテーブルについてとることから〝ハイティー〟と呼んだのではないかという説もある。

　ビートン夫人の『家政読本』（一八八〇年版）には次のように書かれている。

> 自宅で早めに家族でしっかりととる食事でも、晩の食事までの午後にのんびりおしゃべりを楽しむときにも、つねに茶を飲む……家族で茶とともにとる食事は朝食とほぼ同じで、ただしケーキやちょっとした甘い菓子も用意される。〝ハイティー〟では、肉料理のほうが中心となるので、むしろティー・ディナー（正餐）と呼ぶにふさわしい……アフタヌーンティーは茶を飲みながらパンとバター、それにケーキや果物といった優美な菓子を少しつまむ程度のものを指す。

ハイティーの一般的な献立は、ハム（だいたい卵焼き付き）などの冷製肉と、ソーセージ、マカロニチーズ、ウェルシュ・ラビット（チーズトースト）、燻製ニシン、パイといった温かい料理だ。チーズ、ケーキやビスケットも出されることが多い。祝い事のあるとき、祝祭や休暇などには、ローストポーク、魚料理（たいがいサーモンを丸ごと調理したもの）、トライフルや時にはゼリーなどのごちそうが供された。それぞれの家庭の事情ごとに食べられるものは違っていた。農場で働いて帰ってきた人々は〝ファームハウス（農家）ティー〟と呼ばれるものが用意されていたに違いない。旺盛な食欲を満たす料理であふれた栄養たっぷりの食卓だったはずだ。焼き菓子の香ばしい匂いが漂っていたことだろう。たくさんのケーキ、ビスケット、スコーン、菓子パンが、バターやジャムや砂糖漬けの果物を添えた焼きたてのパン、自家製の魚の缶詰、肉のペーストとともにテーブルに並んでいたのだろう。おそらくハムも用意されていたに違いない（ハイティーは〝ハムティー〟と呼ばれることもあった）。

〝フィッシュ（魚料理）ティー〟もあった。マーガレット・ドラブルの小説『海の女』（二〇〇六）には、一九五〇年代の朝食とフィッシュティー付きの典型的な海辺の宿屋が描かれている。その食事にはおそらく、フィッシュ・アンド・チップスや、ポーチド・フィッシュのマッシュポテトとパセリソース添えが含まれていたのだろう。

ドロシー・ハートレイの『イングランドの食事』（一九五四）には〝北部での〟〝シュリンプ（小エビ）ティー〟についての記述がある。

〝シュリンプティー〟と書かれた小さな家があった。ごく小さな門を抜けて石畳の庭を進むと……

しっかりとした木製の円卓が三つと、そこにまたしっかりとした四角い木製の椅子が十二脚立てかけられていた。円卓には白い布が敷かれていた。入口でベッツィに挨拶し、案内されて席についた。ベッツィは毛織のカバーをかぶせた茶のポット、砂糖とクリーム、受け皿付きのカップ、薄切りのパンとバターと焦がしバターソースをのせた大皿二枚を運んできた。一枚にはクレソンのサラダがたっぷり盛られ、もう一枚にはピンク色の小エビが山盛りだった。それで終わりかと思いきや、厚いガラスの塩入れとコマドリも現れた。そうして〝またも呼びかける〟。

すぐにまた黒いドレスに白いエプロンをつけたベッツィ・タッターソールが現れて、補充するためにティーポットを取り上げ、パンとバターのお替わりを尋ねる（いらないわけがない）。さらに食べ、とりとめのない話をして（なかでもシュリンプティーについての話は尽きない）いるあいだ、コマドリがテーブルの上を跳びまわっていた。[13]

ウェールズには〝コックル（二枚貝）ティー〟と呼ばれるものがある。ジャスティナ・エヴァンズがそのティータイムのごちそうを子供の頃に食べた思い出を、食物史家アラン・デイヴィッドソンに語っている。

二枚貝、タマキビガイ、ムール貝はティータイムに食べられていた。カーマーゼンに近いフェリーサイドの海辺の小さな村では二枚貝が獲れた。大きな琺瑯《ほうろう》の深鉢に水を入れ、固形の塩を加えて、二枚貝をひと晩浸ける。

翌日に水道水で砂をきれいに洗い流す。大きな鉄鍋で蓋をせずに貝が開くまで茹でる。深皿に盛って、殻入れ用のボウルとともにテーブルに出す。温かい二枚貝は自家製のパンと黄色い塩気のあるウェールズ産バターとともに食べる。

塩と胡椒とビネガーに浸けた二枚貝もティータイムのテーブルに並んでいた。オートミールをまぶしてベーコンと一緒に揚げる食べ方もある。

二枚貝の殻は洗って乾かして砕き、ほとんどの家庭では裏庭で飼っている鶏の餌に混ぜられていた。[14]

二枚貝のパイ、二枚貝と卵の料理も広く好まれていた。

主婦の料理の腕が際立つ焼き菓子はティータイムに欠かせなかった。食物史家ローラ・メイソンの解説によれば、堅焼きパイ、香辛料や果実入りのパン、トライフル、パウンドケーキ、シードケーキ、ジャムタルトなど、昔から作られてきたものが多く供されていた。

十九世紀にはさらに、スイスタルト、クルミのケーキ、チョコレートロールなどもお茶菓子に加わりました。ケーキやペストリーやパンといったアフタヌーンティーとハイティーのどちらにも重要な自家製の焼き菓子を幅広く用意するのは、主婦の腕の見せどころだったのです。

欠かせない材料の精製小麦粉と砂糖がより安価で入手しやすくなったことも、十九世紀に家庭での菓子作りを盛んにしたとメイソンは解説する。酵母と溶き卵でふくらましていた伝統的なケーキ作りより時間と手間を節約できるベーキングパウダーも十九世紀中頃から使われはじめた。石炭を燃料とするかまどを組み入れた鋳鉄の焜炉の普及も後押しした。同時代のさほど裕福ではない家庭にも広く備えられ、なおさら自家製の菓子が作りやすくなった。缶詰も同時に流通した。サーモンは一八六四年に初めてカリフォルニアで缶詰にされ、十九世紀の終わりにはあらゆる種類の缶詰食品が英国にも入ってきた。サーモンや桃の缶詰は誕生日や日曜日のティーで供される特別なごちそうだった。[15]

スコットランドでは、F・マリアン・マクニールの『スコットランド人の台所』（一九二九）によれば「スコットランド人のティー・テーブルは朝食並みに充実したものへと達した」。スコットランドの主婦たちはバノック（オート麦でこしらえる平たく丸いパン）、スコーン、ドロップスコーン、ショートブレッド、オート麦のビスケット、ダンディーなどの濃厚なケーキ、ティーブレッドをこしらえる腕前を昔から称えられてきた。スコットランドのハイティーで目を引くのは焼き菓子ばかりではなかった。大きなティーポットとともに、冷製肉、パイ、チップス付きのブラックプディングとホワイトプディング、ベーコンエッグ、チーズ入りスクランブルエッグ、タッティ（ポテト）スコーン、ニシンのオートミールパン粉焼き、スクエアソーセージ（ローンソーセージを四角く切ったもの）とフライドポテトなど、おいしい料理が豊富に供された。イワシの缶詰、ごちそう用にはサーモンの缶詰が常備され、ジャム付きの白パンも欠かせなかった。[16]

ウェールズの焼き菓子作りも名高く、この国の主要な料理に位置づけられている。多くのパンやスコーンやケーキが昔からずっとグリドルや焼き盤で作られてきた。ティー・テーブルには、焼き盤パン（バラ・プランク）、果実入りパン（バラ・クラズィ）など大人気の自家製パンや、ウェールズの伝統的なティーブレッド、バラ・ブリス（まぶしパンのことで、果実がまぶされている）が並ぶ。ケルト民族起源のオート麦のビスケットも人気が高く、バターとチーズとともに食べられることが多い。ウェールズのティータイムは、干しブドウのカランツと砂糖がまぶされた、ぴりっとした小さな平たいケーキ、すなわち伝統のウェルシュケーキ（ピケ・アル・ア・マエン）がなくては始まらない。そうしたグリドルや焼き盤で作られた小さなケーキはたいがい宿屋に到着した旅人たちにも振るまわれた。〝鋳掛け屋《ティンカーズ》のケーキ（テイセナイ・ティンカル）〟も焼き盤で作られる。昔、鋳掛け屋がウェールズじゅうの農場や田舎家を訪ねてまわり、ポットや鍋を修理していたことに由来する。すりおろしたリンゴが入っているので軟らかくしっとりしていて、シナモンの風味が少しぴりっと利いたケーキだ。訪ねてきた鋳掛け屋に茶とともに出されていたもので、美味な嬉しいおやつだったのは間違いない。

　ウェールズでは、糖蜜、ケアフィリー・チーズ、時には干しブドウのカランツも使って多様なスコーンが作られている。ライトケーキ（レイケク）はスコットランドのドロップスコーンに似ているが、はるかにふんわりしていて、バターミルクと重曹を加えて作られる。ウェールズの人々もパンケーキが大好きで、誕生日のごちそうとして用意される。多くの種類があり、名称も様々だ。人気の理由は、おいしいのはもちろんのこと、焼き盤の上であっという間にできてしまうからだろう。

　ウェールズの菓子作りの長い歴史からすれば、オーブンでケーキを焼くようになったのはわりあい最近のことだ。農場の毎年恒例の作業をきっかけに、たとえば近隣の人々が総出で何千頭もの羊の毛を刈る時期に生みだされたケーキや菓子パンもある。百人もの働き手や来客の丸二日ぶんの食事を準備するには一日では足らなかっただろう。おのずとアフタヌーンティーも自家製のパン、バター、チーズ、ジャムといった簡単な食事となる。キャラウェイシードで風味づけした羊毛刈りケーキ（カケン・グネイヴォ）、酵母を使った濃厚なフルーツケーキ、グーズベリーパイが、羊毛刈りの時期のごちそうとされていた地域もあった。低地地方でも、バターミルクと果実を入れたケーキや果物（たいがいリンゴ）を挟み込んだ収穫ケーキなど、同様の食事が脱穀期にふるまわれていた。一族の名声はいかに豪勢な食事が準備万端整えられるかにかかっていた。[17] ジェイムズのケーキ（カケナイ・イアーゴ）とも呼ばれるアバフローケーキ（テイセナイ・アベルフラウ）は、アングルシーの南岸の小さな村アバフローから名づけられた小ぶりで濃厚なショートブレッドだ。ホタテガイの貝殻形に焼き上げられる伝統がある。厳密にはアバフロー周辺の海岸で多く見られるのはホタテガイではなく、もう少し小さなセイヨウイタヤガイ（クイーンスカロップ）で、貝殻の平らな片側を使ってショートブレッドに波形模様が刻みつけられる。

キャラウェイ・ソーダパン（バラ・ソーダ・カラウェ）、キャラウェイ・シードケーキ（テイセン・カラウェ）、シナモンケーキ（テイセン・シアモン）などの焼き菓子にも香辛料が加えられている。ポテトケーキ（テイセナイ・タトゥス）はシナモンやミックス・スパイスで風味づけされていて温かいうちにバターを塗って食べる。ジンジャーブレッドやジンジャーケーキには、蜂蜜と生姜のケーキ、フイッシュガード・ジンジャーブレッドなどがあるが、オー

▶磁器のみやげ物〝ウェールズのティー・パーティ〟。ヴィクトリア時代の英国では陶磁器の飾り物が慈善市の景品として出されていたことから、名産品となった。ウェールズの民族衣装でティー・テーブルを囲む女性たちを象った〝ウェールズのティー・パーティ〟もそのひとつ。最初に作られたのは19世紀中頃で、写真のようなものが英国市場向けにほとんどはドイツのコンタ・アンド・ベーメ社によって大量製造されていた。その人気は第一次世界大戦まで続いた。

ルド・ウェルシュと呼ばれるジンジャーブレッドにはなぜか生姜はまったく入っていない！　この生姜を入れずに作られたジンジャーブレッドが昔からウェールズの田舎の村祭りで売られていた。

英国のティーは必ずしもそれほど豪華だったわけではない。多くの労働者階級の家庭では基本の三つの材料だけで作らなければならず、十九世紀後半のオックスフォードシャーの村で過ごした子供時代を基にしたフローラ・トンプソンの自伝的小説『ラークライズからキャンドルフォードへ』（一九四五）にもそうした様子が描かれている。「ようやくありつける一日に一度の温かい食事はおもに三つの材料から作られていた。豚の脇腹肉のベーコン、庭で収穫した野菜、ローリーポーリー・プディング用の小麦粉だ」

当時の労働者階級の家庭の多くが好んで使っていたのが、一六九五年にストーク・オン・トレント地域で発見された赤粘土とその独特な褐色で名高いロッキンガム釉薬《ゆうやく》を使って作られる、丸みを帯びたティーポット〝ブラウン・ベティ〟だった。この名称の由来は誰も知らない。もちろん、ブラウン（褐色）のティーポットなのだが、〝ベティ〟がどこから付けられたものなのかは不明だ。それを使っていた女性の名と考えるのが妥当なのだろう。ブラウン・ベティが優れたティーポットであることはよく知られている。沸騰した湯を注ぐと、丸みを帯びたポットのなかで茶葉が緩やかにめぐり、苦みをやわらげて香りを引き立たせる。しかも使われている粘土は熱を逃しにくく、保温性も高い。

ブラウン・ベティを使っても、冬にはなおさら茶が冷めてしまうので、風味を損なわず保温するため、覆いが掛けられた。このポットカバーは羊毛と布とレースで作られていた。アフタヌーンティーとハイティーが普及した一八六〇年代に使われはじめたと考えられていて、当時の記述にも見てとれる。ジャーヴァス・ハクスリーの著書『茶の話』（一九五六）では、大きなティーポットが十九世紀に中国からイングランドに渡ってきた際、注ぎ口に合わせて小さな穴をあけて厚い詰め物をした籐かごに入っていたことから着想を得たのではないかと示唆している。ポットカバーはヴィクトリア時代の淑女たちにとって裁縫の腕を披露する手段でもあった。ガラス玉を刺繡したり、絹糸で縁どられたりしていた。そうしたものは招待客をもてなす晴れやかな場で、最上の銀や磁器のティーポットに使われた。針編み刺繡、クルーエル刺繡、飾り刺繡、リボン装飾など、あらゆる裁縫の技術が用いられた。なかには、かぎ針編みや手編みで、羊毛の帽子のように上部に小玉まで付けて仕立てたものもあった。

▲メアリー・エレン・ベスト画『茶を飲む田舎家の人たち』ヨークまたはヨークシャー、1830年代。豊かな田舎家で、時計の針は5時10分を指し、やかんが火にかけられている。ティー・テーブルには茶かすを入れる深皿がある。倹約する田舎家の人々は同じ茶葉から少なくとも2杯は飲んでいた。

ナースリー・ティー（子供のお茶）

アフタヌーンティー――それは楽しい時間
子供たちが勉強を終えると
食卓に集まってくる

陽気な子供らしい笑い声で満ちあふれる

——J・C・ソワビー、H・H・エマーソン（一八八〇）

ヴィクトリア女王時代とエドワード七世時代には、子供たちにもだいたい午後四時から五時に子供用の特別な茶と軽食が用意されていた。子供たちの暮らしはとても厳しく管理されていて、子守に付き添われるか、たまに両親とでなければ、出かけられなかった。昼食のあとは昼寝をしてからおそらく散歩に連れ出されていたのだろう。ティータイムには、きちんと身なりを整えて、お行儀よくしていれば、母親とほかのご婦人方の客間でのアフタヌーンティーに同席させてもらえることもあった。長居はせず、四時から五時には子供部屋か勉強部屋に上がり、もっとくつろいだ場で子守が用意したお茶を楽しんだ。時には母親、〝ママ〟も子供部屋に来て、一緒にお茶を楽しむこともあった。母子がともに過ごし、母親が子供たちにぞんぶんに愛情を注げる貴重な時間だった。子供たちは楽器を演奏したり詩を読みあげたりもしたのだろう。休日には父親もそこに加わって遊び相手になってやったに違いない。

子供部屋で用意される食事は大人のアフタヌーンティーよりお腹を満たせるもので、子供たちにとってはー日の最後の食事となるため、むしろハイティーに近いものだった。誕生日や来客があるときにはなおさら、料理人があらゆるごちそうをこしらえた。パンとバターとジャムや、ひと口で食べられる大きさのサンドイッチ、小さなケーキ、ジャムやバタークリームを挟んだスポンジケーキ、楽しい形のビスケット、時にはマフィンやクランペットもティー・テーブルに並べられ、〝ナースリー（子供部屋）ティー〟や〝子供用ティー〟とも呼ばれたケンブリックティーが注がれた。これはおもにミルクやクリームを湯で薄めたもので、砂糖や、ほんの少し濃い紅茶が加えられることもあった。[18] それ以外にはミルクやジュース、ココアを飲んでいた。子供たちのティー・パーティにはたまに人形も加わった。陶器製造会社の販売員から売り込まれた磁器の子供用茶器が使われていた。

一九二九年にK・ジェイムソン夫人によって書かれた『子供部屋の料理書』によれば、「小さいお子さんのお母様方にとって便利な」ティータイムの料理はさほど手の込んだものではなかった。パンの耳を取り除いたサンドイッチではなく、「堅焼きパンとバターを蜂蜜やジャムを添えて。薄切りではないパンとバターでかまわないが、硬いところは噛みきれるように小さく切る」と勧めている。なるべくなら小麦粉を石臼挽きか全粒小麦を細挽きにしてパンをこしらえる。「オート麦のビスケットとバター、〝ライビタ〟のクリスプ・ブレッド、ピーク・フレーンズ社のヴィタ・ウィート（どちらもライ麦ビスケット）などもたまに取り入れると、顎をよく動かせるようになる」ジェイムソン夫人は「時には蜂蜜やジャムに替えて自家製のあっさりした小さなケーキや、レディフィンガー（細長い指形のスポンジケーキ）で変化をつける」ことも勧めている。さらに「純粋な蜂蜜は最良の天然の甘味で、口のなかが洗浄され、しかもパンとともに食べるとおいしいし身体にもよい。蜂の巣から採ったものならもちろん純粋なので理想的」で、紅茶や、ケンブリックティーではなくても「カップ一杯のミルクを温めて、オヴァルティン（麦芽入りの粉末飲料）やココアを加えるだけでもいい」

▲パンチ誌に掲載された『子供部屋のティー』（1855年）。蠟燭消しで茶をかき混ぜるミス・メアリーを子守頭が叱っている。

モリー・キーンは著書『子育ての料理』（一九八五）で、子供時代のティータイムの思い出を綴っている。あるとき、機転の利く婦人が、いつもなら「ケーキより先にパンとバターを」と言うところを「さあ！　イチゴのクリームがけからどうぞ」と魔法の言葉を投げかけて、堅苦しくなりがちなティー・パーティにたちまち子供たちを引き込んだ。けれども、べつの子供たちのティー・パーティでは、「子守が椅子の後ろに立ち、せっかくのわたしの楽しみをすべて台無しにしようとするので、スポンジケーキを差しだした子守に『ありがたいけど、もうけっこうよ。お腹がむかむかするの。パンとバターだけにしておく。どうぞ召し上がって』と言い放った」という。

エリザベス女王と故皇太后のふたりのもとで料理人を務めたマッキー夫人が、ティータイムの幸せな思い出を回想している。スウェーデン生まれのマッキー夫人はエリザベス女王が即位した当時、女王とフィリップ殿下の住まいのクラレンスハウスで働いていた。著書『王室の料理書』（一九六四）で、エリザベス女王が即位まえに束の間の気楽な日々を過ごしていた様子や、チャールズ皇太子とアン王女を午後のお茶の時間に、芝地で〝丁寧にラグを敷いておもちゃで遊ばせていた〟ことを記述している。チャールズとアンにとってのティーは、「いつも陽光が降り注いでいて明るい、くつろいだ場所で、チャールズ皇太子がその日の出来事を元気いっぱいに話して聞かせるひと時だった」。マッキー夫人によれば、チャールズ皇太子はまだ子供部屋にいる頃はライスコロッケのパイナップルソース添えが好物だったというが、この料理書では生姜入りスポンジケーキ、干しブドウのカランツ入りケーキ、マデイラケーキ、スポンジ・サンドイッチケーキ、チョコレートとコーヒーのケーキ、パイナップルケーキ、アーモンドビスケットの作り方も紹介している。いっぽうで皇太后とマーガレット王女のティータイムはだいぶ異なるものだった。客間で白い布が掛けられた小さなテーブルでお茶を味わっていた。床にもべつにテーブルクロスが敷かれ、そこで愛犬たちも〝ティー〟を供された。

誕生日のティーには必ずメレンゲ菓子など特別なケーキが用意された。サンドイッチの具はすりおろしたチーズ、細かく刻んだレタス、ハムを刻んだもの、マヨネーズ、トマトの薄切りとクレソン、そして黒パンにバターを塗って薄切りのキュウリを巻いたものもあった。パイ生地でこしらえたジャムカナッペはクリームホーン（円錐形のクリーム菓子）とスポンジ・ティーケーキとともにテーブルに華を添えた。

子守や子供部屋で供されるティーは過去のものとなったが、学校からお腹を空かせてへとへとになって帰ってくる子供たちに〝ティー〟を用意する慣習は多くの家庭でいまなお続けられている。サンドイッチやパンとバター（またはジャム）は、ピーナッツやチョコレートを塗ったサンドイッチ、フィッシュ・スティックや小さなピザに移り変わり、ただ可愛らしいスポンジケーキよりも凝った装飾のカップケーキが人気を得ている。

▶サー・ジェイムズ・ガン画『ウィンザー、ロイヤルロッジでの団らん』1950年、カンヴァス、油彩。1950年にジョージ6世とエリザベス王妃（故王母）がウィンザーのロッジでエリザベス王女とマーガレット王女とともに気楽な家族のティーを楽しんでいる和やかな一場面。ティー・テーブルは優雅に設えられていても、質素な食事から食糧不足で配給制がとられていた時代の空気が見てとれる。

カントリー・ティー

十九世紀の終わりにはアフタヌーンティーは階級の垣根を越えて広まり、田園地方も含め、英国のほとんどの家庭で日常的に楽しまれるようになった。

『ラークライズからキャンドルフォードへ』でフローラ・トンプソンは、ヘリング夫人とのティーをこのように描写している。「テーブルには……最上のお茶の用意が整えられていた。すべてのカップの脇にふっくらとしたピンクの薔薇が飾られ、レタスの結球、薄切りのパンとバター、その朝さっくりと焼きあげた小さなケーキも並んでいた」日常の気軽な茶会や、村の女性たちの定期的な催しについても記述している。「若い女たちはたまにいずれかの田舎家に集まり、濃い茶を甘くしてミルクは入れずに飲みながら、おしゃべりと噂話に興じた。そのひと時は女性たちだけのものだった」

ウェールズでは茶葉が高価で希少だったため、浸透するまでに時間がかかり、村の女たちはティー・クラブ（Clwb Tê）を結成した。使えるお金は限られていたので、茶と食べ物と茶器を共同で蓄えた

▲高く黒い帽子をかぶった民族衣装で茶を飲むウェールズの3人の女性たちが描かれた1920年代か30年代の絵ハガキ。

のだ。一八九三年にマリー・トレヴェリアンは次のように説明している。「ひとりの女性が茶を持ってきて、もうひとりはケーキ、さらにべつのひとりが茶に加えるジンやブランデーを少しだけ用意する。持ちまわりで、誰かの家に集まり、自然に女性たちが関心を寄せる噂話が始まる」さらにこうも書かれていた。「（ウェールズの）高地の女性たちは並外れて茶が好きで……ティーポットはつねに焜炉の上にあり、けっして切らさない。際限なく飲みつづける」[19]

フローレンス・ホワイトは著書『イングランドの良いところ』（一九三二）で、田園地方と学校のティーについて書いている。

そうした言葉は暖炉で薪が燃え盛る田舎屋敷の大広間の光景を呼び起こさせる。バターと自家製ジャムを添えたスコーンが並ぶ大きなテーブルには、アフタヌーンティーに眉をひそめる男でも腰をおろさずにはいられない。歌うやかんに、笛吹く熱々のトースト、自家製ケーキ。このうえなく幸せに温まって寝そべっている犬たちは、耳慣れた足音が外から聞こえてこようがみじろぎもしない。そのうちにパーティに招かれた客や友人たちが、馴染みの仲間たちと一日じゅう銃猟に駆けまわったあとで次から次へと訪れる。

夏になれば、長い架台式テーブルに、受け皿付きのカップ、それにクリケットの対戦チームをなぐさめたり励ましたり、またはテニスの試合の合間に野外のティーで楽しむのにふさわしいものが文字どおり、ずっしりと並んだ。

農家でも、頃合いよく訪れれば当然のごとく、すばらしいティーが供されることだろう。

あるいは——ひょっとするとここでのティーが最上だろうか？——町や田舎の学校でも、極上のトーストと、けっして飽きることのないケーキがぞんぶんに食べられる。

ホワイトはさらに、レディ・ラグランがイングランドの田園地方の家庭でのティーを鮮やかに描出した一八七三年の『三治世の追憶』からも引用している。

あれこそ、ティータイム！　薪が燃え盛る暖炉のそばに集まって、互いにその日の出来事を報告しあうのは、田舎ではいつも楽しい時間だった。そうした食事を必ずビリヤード部屋でとる家もあった。わたしには理解しがたいけれど、その家の男たちは茶を飲みながらビリヤードをするのが好きだったからだ。パンもケーキもスコーンも、すべてが自家製だった。なかでもそこにはわたしが格別に大好きなごちそうがあった。いつだって熱々でサクサクしていて糖蜜みたいにとろりとした、ジンジャー・ジャンブルだ。

フローレンス・ホワイトの著述によれば、人々はビリヤードをしながら茶を飲むだけでなく、テニスやクリケットやクロッケーなど午後のスポーツを楽しむときに茶が供されるのも夏らしい風景だったという。現在行なわれているようなテニスの試合は一八六〇年代から七〇年代に盛んになり、優雅なテニスパーティが開かれていた。サンドイッチやケーキなどがアイスティー、コーヒー、さらには〝テニス・カップ〟とともに供された。この〝カップ〟とは、喉を潤してくれる冷たい飲み物のことで、茶が用いられていることが多かった。アルコールが含まれているものもあり、その場合には多くの人々がなおさら活気づいていたのは間違いない。

アイスクリームも人気だった。マーシャル夫人は著書『すてきなアイス』（一八九四）で、テニスパーティや舞踏会の晩餐で供されるデザートとして、カナダ風ティー・アイスの作り方を紹介している。

◎カナダ風ティー・アイス
グラス・ドゥ・テ・ア・ラ・カナディエンヌ

四分の一ポンド（約百十三グラム）の上質な茶葉を温かく乾いたティーポットに入れ、完全に沸騰させた湯を一クォート（約一リットル強）注ぐ。五分ほど浸出させてから、漉して冷めるまでおく。ボウルに生卵を六個入れ、〝マーシャルのバニラエッセンス〟小さじ一とキャスター糖六オンス（約百七十グラム）を加えて、かき混ぜる。そこに冷ました茶を少しずつ加えながら泡立てる。それを漉し器で漉し、一パイント（約五百七十ミリリットル）の濃厚なホイップクリームと合わせ、冷凍器（手動式のアイスクリーム製造機）に入れる。しっかりと固まったら、小さいすてきな型に入れ、冷氷庫に一時間半入れておく。食べる直前に、氷をこしらえたときと同様に清潔な布の上にアイスをひっくり返し、可愛らしいヌガー（キャンディーのように軟らかい糖菓）や紙のケースに盛りつけて、デザート皿に添える。

テニスケーキも供された。テニス競技の誕生とともに生みだされた軽いフルーツケーキだ。当初は丸かったものがいつしかテニスコートを模して飾りつけた長方形のケーキに作り替えられていった。マッキー夫人が著書『王室の料理書』でテニスパーティの献立を紹介している。キュウリのサンドイッチ（薄切りにして、塩とタラゴンビネガーで必ず調味すると強調している）、ビスケット・クランチのアイスクリーム添え、しっとりとしたチョコレートケーキ、アイスティー、アイスコーヒー。

一八六〇年代後半から七〇年代にはスポード社がテニスセットと呼ばれる美しい陶磁器を製造した。これは細長い受け皿にティーカップ（またはコーヒーカップ）をのせたセットで、小さなキュウリのサンドイッチやケーキやビスケットをひとつかふたつカップの脇に置いておけるので、受け皿付きのティーカップとはべつに菓子皿も用意する手間が省けた。

クリケットティーはクリケット競技の開催には欠かせないほど当たり前のものとなっている。陽射しとそよ風が気になるかもしれないが、なるべくなら野外で、デッキチェアに腰かけてバットが革のボールをばしっと捕らえる音に耳を澄まし、肌寒さにふるえるようなら毛布かラグにくるまって村の草地や校庭で試合を眺めれば、なおさらなかなかロマンティックな情景を堪能できることだろう。とはいえ、そうしたティーは昔からこよなく楽しまれてきた喜びで、たっぷりと湯を沸かしては大きなティーポットで心なぐさめられる温かい茶が次々に注がれていた。天候に恵まれれば（恵まれなくても）、フルーツスカッシュや、大人のクリケットの試合ならピムズも飲まれた。たいがいは競技者の母親や妻や恋人たちが、ちょっとした競争心を働かせながら、最上のコーヒーやクルミのケーキも用意していた。ストロベリークリームがけもいまやクリケットティーにはなくてはならないもので、ストロ

◀20世紀のアイドライス製菓の広告「テニスパーティ、ピクニック、ご家庭でも」。テニスラケットを脇に置いてデッキチェアに座っている女性のもとにチョコレートのスイスロールが運ばれている。

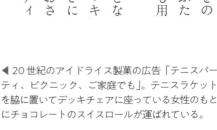

ベリーとメレンゲとクリームで作られるデザートのイートン・メスは、古くから続く毎年恒例のイートン校対ハロウ校戦から生まれたことがよく知られている。フローレンス・ホワイトは『イングランドの良いところ』（一九三二）で、ティヴァートンのナイツヘイズでのクリケットティーについて記述している。「ブランデルズ校がほかの学校のチームと対戦したときには、勝っても負けても、男子生徒たちは厚切りのパンにゴールデンシロップをかけて、それを〝雷鳴と稲妻〟と呼んでいた」

　夏のピクニックティーも英国の楽しい伝統文化のひとつだ。必ずしもスポーツをする必要はなく、天候に恵まれた日に、庭園、森、果樹園、海岸の浜辺などの屋外で楽しめばいい。ピクニック用の食べ物はラグや毛布の上で簡単に食べられるサンドイッチから、濃厚なタルトやフラン（カスタードやクリームを詰めたタルト菓子の一種）とサラダにケーキとそのほかの甘い菓子を付けるなど、とても多様だ。さらに、持ち運びできるバーベキュー焜炉でケバブ、ソーセージ、ステーキを焼くといった野趣に富むピクニックもある。料理はピクニック用のテーブルに並べられ、その周りに簡易な椅子を置いて座って食べる。肝心の茶は魔法瓶に入れてきてもいいし、携帯用の焜炉で湯を沸かし、その場でポットに淹れれば出来立てを味わえる。

▲1962年頃のテニスティーセット〝ロイヤル・アルバート・オールド・カントリー・ローズ〟。ホステス（女主人のティー）セットとも呼ばれる。

　クローディア・ローデンは『ピクニック』（一九八一）のなかで、子供時代にカイロで使っていた教科書に、手入れの行き届いた芝地に優美なティー・テーブルが置かれた絵が描かれていたと回想している。茶缶、銀製のティーポット、クリームとミルク入れ、砂糖壺、茶こぼし、銀製の漉し器、上質な磁器の受け皿付きカップが、繊細なシャンティイ・レースの敷物の上に並べられていた。神秘的な英国文化を表していたとクローディアは語っている。

むろん、英国の天気はあまりあてにならないが、ジョージナ・バッティスコムは『英国のピクニック』（一九五一）で、英国のピクニック愛好者は気まぐれな天候に負けない逞《たくま》しい人々なのだと述べている。わたしも含め、浜辺で悪天候にも負けずにピクニックをする人々には、ジョン・ベッジュマンがトレベセリックでの出来事を懐かしく思い起こしている記述が身に染みるだろう。

サンドイッチに砂、茶にスズメバチ
濡れて重みを増した水着に陽光を
海を待ち望む、たたんで干された浮袋
ギョリュウの木にたかる虫、早くも尽きる一服

幸福な日々！

一八六〇年代にヴィクトリア女王が始めたバッキンガム宮殿での壮麗なガーデンパーティ伝統はおそらく、華やかさと儀礼に満ちた最も盛大な〝ピクニック〟と言えるだろう。午後に供されたティーにもかかわらず、〝朝食会〟として開かれたのが始まりだ。外交官、政治家、そのほかのあらゆる分野で秀

でた人々が招かれた。輝かしい晴れやかな催しとして時代を超えて引き継がれ、現女王のエリザベス二世も毎年三回、バッキンガム宮殿内の庭園で八千人を招待してアフタヌーンティー・パーティを開いている。あらゆる職業と地位の人々に招待状が送られている。男性のドレスコードはモーニングコート着用の礼服、三つ揃いのスーツ、軍服や民族衣装。女性はアフタヌーンドレスにほとんどが帽子と手袋、または民族衣装。招待状には午後三時からと記されていて、ティーのまえに宮殿の庭園の散策を楽しめる。午後四時に女王とエディンバラ公がほかの王室の人々とともに来客を迎え、国歌が高らかに響きわたるなかでパーティが始まる。開催中はふたつの軍楽隊が交代で演奏を続ける。高位の賓客や要職者たちは王室のテント内でティーを供されるが、ほかの招待客は長いテーブルからビュッフェ形式でアフタヌーンティーを楽しむ。これほど大規模なアフタヌーンティーを計画し準備するのは並大抵のことではない。ビュッフェ形式のテーブルに並ぶのは、二万

▲フランスの画家ジェームズ・ティソによる『休日』(のちに『ピクニック』とも呼ばれるようになる) 1876年。1871年にイングランドに移住し、ロンドンのセント・ジョンズウッドにあった住まいの裏庭でのピクニックを描いた。男性が上流層のアマチュアのクリケットクラブ、Ｉジンガリの赤と金と黒の帽子をかぶっていることから、ただのピクニックではなくクリケットティーなのかもしれない。

個のサンドイッチ、五千個のブリッジロール（細長いロールパン）、九千個のバター・ドロップ・スコーン、九千個のフルーツタルト、三千個のバター・フィンガーケーキ、八千切れのチョコレートケーキやレモンケーキ、四千五百個のダンディーケーキ、四千五百切れのマリョルカケーキ、三千五百切れのチョコレートやジャムを挟んだスイスロール。一万杯のアイスコーヒーと二万杯のフルーツスカッシュとともに、二万七千杯の紅茶が供される。その紅茶はトワイニング社がバッキンガム宮殿のガーデンパーティのためにブレンドしたメゾン・リヨンと呼ばれるもので、ダージリン茶とアッサム茶をブレンドしたものらしく、夏のティー・パーティにぴったりの紅茶だ。

村祭り、学園祭、教会と礼拝堂のティー

夏は村と学校で催しが開かれる季節でもある。地域の人々が集まる格好の機会だ。一九五〇年代に村で育ったわたしには、村や学校の祭りに出かけ、スポーツなどの競技やメイポールダンス（花やリボンで飾った柱に長いリボンを巻きつけていくフォークダンス）まで楽しんだ思い出がたくさんある。村祭りや教会では簡易テーブルやティー・テントでティーが供された。ケーキや菓子パンやサンドイッチ、ソーセージロールなどのお楽しみの料理は女性たちによって、まず間違いなく少しばかり張り合って作られていた。さらに時代が進んでわたしの子供たちの学校では、ひっきりなしに湯を沸かし、巨大なティーポットからどんどん茶を注いでいた。昔ながらのサンドイッチが全粒小麦粉のパンにもっと凝った具を挟んだものやキッシュに変わり、多文化社会を反映して、サモサやパコーラー（ジャガイモやナスなどの野菜を刻んで香辛料の効いた衣をつ

けて揚げたもの）など、多彩な料理が並ぶようになったこと以外は、昔とさほど違いはない。ケーキも、より奇抜なものやキャロットケーキのように健康志向のものも加わったが、ヴィクトリア・サンドイッチケーキも、もちろんジャムとクリームやバターを塗って食べるスコーンも相変わらず人気がある。

教会や礼拝堂でも多くは慈善事業の資金集めのために信徒や地元住民を集めて昔からティーが催されてきた。聖霊降臨節、夏の日曜学校の屋外授業、収穫祭、クリスマスの大慈善市など、毎年決まった行事の際に供される。食事についてはとりわけ大掛かりな準備が行なわれていた。パンや菓子は手作りで、女性たちは小さなカップケーキやチョコレートケーキなど得意な料理を持ち寄り、たいがい缶詰肉や魚類のペーストでこしらえたサンドイッチもたっぷりふるまわれた。湯をひっきりなしに沸かすなど、高温多湿の環境でみな協力して働いた。[20]

クリスマスティーについてはことに触れておかなければならない。子供たちの誕生日パーティにゼリーやブラマンジェや小さなスポンジケーキ、蝶の飾りをあしらったカップケーキ、バースデーケーキが望まれるように、クリスマスティーにも、ミンスパイ、トライフル、そしてもちろん、たいがいはクリスマスらしい飾りつけや糖衣を施したクリスマスケーキなど、欠かせない伝統的なごちそうがある。

▲クリスマスのアフタヌーンティー。七面鳥とクランベリーのサンドイッチ、小エビのカクテル、サーモン・ブリニ、ミンスパイ、カップケーキ、マカロン、紅茶、シャンパン。

〝ティー〟はカードゲームのブリッジパーティなど多くの場に取り入れられているようだ。エリザベス・クレイグは『御用の方はなかへ』（一九五二）で、軽食付きのブリッジは、午後のお茶でも夕方のサンドイッチとコーヒーでも、「これほどすばらしい楽しみ方はない」と伝えている。一般に午後とは十五時から十八時半を指していた。クレイグによればティーには「多種類の優美なケーキ、エクレア、クルミと干しブドウのパンを薄切りにしてバターを塗ったもの、そして最後にはバターを塗ったトーストにキャビア、フォアグラなどをのせた小さなカナッペも添える」ことを勧めている。さらに「カードを持つ指が汚れるので、食べ物を提供するまえに来客にナプキンを渡すことも忘れずに」とわざわざ忠告している。ティーはロシア式かアメリカ式で供され、中国茶とセイロン茶またはインドの紅茶を淹れて、お好みでクリームを加える。

弔いのティー

哀しみの場でも茶を飲む時間は大切で、現に儀式を行なう際には欠かせないものだ。弔いのティーもまさにその一例で、人生の終わりを追悼するために重要な役割を果たしている。

茶葉がまだ一般には手に入りにくかった十七世紀や十八世紀には、ビールやワインとケーキやビスケットが葬儀の会葬者たちに供されていた。茶が一般に広く飲まれるようになると、葬儀でも出されるようになったが、ビールやワインやシェリーが供される風習も続いた。イングランド北部に広く見られる慣わしについては次のように詳述されている。

墓地へ向かうまえに、参列した男性たちにはチーズと香辛料の利いたパンとビール、女性にはどちらも自家製のビスケットとワインという軽い食事が供される。墓地から家に戻ってくると、弔いの供宴が準備されている。そうしたテーブルに見られる料理は……遺族が何年も貧困に苦しみかねないほど豪勢なものだ。[21]

葬儀用ビスケットとも称されるレディ・フィンガー（細長い指のようなスポンジケーキ）が供されていた。ドロシー・ハートレイは『イングランドの食事』で、「地区によっては〝フューネラル・フィンガー（弔いの指）〟と呼ばれ、会葬者にシェリーとともに供された」と記述している。さらにおばから聞いた話としてこう述べている。「一八七〇年代のウェールズでは、そうしたビスケットを薄紙にくるんで黒い紐で結び、葬儀への長く寒い道のりに子供たちが食べながら歩けるように配るのが慣わしだった」

食物史家ピーター・ブレアーズは『リーズの味』（一九九八）で、みんなが弔いの列を成して教会へ向かったあと、数人だけが〝ティーの担当〟として残り、人々が戻ってくるまでに軽食を準備したと説明している。さらに、十九世紀中頃の弔いのティーには、エールビールとともに菓子パンのほかにも、ほとんど定番となっていた豚の腿肉を大量に茹でたものなど、遺族は多額な借金をしてまで必ず精いっぱいの料理を並べたという。

ハムと葬儀については、いささか恐ろしくもおなじみのヨークシャーの昔話がある。「病気で死期の近い老人が台所で調理されているハムについて言った。『おや、おいしそうな匂いがするが、味見させてもらえんかな?』 すると老妻が答えた。『あら食べちゃだめですよ。埋葬してから出すものなんですから』」[22]

豚の腿肉のハムはウェールズの弔いのティーではよく出されるものだ。葬儀のあと男性たちは墓地へ行き、そのあいだに女性たちが家に戻ってティーを用意するのが伝統だ。ミンウェル・ティボットは著書『ウェールズの家庭生活』(二〇〇二) で、そうした慣わしは十九世紀後半に広がったものだと解説している。「会葬者たちは墓所から故人の家に戻って、パンとバター、茶、自家製のハム、タマネギのピクルス、フルーツケーキといった食事をとった」そうした弔いのティーは現代でも、とりわけ農村部では遺族や友人たちのために準備されている。遺族への弔意を伝えるために自家製のケーキなど食べられるものが贈られる。十九世紀には茶葉や砂糖など高価な物が友人たちや近隣の人々から届けられた。遺族の助けとなり、弔いのティーにも役立てられたことだろう。この風習はいまでもウェールズの田園地方では広く見られる。

ケーキを焼き、サンドイッチをこしらえて、墓地から戻ってきた会葬者たちに元気づける茶を供するのは完全に儀式の一部となっていた。ごちそうを並べて、故人を盛大に見送るのは大切なことだった。

column

クリームティー

十九世紀中頃に鉄道が開通し、旅行者も急速に増えると、西部地方ならクリームティーと言われるほど、この飲み方が知られるようになった。ホテル、ティールーム、カフェ、農家ごとに自慢のクリームティーがある。コーンウォール、デヴォンシャー、サマセット、ドーセットがそれぞれ、われこそがクリームティーの発祥地だと主張している。二〇〇四年のBBC (英国公共放送）の番組では、デヴォン西部のタヴィストック在住の歴史学者により、タヴィストック修道院で十一世紀にパンとクリームとジャムを食べる慣習があったことを示す古文書が発見されたと報じた（たしかに「雷鳴と稲妻」と呼ばれるクリームティーときわめて似ていた）。説明によれば、九九七年にその修道院はヴァイキングに略奪され、ベネディクト会の修道士たちが地元の労働者たちにパンとクロテッドクリームとストロベリーの砂糖漬けを食べさせて修道院を再建させたのだという。[23] これがパンをジャムとクリームとともに食べたことを示す最古の文書ではあるものの、いっぽうでコーンウォールの人々は、クロテッドクリームの作り方は、紀元前五〇〇年頃に錫《すず》を求めてやってきたフェニキア（現在のレバノンとシリア）の商人から自分たちの祖先に伝えられたものだと主張している。

　そもそも〝クリームティー〟はコーンウォールやデヴォンシャーで（どちらでもチャドリーとも呼ばれる）スプリットとともに味わうものだった。スプリットとは、酵母で作る少し甘めの丸いパンだ。両地方は、クリームとジャムのどちらを先に塗るのかでも主張が分かれている。コーンウォールでは先にストロベリージャムを塗ってからスプーン一杯（または二杯）のクロテッドクリームをのせる。デヴォンでは、クリームを先に塗り、その上にジャムを盛る。現在では丸いパンはほぼスコーンに取って代わられたが、ジャムとクリームの塗り方の違いはいまだ変わらず、昔ながらの方式ではスコーン（またはスプリット）を温めて（理想を言えば焼きたてが望ましい）食べる。どちらが発祥の地で、クリームとジャムのどちらを先に塗るにしても、英国じゅうの家庭や、多くのホテルとティールームで、クリームティーがアフタヌーンティーの楽しみのひとつであることだけは間違いない。

▲デヴォンシャーのクリームティー。自家製のスコーンにクリームを塗ってからジャムをのせる。

ティーへ出かける

十九世紀の初めに、チョップハウス（肉料理の食堂）、馬車道の宿場、ホテル、コーヒーハウスで食事をとれるようになったが、どこも淑女が訪れるにはふさわしくない場所だと見なされていた。一八六〇年代に、鉄道駅近くにより好ましいホテルが建てられ、ホルボーン、クライテリオン、ゲイエティといったレストランも開店し、女性客も快く迎え入れられた。食べ物と娯楽を提供する紅茶とコーヒーの店も一八七〇年代にロンドンで見られるようになった。それらは禁酒協会によって開かれた店だったが、経営方法が往々にして杜撰《ずさん》で、提供されるものも粗悪だったため、長くは続かなかった。[24]

そうしてついに成功を収めたのが、一八六四年に、エアレイテッド・ブレッド・カンパニー（ＡＢＣ）のある優秀な女性店長が経営陣を口説き落としてフェンチャーチ街の鉄道駅の中庭にある店の奥に設けた、紅茶と軽食を提供するティールームだった。この新事業は、淑女たちのみならず、店員、事務員、一般の買い物客からも人気を得た。こうして、女性たちが付き添いを伴わずに友人たちと軽食をとれる最初のティールームが誕生したのだ。ティーへ出かけることが新たな流行となった。紅茶店とティールームは英国じゅうに続々と増えていく。

十九世紀の終わりにＡＢＣのティールームは五十店舗以上となり、一九二〇年代中頃の最盛期には百五十の系列店と二百五十の紅茶店を営業していた。一九五五年にＡＢＣの単独経営は幕を閉じ、いまではストランド街二三二番地のスーパーマーケットの上にあるＡＢＣの色褪《いろあ》せた看板に、元店舗の名残が見てとれるだけだ。

一八六四年にロンドンにＡＢＣのティールームが誕生してからさして時をおかず、グラスゴーでも人々がティールームで楽しむことができるようになった。一八七五年に、アーガイル・ストリートから北へ走るクイーン・ストリート二番地に、スチュアート・クランストンが〈クランストンのティールーム〉を開店した。クランストンはもともと商才に長けた茶の小売業者だった。煙草の取引が衰退すると、茶の取引と砂糖の輸入量が増大した。貧困と都会の不況はグラスゴーのような工業都市に大きな打撃を与え、アルコール依存症が深刻な問題となり、禁酒運動を推進した有力な一族の出であるクランストンは、働く人々には日中に軽食をとる場所が必要で、茶はたしかに気分を上げるが酔いはしないという点に着目した。[25] ティールームが増えればパブに代わる選択肢となる。クランストンは従来どおり、まずは客に紅茶を味わわせてから販売した。それから茶とともにパンとバターとケーキの提供を始めた。さらに、客は男も女も、購入するまえに茶をくつろいで味わいたいと望んでいるのを見てとり、〝肘と肘が触れ合うほど〟並んだ十六人の客たちのためにテーブルを用意した。中国茶を〝砂糖とクリーム、さらにパンとケーキのお替わり付き〟で売りだした。

▲エアレイテッド・ブレッド・ショップのティールームを描いたもの、1902年。

クランストンの妹ケイトもティールームに需要があると見て、一八七八年にアーガイル・ストリート一一四番地に〈ミス・クランストンのクラウン・ティールーム〉を開店した。禁酒ホテルの一階にあり、グラスゴーの商業地区で働く人々には至便だった。グラスゴーに最初にティールームを開店したのはスチュアート・クランストンだったかもしれないが、グラスゴーのティールームとして最初に名を馳せたのはケイトのほうだ。〝椅子から磁器に至るまでクランストン〟ならではとされる設えで、ケイトは事業の拡大を決め、一八八六年にはイングラム・ストリート二〇五番地にも出店した。初期のティールームと言えば、たいてい帽子をかぶった淑女たちが訪れていた印象があったが、新たな店は男性たちにも求められるようになっていく。

一八九七年、ケイトはブキャナン・ストリートに開いた三店舗目のティールームのため、二十八歳の建築家チャールズ・レニー・マッキントッシュにアール・ヌーヴォーの壁画の制作を依頼した。きわめて洗練された新しい百貨店が立ち並び、グラスゴーの流行の先端地だったサッキーホール・ストリートに一九〇三年十一月に開いた〈ウィロー・ティールームズ〉も評判となった。どれもまさに粋の極みと言うべき店で、おもに流行に敏感な女性たちを引きつけた。

事業提携者であった二十年間に、マッキントッシュはケイト・クランストンのために建築家として室内装飾の最高傑作をいくつも作り上げた。一八八七年から一九一七年にかけて、驚くべき芸術的才能を発揮し、ケイトがグラスゴーに開いた四店舗すべてについて設計や改装を手がけた。そのなかには壁画装飾のみならず、建築、家具、ピンク色のビーズの襟飾りが付いたウェートレスの制服も含まれる。こうして〝新芸術〟の室内装飾、デザイナー・ティールームとも呼ぶべきものが生みだされた。両者の協力関係により、ミス・クランストンのティールームは伝説的な店となり、国外へもその名を轟《とどろ》かせた。

二十世紀にかけて、ティールームはパブではなく家の外で人と会える場所を求めていた先進的な女性たちにとりわけ急速に広まった。昔ながらの男性社会ではティールームをひどくいかがわしいものとする声が多かったが、そうではない捉え方をしている人々もいた。都会で働く大勢の若い事務員たちのなかには芸術気質があって、クランストンのティールームの雰囲気をくつろげると感じる人々も少なくなかった。ケイトはそうした客に茶を飲んだり、煙草を吸ったり、話したり、カードやドミノゲームをしたりする場所を提供し、何より重要なのは、親しみやすく、ひょっとしたらデートもできそうな可愛らしいウェートレスに給仕させたことだ。

一九一一年にグラスゴーで開催されたスコットランド国家博覧会に出店したクランストンのメニューから、ティールームがいかに多彩なものを提供していたのかが見てとれる。茶（大か小、ロシア式かポット入り）、コーヒー、ココア、チョコレート、ミルクといった飲み物のほか、パン、スコーン、パンケーキにはジャムやゼリーやマーマレードを付けることができた。サンドイッチ（各種）、パイ、ソーセージやチップスなどの軽食もメニューに記されていた。昼食やハイティーを求める人々にも豊富な選択肢が用意された。スープ、魚料理、卵、チーズ料理、温かい肉料理、パイ、香辛料の利いた料理、冷製料理、蒸したフルーツプディングやカスタードソースやロシア風シャルロットケーキなどの温かい菓子や冷たい菓子。メニューにはハイティーと通常のティーの定価のセットも表記されていた。ハイティーなら、茶一杯に冷製の燻製ニシン、薄切りパンとバター、それに〝スタンドから〟ケーキかスコーンを選べて、九ペンス。通常のティーは六ペンスでバター付き薄切りパンとケーキか、一シリングでティ

▲ミス・クランストンの〈ウィロー・ティールームズ〉のルーム・デラックス店で、ピンクの真珠のチョーカーを付けた制服姿のウェートレスたち。1903年頃。

ーポット、バター付き薄切りパン、バター付きスコーン、ケーキ二切れをなんとジャム付きで提供していた。[26]

一九一七年、ケイト・クランストンは夫を亡くし、ティールームを売却した。ほかにもミス・ビュイックとミス・ロンバッハのような女性たちがクランストンと同様のティールームを開店していたが、多くの家族経営のパン屋もティールーム事業に参入していた。クレイグ家、ハバード家、フラー家はとりわけ高度な菓子作りの技術をティールームに持ち込んだ一流のパン屋たちだ。フラー家はエクレア、マジパン、キャンディーなどの飴菓子をのせたクルミのケーキで知られた。ハバード家は〝敷石（ペイビング・ストーン）〟と呼ばれる、硬い糖衣がのった噛みごたえがあってカリッとした四角いジンジャーブレッドを作った。最も成功し人気を得たパン店を展開していたクレイグ家は、チョコレート・リキュールケーキで名高い。欧州大陸のパン職人も雇われて、〝フランスのケーキ〟が都市に広まった。[27]

第二次世界大戦後、ティールーム事業の成功を支えていた低賃金で働く女性たちを雇用しづらくなってきた。社会習慣も変化した。戦前世代はきれいに洗濯されたテーブルクロスと上質な家具調度に喜びを感じていたかもしれないが、戦後の若者たちはもっと現代的なものを求めた。昔ながらの製菓会社は複合企業に取って代わられ、焼き菓子職人が始めて現代まで存続しているティールームは数えるほどしかない。[28] それでも、一九八三年十二月に〈ウィロー・ティールームズ〉は再建され、一九九七年にはブキャナン・ストリートのミス・クランストンのブキャナン・ティールムズ発祥の地のすぐ隣に開店した。そこにはイングラム・ストリートのティールームにあったホワイト・ダイニングルームとチャイニーズ・ルームも再現されている。

かたや、ロンドンで最も繁盛して広く知られていたのは、精力的な外食産業の事業家ジョゼフ・ライ

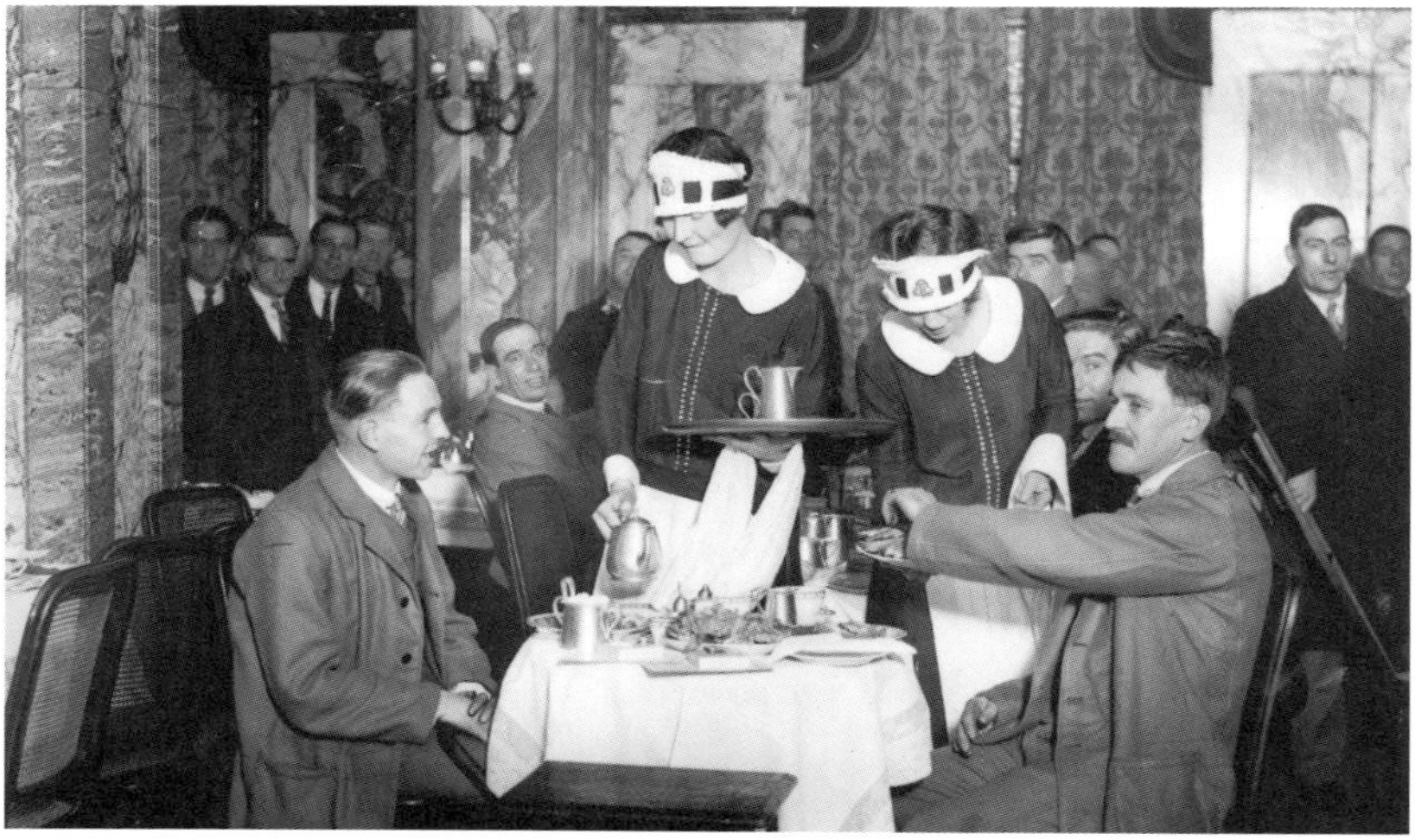

▲1926年、ロンドンの〈ライアンズ・コヴェントリー・ストリート・コーナー・ハウス〉に招かれた1000人の傷痍兵に茶を注いでまわる〝ニッピー〟たち。

アンズのティールームだった。一八九四年にロンドンのピカデリー二一三番地に最初のティールームを開店し、一八九五年の終わりまでに十四店舗に拡大させた。室内装飾がすばらしいことで有名で、白地に金文字のアール・ヌーヴォー様式の看板が掛かっていた。おいしい料理を手頃な価格で、清潔に速やかに提供した。ほかならカップ一杯で三ペンスの茶を二ペンスでポット入りで出し、菓子パンを一ペニー、メレンゲクリームを五ペンスで付けた。洒落ていて、しかも着心地のよい制服姿の愛嬌のあるウェートレスたちは手際よく機敏に給仕することから〝ニッピー〟と呼ばれた。

ロンドンにはティールームや茶販売店が続々とできて、その多くは女性たちが所有し、経営していた。一八九三年にボンド・ストリートに〈レイディーズ・オウン・ティー・アソシエーション〉が開店した。それからすぐに〈ケトルドラム・ティールームズ〉などの開店が相次ぎ、愛らしいピンクや淡い緑黄色の装飾が女性客を引きつけた。ケーキやそのほかの優美な食べ物が供され、なかでもフラーの店の名物、クルミのアイスケーキは、ナンシー・ミットフォード作『寒い気候の愛』（一九四九）とイーヴリン・ウォー作『ブライズヘッド再訪』（一九四五）の両方にその名が永遠に刻まれることとなった。後者の作品では、チャールズがオックスフォードへ進学し、いとこのジャスパーと会って、茶を飲みながら〝蜂蜜がかかった丸パンとアンチョビ・トーストとフラーのクルミケーキで十二分の食事をとった〟と語っている。一八九二年にケンジントン・ハイ・ストリートに開いたフラーの店はライアンズの店よりは小さかったものの、椰子の鉢植えがあり、装飾の美しいこぢんまりとしたアルコーブで、小さなテーブルに並ぶ焼き菓子、なかでもクルミをあしらったケーキと茶を味わえるのが人気となって、多くの女性たちが訪れていた[29]。

高級ホテルや百貨店にもティールームができはじめた。ロンドンのリージェント・ストリートにあるリバティー百貨店では、東洋風のティールームで買い物客に異国情緒あふれる憩いの場を提供した。茶とビスケットが訪れる客を元気づけた。価格はひとり六ペンス、またはふたりで九ペンス。インド産の茶のブレンド、蓮ブレンド、陽陰ブレンドなど風変わりなブレンド茶を選べた。茶を味わいに訪れる女性客はこのうえなく快適な化粧室も利用できた。

ケンジントンのセルフリッジやデリー&トムズなどの百貨店には屋上庭園が設けられていた。ほかにもケンジントン・ティーガーデンズ、テュークスベリー・アビー・ガーデンがあり、さらに離れたマン島のラッシェン修道院では、美しい庭園内に作られた大きな木製の踊り場で観光客が大挙してダンスを楽しみ、そのダンスを眺めたり管弦楽団の演奏を聴いたりしながら、ストロベリー・クリームティーを味わえた。

劇場にもティールームが開かれた。コロシアム劇場は各階に自慢のティールームを設けていた。グランド・ティアア・ティールーム、バルコニー・ティールーム、テラス・ティールーム。午後三時から五時

▲1907年頃のマン島のティールーム〈ラッシェン・アビー〉が描かれたハガキ。もともと1134年にオラフ王から寄贈された修道院で、修道士が暮らし、襲撃され、取り壊され、ジャム工場となって、ストロベリー・クリームティーを味わえるダンス場へと移り変わってきた歴史がある。

のあいだに〝五時のお茶〟が供され、〝手頃な料金でおいしい軽食〟を味わえただけでなく、次の上演のチケットを購入することもできた。

ティールームは国じゅうに続々と誕生した。ヨークシャーには有名な〈ベティーズ〉がある。一九一九年七月十七日にハロゲートに〈ベティーズ〉の最初のカフェが開店した。経営者はスイスからやってきて英国の市民権を得た企業家で、その際に名前もフリッツ・ブッツァーからフレデリック・ベルモントに改名した。〈ベティーズ〉のカフェは凝った装飾が施され、高価な木材と鏡とガラスから成る陳列用のケースが壁際に並んでいた。ヨークやイルクリーなどヨークシャーのほかの街にも〈ベティーズ〉は増えていった。今日でも優美なスイス菓子とともに、カードタルト、ティーローフ（パン）、ファット・ラスカルなどヨークシャー生まれのケーキや焼き菓子で親しまれている。

ティーへ出かけることは女性たちの自立と解放に重要な役割を果たした。家の外でも友人たちと堂々と安心して会える場所を与えられたのだ。女性参政権運動

▲ロンドンのコロシアム劇場のティールームのひとつを描いたハガキ、1904年。

家たちの話し合いは、ティールームやレストランでアフタヌーンティーをしながら行なわれることが多かった。ピカデリーの〈クライテリオン〉は女性自由連盟（WFL）に属する人々に人気で、エメリン・パンクハーストの自叙伝『わたし自身の物語』（一九一四）でも、女性社会政治連合（WSPU）の朝食会と茶会が多く開かれた場所として言及されている。〈ガーデニア〉は、WFLが発行する新聞の推奨小売業者のリスト「投票人名録」に挙げられていて、一九一一年五月六日号では、女性参政権運動家が買い物の途中で〈ガーデニア〉でとったティーについて詳しく書かれている。「芳しい茶と、ホーヴィス（全粒小麦の黒パン）で作ったクレソンのサンドイッチ」[30]

〈ライアンズ〉などほかのティールームにも女性参政権運動家たちは頻繁に訪れていた。またそうしたチェーン店とはべつに、家庭の切り盛りだけで事業は未経験だった女性たちが女性向けに開いた小さなティールームも急速に増えていった。そうしたティールームは女性たちに事業を営む機会を開くと同時に、人と会ってゆっくりと食事を楽しむ場を与えた。〈アランのティールームズ〉は、WSPUの熱心な活動員だったヘレン・ゴードン・リドルの妹ミス・マーガリート・アラン・リドルが開いた店で、女性参政権運動家たちにことに人気が高かった。オックスフォード・ストリート二六三番地の二階にあり、人目を引かずに集まるのにうってつけの場所だった。

〈ティーカップ・イン〉も人気の会合場所だった。一九一〇年一月にキングズウェイからポルトガル・ストリートに折れてすぐのところに開店した。WSPUの機関紙『女性に選挙権を』に次のような広告が掲載されている。「手頃な料金でおいしい昼食と午後のお茶を。家庭料理。菜食料理とサンドイッチ。従業員も経営者もすべて女性」

▲1920年代の〈ベティーズ〉カフェのメニューから。

ロンドン以外でも、女性参政権運動家たちは同じようなティールームやカフェを頻繁に訪れて、会合を開き、政治を論じあった。ニューカッスルでは、フェンウィックのカフェが人気の店だった。ノッティンガムではもともとパブに代わって禁酒の会合場所として開店した〈モーリーズ・カフェ〉をWSPUの人々も利用した。エディンバラでは〈カフェ・ヴェジタリア〉が地元の女性自由連盟の人々にとりわけ好まれた。

ティーダンス（テ・ダンサン）

女性参政権運動家たちのひそやかな会合とは対照的に、ティーへ出かけるのが盛んになったイングランドのエドワード朝時代には、欧州大陸でもアメリカ合衆国でも、午後のティーはダンスを楽しむことでもあった。高級ホテルのラウンジや椰子の木に囲まれた中庭でアフタヌーンティーが音楽とともに供された。一九一三年頃には、ロンドンで〝タンゴティー〟が新たに流行した。アルゼンチン発祥のタンゴは当時エキゾチックできわどい流行のダンスで、一九一二年頃にはすでにフランスのダンスフロアで取り入れられ、上流社会で〝タンゴティー〟が大きな人気を呼んでいた。ロンドン有数の高級ホテルでも、毎週ティーダンスが催され、フランス風に洒落て〝テ・ダンサン〟と呼ばれていた。

社交界でティーダンスを主催していた中心人物、グラディス・クロージャーは一九一三年に〝テ・ダンサン〟について次のように述べている。

たとえば、どんよりとした冬の午後、来客の応対も買い物も終えた午後五時くらいに、ウェストエンドのあちこちで開かれている、ちょっと賑やかな〝テ・ダ

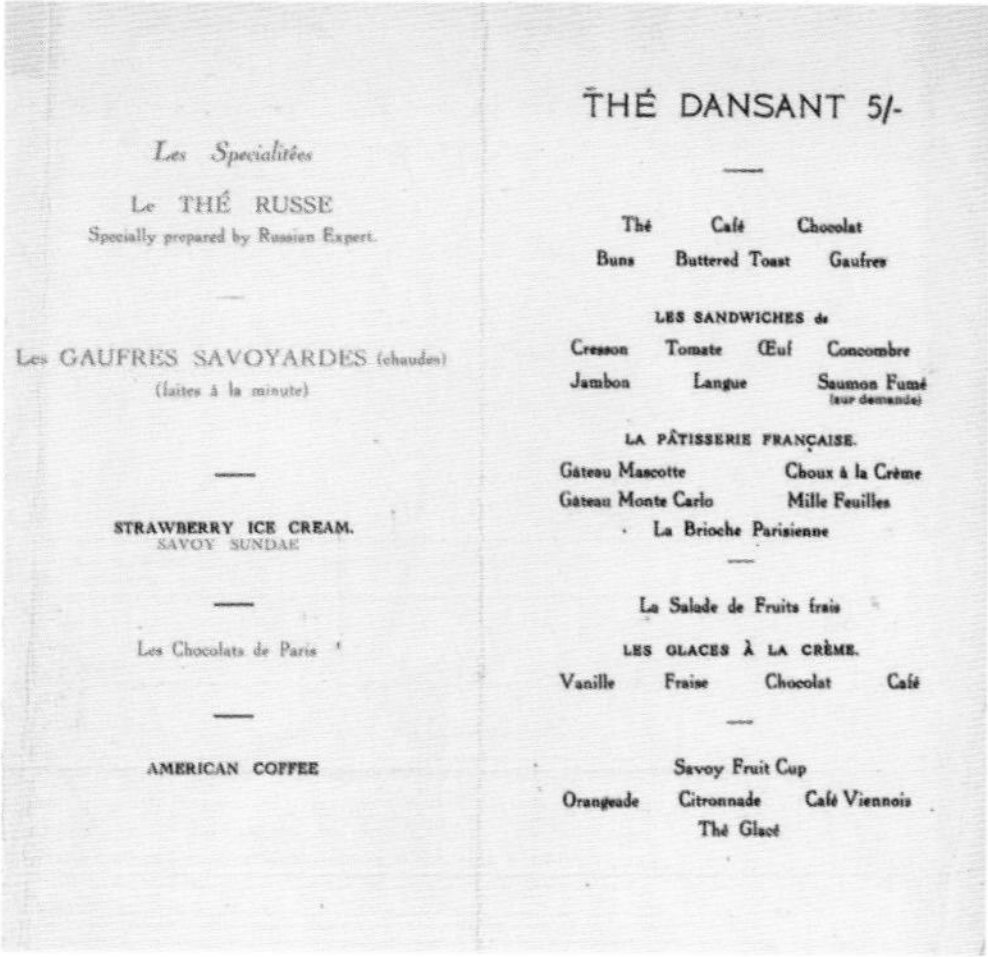

Les Specialitées

Le THÉ RUSSE
Specially prepared by Russian Expert.

Les GAUFRES SAVOYARDES (chaudes)
(faites à la minute)

STRAWBERRY ICE CREAM.
SAVOY SUNDAE

Les Chocolats de Paris

AMERICAN COFFEE

THÉ DANSANT 5/-

Thé Café Chocolat
Buns Buttered Toast Gaufres

LES SANDWICHES de
Cresson Tomate Œuf Concombre
Jambon Langue Saumon Fumé (sur demande)

LA PÂTISSERIE FRANÇAISE.
Gâteau Mascotte Choux à la Crème
Gâteau Monte Carlo Mille Feuilles
La Brioche Parisienne

La Salade de Fruits frais

LES GLACES À LA CRÈME.
Vanille Fraise Chocolat Café

Savoy Fruit Cup
Orangeade Citronnade Café Viennois
Thé Glacé

◀ロンドンのサヴォイホテルで催された〝テ・ダンサン〟のメニュー、1928年。

ンサン〟に立ち寄れば、これ以上に心晴れることはない……小さなテーブルについて……なにしろ手の込んだ美味なティーを味わいながら……弦楽バンドの見事な演奏に耳を傾け（しかも）……ダンスに加われば……[31]

壮観なパームコートでタンゴティーが開かれていたウォルドーフホテルは最も人気の会場のひとつで、ダンスフロアの周りとそこを見下ろせる上階の回廊にテーブルが置かれ、客はダンスの合間に座ってティーで英気を養うことができた。サヴォイホテルも人気を集めた。スーザン・コーエンはそうした催しについて『茶を飲む場所』（二〇〇三）で記述している。「サヴォイでのティーダンスはこのうえなく趣味がよく、上品で、洗練されていた。ティー・テーブルにはこのホテルを象徴するピンクのテーブルクロスが美しくあしらわれ、ロシア風ティーの熟練者によってレ・テ・リュスが供され、フランス語のメニューが上流層にはたまらない（欧州）大陸の雰囲気をもたらしていた」一九二八年のメニューの複製には、レ・テ・リュスだけでなく、レ・ゴーフル・サヴォワーデュ、サヴォイ・サンデー、レ・サンドイッチ、ラ・パティスリー・フランセーズ、レ・グラセイズ・ア・ラ・クレームなど、ダンスをする人々の活力を増す美味な料理がたくさん見てとれる。

スコットランドでも独自のティーダンスが開かれていた。エリザベス・カシアニが、一九二六年九月にエディンバラのカフェで開かれたダンスとティーを楽しむプラザ・サロン・デ・ダンスについて記述している。飲酒は認められていなかったが、茶、コーヒー、ホーリックス（麦芽粉乳から作る飲み物）、ミルク、ホットミルク、ボブリル（牛肉エキスで作る飲み物）はいずれも供された。食べ物のメニューはとても充実していて、一シリング九ペンスのハイティーが用意されていた。さらに高い料金――一人四シリング六ペンス――

▲パリの流行がロンドンにも上陸した。プリンセスホテルのレストランで開かれたタンゴティー、1913年。

で結婚式も行なわれ、そうした催しの通常のメニューは「茶、コーヒー、多種類のサンドイッチ、ひと口大のサンドイッチ、マフィン、ケーキ、カットケーキ、ショートブレッド、焼き菓子の取り合わせ、ビスケット、チョコレートビスケット、フルーツとワインゼリーとクリーム、トライフル、フルーツサラダのアイス添えが供されたあとに〝炭酸水〟(レモネード)」。さらに大規模な催しでは、五シリング六ペンスのメニューもあり、スープかグレープフルーツに、〝温かい骨付き肉料理〟またはビーフステーキ・パイが野菜を添えて、ジャガイモと冷製肉がサラダ付きで供された。菓子は二種からひとつ選べて、さらに、欠かせない茶、コーヒー、ビスケットとチーズ、サンドイッチとケーキ、そしてまたビスケットのあとにアイスクリームが出された。[32]

ティーガウンはすでに女性らしく、しかも洗練されたものがとても流行していた。だが、テ・ダンサンにはより動きやすい装いが求められた。クロージャー夫人のお気に入りのデザイナーが、〝マダム・ルシール〟の職業名でも知られるレディ・ダフ・ゴードンだった。シフォン、ビロード、網織物、毛皮などの高級な生地からデザイン性に優れた芸術性に富む美しいドレスが生みだされた。一九一九年には、ダンスがしやすいようにたいがいスカートにスリットの入った短めのドレスに、十字にあしらわれたリボンが際立つタンゴ靴を合わせた女性たちの姿が多く見られた。

タンゴティーの大流行は一九二〇年代初めに終息する。新たなダンスが流行りだし、ティーダンスフロアの活況は続いた。タンゴからターキー・トロット、シミーからシェイクへ、バニーハグからブラックボトムへ、キャッスルウォークからアメリカ人飛行士チャールズ・リンドバーグから名を取ったリンディー（ホップ）へ。一九二五年にはロンドンの〈カーニバルクラブ〉での特別なテ・ダンサンでチャールストンが初めて実演され、大きな反響を呼んだ[33]。チャールストンは流行に敏感な若者たちに新たなダンスの旋風を巻き起こし、茶に代わってカクテルが多く飲まれた。ウォルドーフホテルは一九三九年までティーダンスを続けていたが、ドイツの爆撃によりパームコートのガラス屋根が破壊され、ティーダンスのような軽薄な催しは打ち切られた。

戦時中のティータイム

ダンスは取りやめとなっても、二度の世界大戦が起ころうとも、英国の人々は困難な状況ながらも茶を味わい、ティータイムを楽しむことはやめなかった。一九一四年に戦争が始まっても紅茶が国民にとっていかに重要なものなのかを認識していた政府は、配給制とするのを渋っていた。けれども戦時中に国外から食品を輸入するのはむずかしく、一九一七年の冬には必要最低限の食糧ですら深刻な不足に陥った。じゅうぶんに食糧が行き渡るのかと不安を募らせた人々が列を成した。政府は砂糖、マーガリン、バターといった紅茶以外の必需品を配給制にした。

紅茶は苛酷な状況下の前線で戦う兵士たちにぬくもりと滋養をもたらし、茶を淹れるのはむずかしい熾烈な塹壕《ざんごう》戦のさなかでも、たっぷりと飲まれていた。通常の袋入りの紅茶のほかにも、湯で溶けるように錠剤状に小さく圧縮した〝ティー・タブロイド〟も用いられた。[34] ミルクも凝結または濃縮して錠剤や缶詰にして届けられた。ビスケットも食べられた。一九一四年には世界最大のビスケット会社に成長したハントレー・アンド・パーマーズが政府から受注してビスケットを製造していた。塩と小麦粉と水で作られたビスケットはあまりに硬く、歯が欠けたくなければ水か紅茶に浸さなければ食べられなかったので、我慢強い軍人たちにも犬用ビスケットと呼ばれていた。

国内戦線の兵士たちにも紅茶は欠かせないものだった。キリスト教青年会（ＹＭＣＡ）は軍隊の支援で重要な役割を果たした。鉄道駅や軍隊が集まる場所の近くに保養所を設置し、休める場を与えるともに、紅茶、サンドイッチなどの軽食を提供した。赤十字の飲食施設でも戦争労働者の女性たちが疲弊した帰休兵たちに大量の茶を淹れてふるまった。一杯の茶と軽食は大いに士気を高めた。

第一次世界大戦中も戦後も、家庭ではティータイムに滋養のあるものを用意するのはなかなかむずかしかった。戦時中に食糧省により発行された『食物とその節約法』（一九一八）で、スプリッグ博士は戦時の食糧不足と配給制の状況下で、子供たちの食事の用意について助言している。パン、オート麦のビスケット、マーガリン、ドリッピング（ソースに浸した）トースト、干しブドウパン、ポテトスコーン、大麦のスコーン、ライスケーキ、オートミールで作るジンジャーブレッド、シロップ、ジャム、クレソンとトマトとレタスとラディッシュのサンドイッチ、野菜とフルーツのサラダ、果物の煮込み。[35]

第二次世界大戦に突入するまえの依然として苦境の時期に、エリザベス・クレイグは『毎日の献立千五百』（一九四〇頃）で、ハイティーとして倹しいながらも食欲をそそる食事を用意するための工夫に富む幅広い選択肢を提示した。残り物の活用法や、限られた予算で入手しやすい材料を使った日々の献立についても助言している。たとえば、一月の第一日曜日には、サーディンをのせたトースト、白パン、干しブドウパン、干しブドウケーキ、エクルズケーキ（干しブドウ入りの丸い焼き菓子）、チョコレートマカロン、ジンジャーブレッド、白ブドウ。六月の第二土曜日には、メルトン・モウブレイ・パイ（ミートパイの一種）、トマトとタマネギのサラダ、黒パン、スルタナ（干しブドウ）スコーン、フラップジャック、エクレア、濃厚チョコレートケーキ、クルミのウエハース、チェリーのコンポートを提案している。

第二次世界大戦中も苦難の時は続き、紅茶が戦況に多大な影響を与えると主張されたほどに、ティータイムが士気を保つために重要な役割を担った。ウィンストン・チャーチルは紅茶が弾薬より重要だとすら主張した。一九四二年に歴史学者のA・A・トンプソンはこう記している。「ヒトラーの秘密兵器に対して、イングランドの秘密

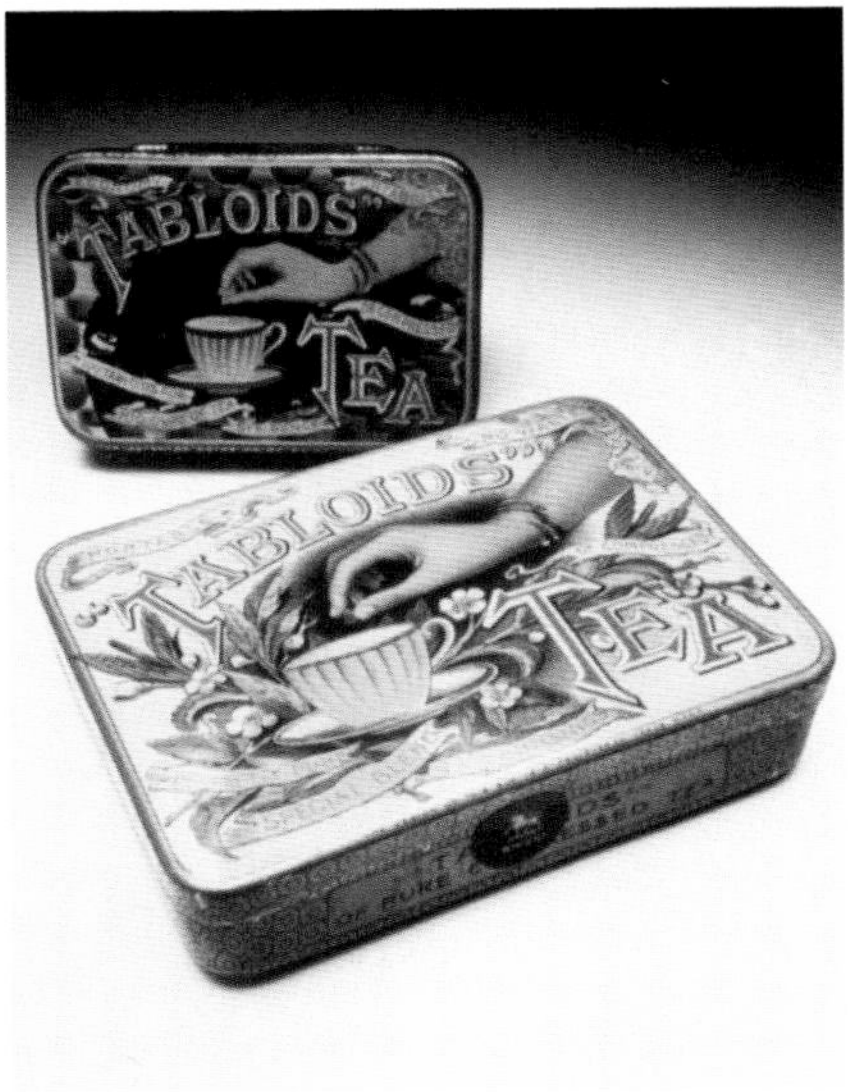

▶バロウズ・ウェルカム社が製造した圧縮紅茶入りの２種の缶。1900年頃。

兵器が何かと言えば、紅茶だ。それがあるから、われわれ陸軍、海軍、婦人会は前進し、任務を遂行することができる——紅茶がわれわれを一致団結させている」[36]

だが、一九四〇年七月に紅茶もついに配給制となり、その厳しい措置は打撃を与えた。五歳以上の一人につき週に一度配給されたのは二オンス（約五十七グラム）だけだった。これでは一日に薄い紅茶を二、三杯しか飲めない。消防士や鉄鋼労働者など不可欠な職業の人々には配給が割り増しされた。海軍卿を務めていたチャーチルは海軍艦艇へ兵士たちがぞんぶんに飲めるだけの紅茶が届けられるべきだと

▲スフィア誌に掲載されたフィリップ・ダッド画『ヴィクトリア駅の陸軍兵と海軍兵のビュッフェ』1915年。列車を降りた兵士たちとこれから前線へ向かう兵士たちが描かれている。慈善寄付による紅茶、コーヒー、サンドイッチ、ケーキなどの軽食が奉仕者たちから無料配布されていた。

言明した。一九四四年以降、七十歳以上の人々には三オンス（約八十五グラム）が配給された。紅茶の配給制は戦争終結後も一九五二年まで続いた。

国外で戦争捕虜となった英国人に赤十字から戦争終結までに送られた小包は二千万個以上にのぼる。そこには粉末ココア、固形チョコレート、プロセスチーズ、コンデンスミルク、乾燥卵黄、イワシの缶詰、固形石鹸とともに、四分の一ポンド（約百十三グラム）の紅茶（トワイニング社から供給された）が必ず同封されていた[37]。

〝ブリッツ〟として知られるドイツ軍によるロンドン大空襲のさなか、通りには婦人義勇隊による移動食堂が設けられた。義勇隊の女性たちは紅茶とコーヒーと軽食を提供して、労働者と空襲で被害を受けた大勢の市民を支援した。その間、ライアンズの紅茶店も戦前に八十五杯分を抽出していた茶葉の分量から百杯作れるように策を講じた。

英国では一九四〇年から五四年まで食糧の配給措置が取られていた。配給量は変動したが、成人が一週間に得られた最少時の食糧は次のとおり。

ベーコンとハム　四オンス（約百十三グラム）
砂糖　八オンス（約二百二十六グラム）
紅茶　二オンス（約五十七グラム）
一シリング相当の肉
チーズ　一オンス（約二十八グラム）
バター　四オンス（約百十三グラム）

このほかに一人につき料理用油とマーガリン、さらに一カ月に一度少しのジャムが配給された。

そうした乏しい配給でハイティーも含め、家族に滋養のあるおいしい食事を用意するのは英国の主婦にとって大変な試練だった。食糧省は配給を最大限に活用できるように料理の手引きを出版した。そのうちの一冊、第七号『ハイティーと夕食』には、サーモンコロッケと生野菜サラダ、パン、マーガリン、ジャム、またはマカロニチーズとトマトかクレソン、デザートにジャムタルトというように、昔からティータイムに人気の献立が多く並んでいる。

まだ配給制が敷かれていた一九四八年に、家政協会は栄養価の高いおいしい料理を作る手助けとなることを願い、『朝食とハイティーの百の提案』という冊子を刊行した。そこには、カレー味のスパゲッティ、蒸し焼きニョッキの千切りキャベツ添えなど、〝充実したハイティー〟について革新的なレシピが収載されている。戦時中に自家製野菜が推奨されたときにも、この協会は家庭菜園の野菜を使って、ホウレンソウとポテトリング、カリフラワーパイ、コルカノン（煮つぶしたジャガイモにキャベツなどを加えた料理）などハイティー向きの栄養たっぷりの魅力的な料理を生みだせると提案していたので、当の冊子はその続編と位置づけられていた。配給量では一週間にさほど肉料理をこしらえられないのは認めつつ、ハイティーを最大限に楽しむ方法として「〝端肉〟の缶詰や配給制ではない肉類を中心に、四分の一ポンドの挽肉やコンビーフを使って……ごく少量の肉をできるかぎりうまく活用する」こともできると提案している。コンビーフのフリッターや香辛料の利いたデビルドソーセージなどのレシピを掲載した。ポテトチーズトーストや乾燥卵を使ったセイボリータルトといったチーズ料理は栄養価が高く手早くできると紹介。サラダも一年じゅう楽しめて数分で作れるものとして勧めている。

column

ワゴンで茶を配る女性たち

女性たちがワゴンで茶を配る〝ティー・レディーズ〟が、戦時協力として職場の効率を上げるため取り入れられた。大いに士気を鼓舞する効果が見られたため、あらゆる職場に普及した。一九四三年には一万カ所を超える職場の従業員たちに、戦時の長時間労働を乗り切るために必要な食べ物と大量の紅茶が配られていた。

この方式が職場のお茶休憩の先駆けとなり、一九五〇年代から六〇年代には、工場や会社の通路をティー・レディーたちがティーワゴンを押してまわる姿がおなじみとなった。通常ワゴンにはお茶休憩に必要なものがすべて揃えられていた。湯やすでに浸出させた紅茶がたっぷり入ったポット、そしておそらくは選りすぐりのケーキ、菓子パン、クッキーなどの甘い軽食。

勤務形態が変化し、お茶休憩を取る慣習も減り、自動販売機やカフェテリアの普及とともに、会社で女性たちがティーワゴンを押して茶を配る時代は一九六〇年代から七〇年代に終わりを迎えた。

ティーワゴンは二十世紀初頭にヨーク、パディントン、ユーストンなどの主要な鉄道駅でも使われていた。

◀1908年にユーストン駅で乗客に茶と軽食を提供するティーワゴン。

◀1940年代にサリー州ミッチャムのフィリップス・ランプス社の工場で従業員にティーワゴンで茶を配るティー・レディの一団。

戦後はおもに子供向けの街頭でのティー・パーティが盛んに行なわれた。みな、とびきりのおめかしをさせられていたものだ。サンドイッチにはたいがいスパムや肉や魚のペーストが挟まれていて、ゼリーにはカスタードが盛られていた。糖衣で飾られたお祝いのケーキも用意された。街頭でのティー・パーティは、一九七七年のエリザベス女王の即位二十五周年《ジュビリー》、一九八一年のチャールズ皇太子とダイアナ妃の結婚式、二〇一二年のエリザベス女王の即位六十周年《ダイヤモンド・ジュビリー》、二〇一六年のエリザベス女王の九十歳の誕生日など、大きな祝祭では人気の催しとして続けられている。

戦中から一九五〇年代にかけて、ティーへ出かける慣習は廃れた。賃金と労働条件の法改正により、茶と軽食を提供する店の経営にかかる費用が増大し、セルフサービスのコーヒー店が人気を集めて普及した。大きな街の高級ホテルのアフタヌーンティーは閑散として、魅力が失われた。

▲1953年の戴冠式時の街頭パーティ。村人たちはエリザベス２世の戴冠式をゲーム、吹奏楽団、そしてもちろん子供たちが喜ぶ菓子の並ぶティー・パーティで祝った。

それでも、紅茶は家庭で変わらず愛飲され、一九五〇年代にはティーバッグが登場してしっかりと根づいた。もともとは一九〇八年にニューヨークの輸入商トーマス・サリヴァンによってアメリカ合衆国で開発されたティーバッグは、製茶業界だけでなく、茶の飲み方そのものに革命を起こした。何世紀にもわたって引き継がれてきた茶の淹れ方が手早く簡素化されたのだ。現在ではティーバッグが英国の紅茶市場の売り上げの九六パーセントを占めている。

時代とともに食事の形態も変化した。アフタヌーンティーの慣習は、午後の半ばに一杯の紅茶とビスケットやケーキを味わう程度のこと以外はほぼ姿を消し、英国の一部の地域、とりわけ北部では多くの労働階者級の人々がなお午後五時から六時にハイティーをとっていたものの、労働形態の変化によって、その食事がより遅い時間にとる夕食へと移り変わった。
一九七〇年代にナショナル・トラストが歴史的建築物の訪問者に伝統的なアフタヌーンティーを提供しはじめたのをきっかけに、ティーへ出かける慣習がまたよみがえってきた。現在では、イングランド、ウェールズ、北アイルランドにそうした紅茶と自家製のティータイムの菓子を提供するティールームやカフェが百カ所以上ある。

column

いかれ帽子屋のお茶会

「いかれ帽子屋のお茶会」をテーマにしたパーティは、家庭でもティールームやホテルでも高い人気を誇っている。一八六五年にルイス・キャロルによって『不思議の国のアリス』で描かれた、文学史に残るティー・パーティだ。謎と、ばかばかしさと、珍妙さにあふれている。いかれ帽子屋の時計は午後六時でとまっているため、そこではつねにお茶会が開かれている。

▲ルイス・キャロル作『不思議の国のアリス』から、ジョン・テニエル画『いかれ帽子屋のお茶会』の挿絵。

「もっとお茶をどうぞ」三月うさぎがアリスに熱心に勧めます。

「まだまったく飲んでいないのに」アリスはむっとした調子で言い返しました。「だから、もっとではないでしょう」

「もっと少なくは飲めないものな」と帽子屋。「まったく飲んでないのなら、もっと飲むのは簡単じゃないか」


アリスはお茶を飲めない。テーブルにはパンとバターしかない。家庭で「いかれ帽子屋のお茶会」を開く場合には、不揃いの茶器が使われ、風変わりなカップとソーサー、色とりどりのテーブルクロスとナプキン、マシュマロの〝マジック〟マシュルームやレインボー・サンドイッチ、ハートの女王のジャムタルトなど、ふしぎなケーキや焼き菓子が並べられる。


一九八三年には、ロンドン南部のクラパムにジェーン・ペティグルーがアール・デコ様式の紅茶店を開き、評判を呼んで成功し、新たな流行を生みだした。現在、英国じゅうでまたティールームが人気を集めている。サマセットのバースにあるローマ風呂の遺構に隣接する〈パンプルーム〉も特別なアフタヌーンティーを味わえることで名高い場所のひとつだ。十八世紀に誕生し、二世紀以上もバースの社交の中心地となってきた〈パンプルーム〉は、背の高い窓、コリント式の円柱、光り輝くクリスタルのシャンデリア、飲める温泉水が湧く源泉を有する、新古典主義建築の壮麗なサロンだ。アフタヌーンティーでは、この地方伝統のバースパンのほか豊富なメニューが用意されている。夏には子供向けに、〝小さないかれ帽子屋のアフタヌーンティー〟と題して、ウサギのジンジャーブレッドビスケット、ハートの女王のジャムタルト、〝わたしを食べて〟カップケーキも提供される。

リッツ、サヴォイ、ウォルドーフ、ドーチェスター、レーンズボローなど、ロンドンのホテルでも、特製の紅茶と、お好みならシャンパンとともに優雅なアフタヌーンティーが用意されている。高価なので、特別な日や、英国の紅茶文化を体験したい旅行者たちに楽しまれている。アフタヌーンティーを売りものにした集客競争は熱を帯び、人気が高まっている。ロンドンの多くの名だたる店で、多様なアフタヌーンティーが楽しめる。いかれ帽子屋のお茶会のようにひと捻《ひね》りしたテーマのもの、船上など日常とは違う場所で行なわれるもの、スコーンやサンドイッチばかりではなく、タイ料理、寿司、点心、インドのチャイのアフタヌーンティーなど世界の味を楽しめるものもある。かわいらしいサンドイッチやケーキではなく、昨今増えているお茶好きの紳士向けなど、あらゆる好みに応じたものがある。甘いものより香辛料の利いたものを好む人々向けに料理を充実させた、よりハイティーに近いメニューも登場している。アテナエウムホテルでは、イノシシのソーセージロール、ミニステーキとエールパイ、チェダーチーズとベーコンのスコーンが供されるほか、シャンパンの代わりに各種のウイスキーも選べるようになっている。スティッキー・タフィー・プディングとともに伝統的なティーを味わうこともできる。もしくは、サンクタム・ソーホー・ホテルで、ジャックダニエルのジェントルマンジャックをちびちびとやりつつ、ウサギのパンチェッタパイとポーチド・オイスターをブラッディ・マリーとともに味わうのも一興だ。

第2章　ヨーロッパ

ヨーロッパのほとんどの国はコーヒーを飲むことでよく知られている。けれども、茶はまず十七世紀初めにオランダ人によってヨーロッパに持ち込まれた。十六世紀に先に喜望峰まで航海し、極東との貿易を独占して利益を得ていたのはポルトガル人だったが、茶葉の商いにはさほど関心を払わなかった。ポルトガルの競合国だったオランダが、一六一〇年に日本からアムステルダムに初めて緑茶を輸入した。オランダが、ドイツ、フランス、イングランド（この国ではコーヒー以上に好まれる飲み物となる）などほかの国々へ茶を売り込んだ。ポーランドなどの東ヨーロッパでは、茶を飲む慣習は十七世紀にロシアを経由して伝わった。

オランダ

茶が初めて持ち込まれた当初は、高価で目新しく魅惑的な富裕層の飲み物だった。苦みに薬効があると考えられ、健康に良いものとしても用いられた。一六五七年には、ブロンテクー博士（ミスター・グッド・ティーとも呼ばれた）が、茶の驚くべき効能を公然と称賛し、高熱を下げるために一日四十から五十杯の茶を処方した。[1] 茶は初めから通常の食事で飲むものとして受け入れられたわけではなかった。むしろ、茶に合わせた新たな食事の形態が生みだされた。都会では、ケーキ、焼き菓子、ビスケットとともに茶が飲まれ、田舎に住む人々は、ラスクやパンやチーズとともに味わった。[2]

ティー・パーティは富と社会的地位の象徴となった。オランダの商人たちは茶葉とともに、中国から精緻で高価な磁器の茶器も輸入し、茶を飲む際にはこの磁器とおいしい菓子が欠かせないものとされた。陶器職人たちは中国の茶器を真似て、錫釉薬《すずゆうやく》をかけてファイアンス（彩釉陶器）と呼ばれる陶器を作った。オランダの芸術家たちは中国の青と白の磁器の色彩を上手に取り込み、デルフト周辺で作られたことから、デルフト陶器として知られるようになった。金のスプーンやフォークだけでなく、日本やヴェネツィアの食器も使われた。

▲ヤン・ヨーゼフ・ホールマンズ画『ティータイム』1750－1800年。

貴重な茶は特別な部屋で、たいがい同じように貴重な砂糖で甘味づけして供され、飲まれた。「家具調度は、ティー・テーブルと椅子、カップと砂糖箱、銀のスプーンとサフラン壺が収納された飾り棚……茶とサフランはともに供され、カップに温かい甘味づけされた茶を入れて香りを保つために蓋をした」[3] 洗練された淑女たちにとってはなおのこと、茶は受け皿から飲むのが作法だった。これはオランダで〝受け皿飲み〟と呼ばれ、現在でも続けられている地域がある。[4]

茶とともにいかにおいしいものを供するのかが、茶会を開く女性たちのあいだで競われた。「砂糖漬け（コンフィチュール）は様々な方式で供された。果物を砂糖漬けにしたり、果肉に砂糖を加えて煮て薄く伸ばして乾かしたり、ジャムのような砂糖菓子にしてティーカップのなかに落としたり、可愛らしい型に入れて固めたり」[5]

現在のオランダでは植民地だったインドネシアからの茶葉の輸入量が最大で、次いでスリランカからのものが多い。昨今はコーヒーのほうが多く飲まれているようだが、紅茶も朝食や昼食とともに、または夕食後にいまなお人気の飲み物だ。オランダではたいてい午前の半ばにはコーヒーで休憩をとるが、午後の半ばにはティータイム（theetijd：ティーゼイズ）を設けて、ビスケット（koekje：クーキェ）、チョコレート（chocolatje：ショコラチェ）、砂糖をまぶしたアニシードの菓子マウシェなどの甘いおやつとともに茶を飲む。[6] 紅茶はおおむね薄めに淹れ、ミルクは加えない。フレーバーティーやフルーツティーも人気だ。ストロープワッフル（薄く焼いたワッフルにカラメルのようなシロップを挟んだもの）もティータイムにはおなじみの菓子で、一七八四年にゴーダのパン職人が残り物でこしらえたのが始まりと伝えられている。このワッフルをティーカップにかぶせると、湯気でシロップがとろけて、シナモンの芳しい香りも漂ってくる。オランダの正式な茶会ではいまも優美な陶磁器のティーカップセットが好んで使われ、オランダ伝統の青と白のデルフト陶器を所有している人々も多い。

▲紅茶とストロープワッフル。

オランダにもアフタヌーンティー（たいがい〝ハイティー〟と呼ばれる）を楽しめるところは至るところにあり、デルフトの〈ロイヤル・デルフト〉ではデルフト陶器で茶が飲めるし、アムステルダムの〈ガーティン〉では、スープとキッシュ、シュー皮の菓子や各種のケーキといった多彩な〝ハイティー〟が楽しめる。

ドイツ

一六一〇年頃、東フリジアの船がオランダの東インド会社の荷物の運搬を請け負っていて、オランダとの国境に近い東フリジアを経てドイツにも初めて茶が伝えられた。それから百年のうちに東フリジアで一番多く飲まれるものとなった（茶は国産ビールよりも安価だった）。ドイツ人たちもまた真っ先に一七〇九年にマイセンで陶磁器の製法を解明した。中国の陶磁器を基に茶器を生みだしたため、カップは薄く、把手がなく、受け皿は奥行きがあって、むしろ浅い碗のようだった。当時のヨーロッパでは中国式の茶器がもてはやされていた。ヨーロッパの多くの君主や国王が敷地内や庭園にティーハウスを建てた。なかでも顕著な例が、一七五四年から六四年にかけてプロイセンのフリードリヒ二世によってポツダムのサンスーシ宮殿に造られた中国茶館だ。

十八世紀の終わりには、毎朝のスープに代わって茶を飲むことが日常の慣習に取り入れられた。文学界でも茶は好まれた。ゲーテはティー・パーティが友人たちをもてなすのに最適な方法だと信じていた。詩人ハインリヒ・ハイネは、多くの画家、俳優、作家、外交官が集い、茶を飲んで活気あふれる会話が繰り広げられていたベルリンの茶と菓子の店〈ステイリッシュ〉でのひと時について有名な詩を残している。[7]

テーブルを囲んで茶を飲みながら
愛について大いに語りあう
美学ある男たちは考え
淑女たちはむしろ感情に駆られがちだった[8]

現在のドイツではコーヒーが飲まれている印象が強いが、茶を飲む慣習もとても大切にされている。東フリジア地方の人々はいまでも一日に二回から三回は紅茶を飲む。朝食時と夕食時のほかに午前十一時頃と午後三時頃にもティータイムがある。たいがいアッサム茶とセイロン茶を合わせたものを濃く淹れて芳しい香りを楽しむ。東フリジア地方には、クルンチェ（またはカンディスとも呼ばれる）という氷砂糖とクリームを加える、独自の紅茶の飲み方がある。まずティーグラスか磁器のカップにクルンチェを入れる。そこに濃い紅茶を（茶が氷砂糖に当たる音を聞きながら）注ぎ、ロームレペルと呼ばれる丸く深みのある専用のスプーンで濃厚なクリームをカップの縁の内側からそっと落とし、熱い紅茶の上に雲のように浮か

◀ポツダムのサンスーシ公園にある〈中国茶館〉は異国情緒あふれる魅惑的な庭園のあずまやだ。1754年から64年にプロイセンのフリードリヒ２世の命により、花や菜園を引き立てるために設えられた。当時人気を博した中国風装飾様式の建物だ。周囲には、おとぎ話に出てきそうな中国人の演奏家や、茶を飲む男女の彫像が配され、金めっきの椰子の木を象った円柱と調和している。

べる。かき混ぜずにコクのあるふんわりしたクリームを味わってから、苦めの熱い紅茶を飲んで、最後にクルンチェの甘味を楽しむ。三杯飲むのが慣わしだ。反対に一、二杯しか飲まないのでは、客として不作法だと考えられている。飲み終えたら、スプーンをカップのなかに入れ、もうじゅうぶんであることを示さなければ、さらに注ぎ足されてしまう。

東フリジアでは、一七六四年創業のヴァランドルフ磁器製造会社が製造した〝ドレスデンティーセット〟で茶を飲むことが好まれていた。〝ドレスデンブルー〟と呼ばれる青いものと、有名な赤い芍薬《しゃくやく》（薔薇とも言われる）が描かれた〝ドレスデンロート〟の二種の絵柄が人気を得た。ティーセットはクリーム入れ、ティーポット（トレックポット）、カップ（ケッペンまたはコプクス）から成る。

ドイツのほかの地域でも紅茶はよく飲まれていて、ダージリンなど最高級茶葉の世界最大の消費国だ。茶葉の輸入量は二〇一四年に記録的に増加した。ハンブルクの貿易港がヨーロッパの茶葉の卸売りの中枢となり、再輸出貿易も盛んで、その主要相手国がカナダだ。[9] ブレーメンの港町ブレーマーハーフェンも茶葉貿易の拠点で、シュノーア地区の中世の館にあるティーサロンなど多くのティールームがあり、茶を飲む場所には事欠かない。このティーサロンでは八十種の茶と多様な自家製トルテが供されている。茶葉も手工芸品とともに一階で販売されている。

▲東フリジアの〝ティー・ミット・ザーネ〟（クリーム雲のティー）は赤い芍薬か薔薇とも言われる有名な絵柄のティーカップとソーサーで供された。

▲ジャン＝エティエンヌ・リオタールの静物画『ティーセット』1783年頃、カンヴァス、油彩。リオタールが磁器のティーセットを描いた５作のうちの１枚。乱雑なティータイムの様子が描かれていて、盆の上には、６組のティーカップとソーサー、ティーポット、卓上砂糖入れ、ミルク差し、おそらく茶葉が入った蓋付きの壺がのっている。カップと受け皿が入れられている大きなボウルは茶こぼしに使われたものと見られ、バターを塗ったパンがのった皿もある。

フランス

フランスの人々もコーヒーをよく飲むことが知られているが、十七世紀中頃に茶葉がもたらされると富裕層に人気の飲み物となった。その後アフタヌーンティーが中流上層階級の社交慣習となり、マルセル・プルーストが小説に取り入れたこともよく知られている。現在でもフランスの洗練された茶のたしなみ方や飲み方の流儀はきわだっていて、茶葉を香りよくブレンドし、優美なフランス菓子と、名高い紅茶の香りのゼリーといった茶葉を用いた料理とともに味わう〝フレンチティー〟と呼ばれるものを生みだした。

オランダの東インド会社がフランスに初めて茶葉を船で持ち込んだのは一六三六年のことだった。当初は薬や麻薬と考えられていて、薬屋で売られた。医療の専門家たちは長らく茶の効能について議論を続けた。高名な医師で著述家のギー・パタン博士が茶について「世紀の忌まわしい発明だ」と批評したのに対し、アレクサンドル・ローズ司祭は[10]「人々はその貴重な薬効を認めなければいけない。神経性の頭痛をあきらかに改善するだけでなく、尿砂と痛風にも効果てきめんの治療薬だ」と記した。[11]ルイ十四世（在位一六四三―一七一五）が若い時代に宰相を務めたマザラン枢機卿はフランスの宮廷に茶を飲む慣習を取り入れた人物と言われ、痛風の症状を緩和するために定期的に茶を飲んでいた。のちにルイ十四世も自身の痛風の改善のため茶を飲んだ。

書簡作家として名を馳せたセヴィニェ夫人は、一六八四年の手紙にこう記している。「ターラントの王女は日に十二杯、方伯様にいたっては四十杯も飲んでいました。方伯様は死の床につかれていたのに、目に見えて回復されたのです」[12]それより以前の一六八〇年に書かれた手紙には、体調不良の友人に、体温を奪う冷たい牛乳は避けて、温かい茶にミルクを加えて飲むようにと勧めている。さらに、「サブリエール夫人は最近、茶に牛乳を加えたものを好んで飲んでいる」とも付け加えていた。

社交界の中心人物のみならず、劇作家のポールスカロンやジャン・ラシーヌなど知識人たちのなかにも茶の愛飲者は増えたが、初めて中国へ渡ったフランスの船アムピトリーテ号が、茶と絹、漆器、磁器といったほかの魅惑的な品々も豊富に積んで一七〇〇年に戻ると、ようやく茶が手に届きやすいものとなり、普及した。

ルイ十四世の治世に、すでに上流階級に流行していた茶が健康にもよく、くつろいで愉快に飲めるものとして受け入れられた。それでも、コーヒーより高価な時代は長く続いた。新たに登場して人気を呼んでいたカフェで提供されるコーヒーと異なり、磁器や銀製の食器を揃えるのにも費用がかかった。

フランスでは一七四五年にヴァンセンヌ城で独自の軟磁器の製造が始まった。一七五六年にその工場がセーヴルに移転し、リモージュで白粘土が発見されると、上質で名高いセーヴルの繊細な硬磁器の製造が開始され、精緻な食器が生みだされた。ダークブルー、ターコイズ、黄色、アップルグリーン、ローズピンクに彩られたティーセットは、セーヴルの最も有力な支援者だったポンパドール夫人から名を取り、ローズ・ポンパドールと呼ばれた[13]。

著名なフランスの作家オノレ・ド・バルザック（一七九九―一八五〇）は茶の愛好者で、茶をたしなむ優雅な暮らしを送った。とりわけ高価な茶葉を小さな入れ物に保管し、特別な時にひとりで飲んだり、大切な友人にだけ振るまったりしていた[14]。小説『幻滅』（一八四三）と『従妹ベット』（一八四六）の登場人物たちの社交生活にも茶を登場させている。『幻滅』では、アングレーム出身の女性に、アイスクリーム、ケーキ、茶が供される夜会を開くとふれまわらせ、茶がいまだ消化薬として薬屋で売られている町では大変に斬新な試みだと書いていて、バルザックの茶への傾倒ぶりが物語から読みとれる[15]。

画家クロード・モネもまた茶を好んだ。一八八三年にジヴェルニーの名高い家に越してから、天候が許すかぎり、庭園でアフタヌーンティーを楽しんだ。モネはもっぱら絵を描くことを中心に日常を送り、寡黙で内向的な人物だったが、のんびりとおいしい食事を楽しむのが好きで、友人たちをもてなすことを楽しんだ。もてなされていたのは政治家のクレマンソーや、同じ印象派の画家たち、なかでもルノワール、ピサロ、シスレー、ドガ、

▲パリのディールとゲルハルドによるアングレーム公爵のための旅行用茶器。1788年頃。

▲クロード・モネ画『ティーセット』1872年、カンヴァス、油彩。鮮烈な赤い漆塗りの盆と青と白の磁器に、モネがアジアの芸術品に魅了されていたことが表れている。

セザンヌといった時代の寵児《ちょうじ》たちばかりだ。ほかにも、ロダン、ホイッスラー、モーパッサン、ヴァレリーがよく訪れていた。ティーはバルコニーや池のほとりのシナノキの下で供された。〈カルドマ〉という店で購入した濃い紅茶がお気に入りだった。スコーン、栗のビスケット、シナモントーストも用意された。ジェノアケーキ、濃厚なフルーツケーキ、オレンジケーキ、マドレーヌ、フレンチトーストも、ティータイムに好んで食べていた。ティーのあとには、客人たちは階段を上がって、セザンヌ、ルノワール、ピサロ、ドガといったモネの私蔵のコレクションを眺めたのに違いない。モネは夜明けとともに起床するためとても早くベッドに入ったので、誰も夕食には招かれなかった。[16]

　十九世紀の終わりに新たな中産階級《ブルジョアジー》が出現し、サロン・ド・テ（ティーサロンやティールーム）が誕生して、茶を飲む慣習がようやく目に見えて普及し、〝五時（のお茶）〟と呼ばれた。パリにティールームが登場したのは一八八〇年代で、英国出身のニール兄弟が文具店と書店を兼ねたリヴォリ通りの〈コンコルド広場の文具店《パペトリー》〉で茶とビスケットを提供しはじめた。当初は二席だけで茶とビスケットを

▲ベル・エポック（美しき時代）と称される頃にパリのサロンで〝5時のティー〟を楽しむ上流層の人々。

出していたが、ついには二階に独立したティールームを設けた。そこがのちにティールームで名を馳せた英国人の高級書店〈W・H・スミス&サン〉となる店だ。一八九八年にはオーギュスト・フォションがマドレーヌ広場にティールーム〈グランド・サロン・ド・テ〉を開店した。フォションはこの新事業のためにパリの腕利きの料理人や菓子職人たちを雇い入れた。

サロン・ド・テはパリで開業するなり次々に成功を収めた。男性に独占されていたカフェに足を踏み入れられなかった女性たちが友人と会うために、買い物のあとの休憩に、菓子と飲み物を楽しむために訪れた。

〈ラデュレ〉もパリで草創期に開かれたティーサロンだ。一八六二年にルイ＝エルネスト・ラデュレがパリ中心部のロワイヤル通り十六番地でパン屋を開業した。一八七一年の火災のあと、焼き菓子店として再建され、妻ジャンヌ・スシャールとともにパリ式のカフェと優美なフランス菓子を融合させてのちにティールームと呼ばれるようになる店を生みだし、成功を収めた。室内装飾はジュール・シェレが担った。天井には菓子職人の装いのふっくらした智天使が描かれ、この会社を象徴するものとなった。壁には鏡が張りめぐらされていたので、訪れた客は姿を映して身繕いすることもできた。一九三〇年にラデュレの孫息子ピエール・デフォンテーヌが二枚の菓子の生地（マカロン）のあいだにクリーム状のガナッシュを挟み込んだ菓子を考案し、店の名を世に広めた。〈ラデュレ〉はいまなお、多彩な色と風味の美しくおいしいマカロンで名を馳せている。デフォンテーヌもまた菓子店にティールームを設け、家よりもティールームで友人とおしゃべりを楽しみたい女性たちに人気を博した。

一九〇三年には、フランス南部でおいしいケーキや焼き菓子を作ることで名をあげていたオーストリア人の菓子職人、アントン・ランペルマイヤーが、パリのリヴォリ通り二二六番地にサロン・ド・テを開いた。このサロンはもともと〈ランペルマイヤー〉という名称だったが、息子の妻の名〈アンジェリーナ〉に改称した。フランス人建築家エドゥアール＝ジャン・ニールマンによる室内装飾は、優美で魅惑的で洗練されている。〈アンジェリーナ〉は華やかなパリの社交界の人々をたちまち魅了し、そのうちのひとりがマルセル・プルーストで、全七篇の『失われた時を求めて』で紅茶とマドレーヌから鮮やかに記憶をよみがえらせる描写

▶パリのティールーム〈アンジェリーナ〉1903年頃。

はとても有名だ。第一篇『スワン家のほうへ』（一九一三）では、洒落たサロン・ド・テを次のように登場させている。

オデットはまるで、花祭りや、ただマフィンとトーストを〈テ・ド・ラ・リュ・ロワイヤル〉で味わうお茶の時間にでも——そこに通うことがれっきとした優雅な淑女である証しを示すには欠かせないことだと信じている——間に合わないのではないかと心配するときの真剣に憂慮した、不機嫌そうでもある顔をしていて……

そして、語り手はマドレーヌを紅茶に浸して味わうことから子供時代の記憶を呼び起こし、マドレーヌについてこう書いている。

ホタテガイの波形の殻で模様を付けたような〝プチット・マドレーヌ〟と呼ばれる丸く小さい柔なケーキを頼んだ。するとまもなく当然のように、重苦しい一日のあとで憂鬱な明日のことを思って気が滅入り、紅茶に浸していたスプーン一杯ぶんのケーキを口に運んだ。菓子屑を含んだ温かい液体が口に入るなり、身体にふるえが走り、自分に起こった驚くべき変化に感じ入って動きをとめた。このうえない心地よさが染み入ってきて……ふいに記憶が呼び起こされた。それはまさにコンブレーで日曜日の朝に食べたマドレーヌの味だった。日曜日はミサのまえに出かけはしなかったので、レオニ叔母の寝室に朝の挨拶をしに行くと、叔母は紅茶か薬草茶に浸したマドレーヌを食べさせてくれたのだった。こうして味わうまでは、小さなマドレーヌを見ても何ひとつ呼び起こされな

▲エドムンド・ブランピード画『ドーヴィルにて五時』1926年。ドーヴィルのポロの競技場でのティータイム。第一次世界大戦後、欧州大陸の上流社会ではアフタヌーンティーを楽しむことが流行した。

かった[17]……

優雅な暮らしぶりで知られたココ・シャネルは〈アンジェリーナ〉の十番テーブルが指定席だった。ホットチョコレートを飲むだけのために毎日訪れていたと伝えられている。そこは鏡に接した席で、伝記作家によれば、シャネルは鏡を愛し、周りの世界をさりげなく観察するのに使っていたという。

パリでもティーダンス（テ・ダンサン）が開かれていた。一九一三年三月二十日付のシカゴ・トリビューン紙は「パリの上流階級に人気のティーダンス」について次のように報じている。

パリに足を踏み入れたことのあるシカゴ市民ならおなじみであろう、リヴォリ通りの有名な紅茶店〈ランペルマイヤー〉で、午後の催しとして〝テ・ダンサン〟なるものが新たに取り入れられ、たちまち大流行に至った。大きな建物内に華麗な管弦楽団を配し、午後三時から七時まで、厳密に言うならばアメリカ音楽であるラグタイム、ギャロップ、ツーステップ、マーチが、大西洋の向こう側で演奏されている。広い舞踏場の外側のゆったりとした観覧席では、茶と〈ランペルマイヤー〉の名物であるタルトやケーキがどれも見事な食器で供されている。入場料は五フランで、茶とともにどれも美味な菓子が供されるのみならず、完璧な音楽と舞踏場でのダンスをぞんぶんに楽しめる。

サロン・ド・テで人気となった催しはパリのリッツなどの高級ホテルにも広まったが、誰もが歓迎していたわけではなく、当時の著名なシェフ、エスコフィエはこう語っていた。「ジャム、ケーキ、焼き菓子を口にして一、二時間後に最たる食事である晩餐を楽しめるだろうか？　それで料理も料理の腕もワインも正当に評価できるのか？」[18]ビアリッツのオテル・デュ・パレや、カブールのグランドホテルなど海辺の行楽地にある高級ホテルでは、アフタヌーンティーは日当たりの良いベランダや、海を眺められる室内で供された。サロン・ド・テは豪華で洗練されていて、装飾の凝った鏡、クリスタルのシャンデリア、大理石のテーブルが設えられていた。テ・ダンサンも開かれた。

フランスのサロン・ド・テは長いあいだ、男性たちに独占されていた煙臭いカフェとは異なり、女性たちが評判を汚すことを気にせずに唯一通える場所だった。しかもカフェが往々にして賑やかで騒がしく、通りに面していたのに対し、ほとんどのサロン・ド・テは通行人の視線が気にならない二階にあり、舌の肥えた人々が落ち着いてじっくりと高級な茶を味わうことができた。とはいえ、パリの女性たちにどれほどの茶が飲まれていたかは議論のあるところだ。コーヒーやホットチョコレートをより好む女性たちは多かった。現に料理歴史学者のマイケル・クロンドルは著書『菓子の発明』（二〇一一）で、飲み物もそれに添えられた菓子も、フランスの女性たちにとって重要な楽しみではなかったことを示唆している。小説家ジャンヌ・フィロメーヌ・ラペルシェ（ペンネームはピエール・ド・クールヴァン）は一九〇三年にこう記している。

この五年で、ティールームはキノコが生えるかのごとく増加している。いまやカンボン通り、リヴォリ通り、サントノレ通り、ルーブル美術館からボンマルシェ百貨店に至る道のどこにでも目にする。その数においてはロンドンよりパリがまさるほどだ。つまりフランスの女性たちは紅茶愛好者となったのだろうか？　そんなことはないし、さらに言うならば、そうなることはありえない。飲み方も、用意の仕方も、供し方も知らない。いかなる浸出液でも、よくわからずに飲んでいる。酔いもせず活気づかせてくれる飲み物だ。おしゃべりと、見栄えにばかりに夢中で、ティーポットやサモワールやケトルにまで気がまわらない。お決まりの問いかけを幾度も無駄に繰り返す。「濃く、または薄く？　砂糖は何個？　クリーム、それともレモン？」そう尋ねはしても、返答に耳を傾けていないのだ。ブルジョアに見られることも恐れない女性なら、買い物や試着の合間の休憩にティールームに立ち寄ってチョコレートを飲む。いわば一石二鳥の場所というわけだ――おしゃべりができて、しかも自分は特別だという気分に浸れる。[19]

フレンチティーは、優美な茶の飲み方や風変わりなブレンドの仕方のみならず、茶に添えられる菓子についても個性がきわだっている。フランスの芸術的な菓子作りは十七世紀の終わりにはすでに確立され、十九世紀のフランスで最も名高い料理人となった菓子職人マリー＝アントワーヌ・カレーム（一七八三―一八三三）の時代に贅沢の極みに達した。以降、ほかのフランスの菓子職人たちが精緻なパティ

▲パリの〈アンジェリーナ〉の陳列カウンターに並ぶフランス菓子。

スリーを創りつづけ、ミルフィーユ、タルト・タタンや、サントノーレ、オペラといったガトー（ケーキ）が生みだされた。またティータイムには甘さや濃厚さが控えめのマドレーヌ、フィナンシェ、クロワッサン、ブリオッシュ、パン・オ・ショコラ、〝ル・マフィン〟、フレンチトーストなども果物の砂糖漬けとともに食べられている。〈アンジェリーナ〉は現在でも、アフリカ風ホットチョコレートや、モンブランなどのパティスリーで名を馳せている。〈ラデュレ〉で人気の菓子は、洋梨のカラメルタルト、オペラ、色彩豊かなマカロンだ。

一九七〇年代からますますティールームの開店が相次いだ。一九八五年には老舗マリアージュ・フレール社がパリのブール＝ティブール通りに最初の紅茶専門店とティーサロンを開店した。マリアージュ家は十七世紀中頃に茶の輸入商となり、一八五四年にアンリとエドワールのマリアージュ兄弟が現在まで続く紅茶会社〈マリアージュ・フレール〉を創業した。ふたりはパリに最初の卸売店を開き、世界の最高級茶の卸売業者として名声を得た。それから百年を経た一九八三年、卸売業から小売業に転換した。タイ出身のキティシャ・サンマネとオランダ出身のリチャード・ブエノのふたりがこの会社に新たな息吹を吹き込み、パリ中心部で紅茶店を展開しはじめた。

一九八七年にはさらに茶の偉大なる愛好者フランク・デサンが加わった。三人は燻《いぶ》した芳しい新たなブレンド茶など、〝フレンチティー〟と呼ばれてきた飲み方を美食家向けにさらに進化させた。大評判となった紅茶の香りのゼリーなど、茶を用いたフランス料理も考案した。現在、マリアージュ・フレールのティーサロンは四店舗あり、茶を愛する人々が優雅で魅惑的な雰囲気のなかで、選りすぐりの紅茶とともに、紅茶風味のウィーン風ミニサンドイッチ、パティスリー、マドレーヌ、フィナンシェ、スコーン、マフィンなどで極上のアフタヌーンティーを楽しめる場所だ。フランス人の六五パーセントが紅茶に砂糖を加える。ミルクを（たいがいはホットティーに）加える人もいるが、レモンを加えるか、何も入れない人が大多数だ。

サロン・ド・テは長いあいだにいくぶん色褪せて古び、いまやある年齢以上の女性たちが友人と会ったり、旅行客が訪れたりするだけの場所だとも言われていた。ところが、そんな見方がまた急速に変わりはじめている。サロン・ド・テはパリでは目下とりわけ活況を呈している。形式ばったティーサロンが、軽食と伝統的な紅茶をよりくつろいで楽しめる場所に様変わりして、若い常連客を増やしているのだ。

いっぽうで一九八〇年代にマリアージュ・フレールが作りだした潮流も進化を続けている。フランス人たちは、ほとんどが花や果物や香辛料で風味づけした上質なブレンド茶をさらに考案し、より洗練された紅茶の飲み方を極めている。ポンディシェリ、ロワ・ド・シアム、グランデ・キャラバン、カサブランカ、マルコ・ポーロなど、名称からして想像を掻き立てる異国情緒あふれるものばかりだ。ル・パレデテなどの紅茶チェーン店や、ダマンフレールなどの紅茶企業も事業を拡大している。フランスの紅茶の静かなる革命とも呼ばれ、紅茶の消費量が増えつづけている数少ない国のひとつだ。

◎自宅でのティー

フランスでは（ベルギーとスイスでも）家で〝ル・グテ〟または〝ル・カトゥルール（四時）〟と呼ばれる、午後におやつをとる慣習がある。おもに学校から帰ってきて夕食まで空腹を我慢できない子供たちに用意される軽食を指す。バゲットかロールパンにバターかジャム、チョコレートを塗って、もしくはパン・オ・ショコラを食べることが多い。ただし一日の終わりには〝刺激が強すぎる〟という理由で、紅茶（コーヒーも）は用意されない。代わりに子供たちはホットチョコレートかオレンジジュースを飲む。それとはべつに午後五時から七時のあいだにとるのが〝五時〟のテ（お茶）だ。来客用のかしこまった茶会としても供される。優雅なサロンでのお茶と同じように、家でのそうした場面でもフランス人は洗練された流儀を大切にしている。吟味した紅茶とともに、美しいケーキ、タルトやタルトレット、色とりどりのマカロン、ビスケット、パティスリーを用意し、とっておきの銀食器、陶磁器をテーブルに並べる。かつてそうした茶会をし

▲銀のティーセットが描かれたマッピン＆ウェブの絵ハガキ。1920年代、パリ。

ていたのはおもに女性たちで、ブリッジやカナスタなどのカードゲームを楽しむことも多かった。ジゼル・デ・アサイーの『芸術作品のような驚くべき料理』（一九五一）では、たとえ洗練されていなかったとしても茶はいかに供されるべきなのかが表現されている。

茶とおしゃべり、茶とブリッジ、茶とカナスタを楽しむために、わたしたちはティータイムに訪れる……そのうちにお待ちかねのティーがサンドイッチとケーキとともにワゴンにのって運ばれてくる。ダイニングルームに用意されていることもあるが、ティーポットはまず間違いなく湯差しを従えて最後に現れる。いずれにしても、銀や白目の食器はぴかぴかに磨かれていなければならず、ナプキンやテーブルクロスには必ず刺繡が施されていたり、レースの縁飾りが付いていたりする。[20]

ココ・シャネルは成功への階段をのぼりはじめた頃、カンボン通り三一番地に開いた店舗の上にある洒落たアパルトマンでセンスの光る茶会をよく開いていた。友人、ジャーナリスト、仕事仲間など多彩な面々を招いて、金めっきの銀のティーポットからセイロン茶（レモンを添えるのが好みだった）を振るまった。紅茶のお供にはリッツホテルからマカロン、トースト、ジャム、蜂蜜、クレームフレーシュ（生クリーム）を取り寄せていた。[21]

アイルランド

一日のうちで最上の時間のひとつ
きっとあなたにとってもそうであるはず
やかんを火にかける
午後四時のお茶のために

丁寧に整えられた小さな盆
ふたりだけのために
優美でおいしいサンドイッチ
ビスケットも少しだけ

明るい色の丸みを帯びたティーポットが
やかんが陽気な音を奏でるのを待っている
そこにテーブルをともにする友人がやってくる
幸せな午後[22]

アイルランドは一人当たりの紅茶の消費量が世界でも抜きんでて多い国のひとつだ。[23]一九〇一年創業のアイルランド有数の製茶会社バリーズの調べによれば、アイルランド人は平均で一日に六杯の紅茶を飲んでいるという。しかも濃い紅茶に濃厚なミルクをたっぷり入れて（紅茶より先にカップに入れる）、たいがい砂糖も加える。アイルランドには、まっとうな紅茶は〝鼠が駆けつけるくらい濃く〟なければいけないという諺《ことわざ》がある。濃厚なアッサム茶にセイロン茶かアフリカ産の種々の茶をブレンドしたものが多く飲まれている。朝食、〝イレブンシス〟（午前十一時頃）、午後四時くらいの昼下がり、午後六時頃のハイティー（夕食）で茶を飲む。

一八〇〇年代までアイルランドの茶葉の輸入量はさほど多くなかった。東インド会社によってイングランドから持ち込まれるものしかなく、価格もきわめて高く、富裕層向けの飲み物だったのだ。一八三三年にその専売体制が打ち破られた。商人たちが独自に輸入する道を切り開き、一八三五年には、フランス出身のクエーカー教徒の成功した実業家サミュエル・ビューリーの起業家精神あふれる息子チャールズ・ビューリーが、前代未聞の二千九十九もの茶箱をヘラス号に船積みし、輸入した。それが広東からダブリンへ直接貨物を運んだ最初の船だと言われている。その数カ月後、マンダリン号がさらに八千六百二十三箱の茶葉を積み込んで到着した。当時アイルランドで一年間に消費されていた茶葉の四〇パーセントに当たる量だ。茶葉はダブリン、ベルファスト、コークの港に直接運び込まれるようになり、長年にわたってビューリー家の事業の主要商品でありつづけた[24]。

一八四〇年から九〇年のあいだにアイルランドの食生活は大きく変わり、茶の消費量もとみに増加した。かつてアイルランドの食事は、ミルク、パン、ジャガイモ、卵、バター、ベーコンを中心としたものだったが、大飢饉でジャガイモが不作となったのを機に様変わりした。嫌われものだったトウモロコシの実をポリッジ（粥《かゆ》）にして食べるなど、新たな食習慣が取り入れられた。飢饉のあと、茶を砂糖で甘くして白パンとともに味わうことも急速に国じゅうに広がった。地主の屋敷で働いていて茶を味わうようになった人々も多かったに違いない。ウイックローのエリザベス・スミスは新たに雇われた使用人に手を焼いていることをこのように日記に綴っている。「ほかの女中たちのように朝食で茶を飲みたいだなんて！　あの子は一日に一度どころか、しじゅう飲んでいるし、ジャガイモは干上がってしまうし」[25]紅茶を普及させたもうひとつの要因が禁酒運動だった。一八九〇年には一日に三、四杯は紅茶を飲むようになり、医者たちはそのように長く茶葉を煮出したものを大量に飲んで、偏った食生活を送っていたら、精神疾患を増やしてしまうと警告した。「茶を飲むことは害を及ぼしている」とレタケニーのムーア医師は記した。「大酒飲みが酒を欲するように、人々が茶を渇望しはじめている」[26]

　ビューリー家はコーヒー事業にも進出し、一八九四年にダブリンのジョージズ・ストリートに最初の東洋風のカフェを開いた。まだあまり知られていなかったコーヒーの市場を活性化させようと、アーネスト・ビューリーは店の奥でコーヒーを淹れる様子を実践して見せ、妻がスコーンと菓子パンを手作りして提供した。この試みが大変な評判を博し、販売店とカフェを融合させた独自の店が〈ビューリーズ〉となって現在まで続いている。二年後の一八九六年には、ウェストモーランド・ストリートにもカフェを開店した。こちらの店舗は会社員や買い物客が落ち合ってくつろげる場所となった。メニューには茶、コーヒー、各種のロール菓子、濃厚でたいがい装飾も凝った大陸風ケーキ、甘い丸パン、卵料理（ゆで卵、ポーチドエッグ、スクランブルエッグ）が並んでいた。[27]一九二七年にはフリート・ストリートとグラフトン・ストリートにもカフェを開店した。チェリーログ、マデイラケーキ、ラズベリークリーム、オランダ風タルト、レディケーキ、バームブラック（アイルランドの干しブドウ入り丸パン）などのパンや焼き菓子には混じりけのない砂糖やバターといった上質な材料が使われていることで知られた。

　グラフトン・ストリートのカフェは、ダブリンの文学、文化、芸術、建築、社会生活の中心地として伝説の名店となった。ジェイムズ・ジョイス、パトリック・カヴァナ、サミュエル・ベケット、ショーン・オケーシーらアイルランドの著名な文学者が足繁く訪れていた。そこで最も名高い資産のひとつが、アイルランドのステンドグラス作家ハリー・クラーク（一八八九―一九三一）が手がけた六枚から成るステンドグラスの窓だ。天井が高く、シャンデリアと絵画と彫像に彩られ、そのステンドグラスの窓が嵌《は》め込まれたコーヒーと茶が供される中央の広間にはクラークの名が冠されている。正面のカフェから入って一階の奥へ歩を進めると〈ハリー・クラークの間〉がある。ほかにも〈オリエンタルルーム〉は劇場カフェとなっていて、昼食時には演劇、晩にはキャバレー、ジャズ、コメディーが上演されていることでも有名だ。

長い年月を経て、残念ながら〈ビューリーズ〉カフェも苦境を迎えている。ウェストモーランド・ストリート店はスターバックスに替わり、二〇一六年にわたしがダブリンを訪れた際には、グラフトン・ストリート店も「改修のため」閉店していて、工事作業員から丸ごと建て直されると聞いて、がっかりした。

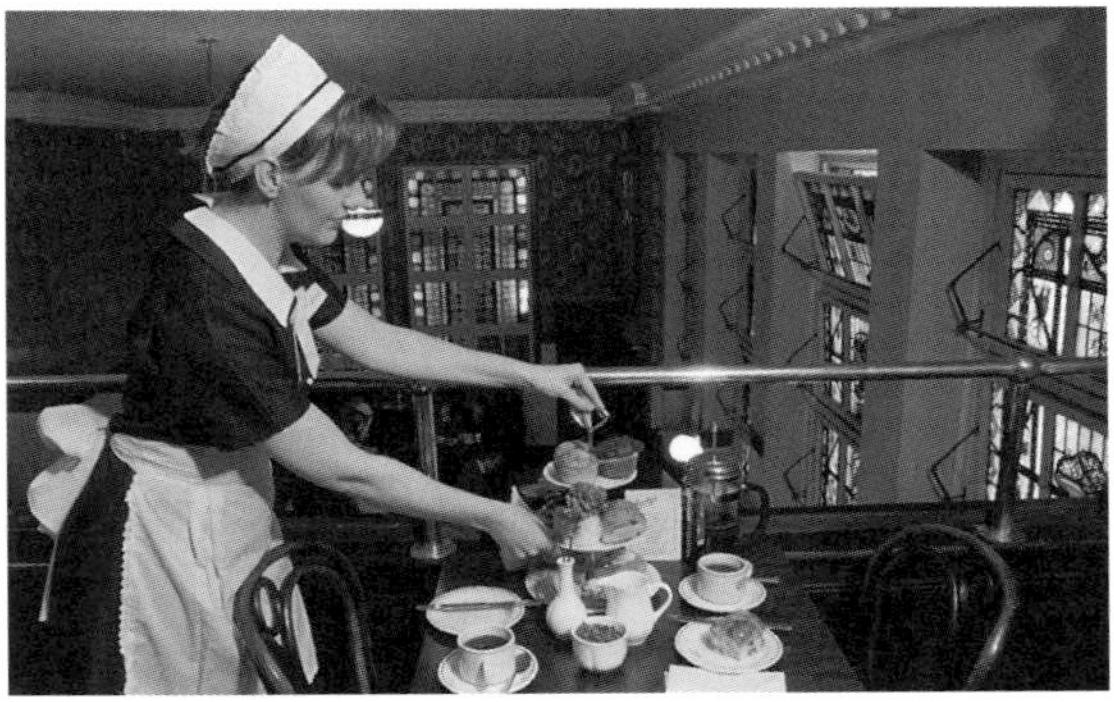

▲ダブリン、グラフトン・ストリートの〈ビューリーズ〉カフェ。1970 代頃。

アイルランドの家庭でのティータイムは素朴なもので、おおむね午後四時頃に供されていた。平日はごく質素に、パンとバター、ビスケットを一、二枚程度、茶とともに味わう。週末にはもっと贅沢にサンドイッチもついた。ブリジェット・ハガティは『ティータイムの思い出』で、一九五〇年代の子供時代のティータイムを一日の最後にとるお待ちかねの食事として懐かしく振り返っている。マーマイトを塗ってクレソンを挟んだサンドイッチと〝シッパムズ〟のペーストを塗ったサンドイッチ。生活がきびしいときには、日曜日のローストビーフの残り汁でこしらえたサンドイッチのときもあったと回想している。彼女の母親は、ビーンズをのせたトーストや、半熟卵とともに細長く薄切りにしたトースト、通称〝兵士〟を出すこともあったという。冬には、ウェルシュ・ラビット（チーズトースト）や、温かいパンとともに砂糖を振りかけたミルクも飲んだ。クランペットも冬のティータイムのごちそうで、こんがり焼いてバターをたっぷり塗った。[28]

著名な料理本作家で、シェフ、ホテル経営者、バルマリー・ハウスの女主人で教師でもあったマートル・アレンは、暑い夏の日にコークの海岸の岩場で楽しんだピクニックが子供時代のごちそうのひとつだったと回想していた。泳いで濡れて震えているときに、母親がバターをたっぷり塗ったジャガイモと、冷製チキン、ハム、ブローン（豚の味付け肉）、サラダの昼食を用意してくれたという。また午後四時半には、茶を淹れるために、新鮮な湧き水を運んできて沸かした。湯が沸き上がるまでのあいだには、最後のひと泳ぎをした。「お茶は、干しブドウ入りの丸パンの薄切りにバターを塗ったものと、ビスケットやケーキと一緒に楽しんだ[29]」さらに、大きなお屋敷に招かれての「アフタヌーンティー」では、バターではなく新鮮な自家製のジャムと濃厚なクリームを添えた小さなスコーンと、ふんわりとして厚みのあるスポンジケーキが供された」とも回顧している。[30]

午後六時にティータイムをとる家庭もあった。作家でテレビ番組出演者でもあったモニカ・シェリダンは〝ティー〟にはゆで卵、ベーコンエッグ、冷製肉やサラダが並んだが、自家製の甘いパンやいろいろなケーキは欠かせなかったと思い返している。[31] アイルランドの郷土料理書『料理をする女』でフローレンス・アーウィンは農家のティーについて次のように回顧している。

わたしはそのとき初めて、一度の食事で卵を二個も食べた——焼き皿から取りだしたばかりのパン——どれもおいしいスポンジケーキとシードケーキ——子供たちはティーのあとで学校で習った歌を少し披露する——泥炭をくべる間口の大きな暖炉——いまでも鮮明によみがえってくる——本物のティー・パーティでは、アルスター外套をまとった女性たちがすてきなダマスク織りの布で飾ったテーブルを囲み、チキンとハム、温かいものや冷たいもの、ありとあらゆる種類のケーキを食べる。[32]

アイルランドの焼き菓子作りの伝統はパンから始まったので、多様なパンが生みだされてきた。食物史家のレジーナ・セクストンはこう説明する。

ソーダブレッド、ソーダスコーン、スイート・バター・カントリーケーキ、オートケーキ（オート麦のビスケット）、ブランローフ、アップルタルト、ポテトケーキ、コーンブレッド、バターミルクブレッド、小麦の堅焼きパン、ジンジャーブレッド、キャラウェイケーキ、プラムケーキ、ティーブラック（干しブドウ入りパン）、バームブラック（ドライフルーツ入りパン）、シムネルケーキ、パンケーキ——どれほど手こずろうともまるでおかまいなしに、アイルランドの伝統的な焼き菓子の魅力の虜《とりこ》にならずにはいられないのだ。[33]

スコーンとビスケットも驚くほど多彩な種類がある。南北の農村部では昔から主食に欠かせない材料だったバターミルクが、アイルランドの焼き菓子料理、とりわけパン作りには重要な役割を担っている。

バターミルクは酸性で、酵母の代わりにアルカリ性の重曹でふくらませる（バターミルクは攪拌《かくはん》してバターが取り除かれたミルク）。今日では牛乳の大部分が乳製品製造会社で用いられるので、バターミルクはそう多く残らない。もうひとつ、アイルランド人にとってなくてはならない、愛してやまないものがジャガイモだ。アイルランドでは重要な食材で、有名なボクスティブレッド、ボクスティパンケーキ、ポテトファール（薄焼きケーキ）、ダンプリング（ジャガイモのゆで団子）、そしてもちろん、チャンプ（マッシュポテトとネギ料理）、コルカノンなど、多くの料理法が生みだされてきた。一日の主要な食事だけでなく、ティータイムにも好まれる料理ばかりだ。

▲『アイルランドの結婚仲介』1908年頃。老女ふたりが茶を飲みながら結婚談義をしている。花嫁候補と花婿候補も興味津々に見守っている。

イタリア

アイルランドが世界有数の茶の消費国であるのと反対に、イタリアはきわめて消費量の少ない国のひとつだが、ティールームについてはこの国の〈バビントン〉に触れておかねばならない。

十九世紀の終わりに、イザベル・カーギルとアン＝マリー・バビントンの若きふたりの女性が、コーヒー飲みの街ローマに紅茶を飲む慣習を広めた。ニュージーランド人のイザベル・カーギルは十代の終わりにダニーディンからイングランドにやってきた。結婚寸前に花婿になるはずだった男性にふられ、ロンドンで仕事を見つけようと、イングランドの親類を頼ったのだと言われている。そして職業紹介所でイングランド人のアン＝マリー・バビントンと出会い、ふたりは百ポンドを元手にローマでティールームを開業しようと決意した。当時のローマはヨーロッパの貴族が集まり、

▲1893年からローマのスペイン広場にある〈バビントン〉。

英国からの訪問者も多い街だった。

イタリアでは紅茶がまだ薬局でしか手に入らなかった一八九三年に、ふたりのティールームは開業し、たちまち成功を収めた。翌年にサン・ピエトロ広場に新店舗を構え、二年後には業績が好調だったことから戦略的にあえてスペイン広場のスペイン階段の脇に移転した。〈バビントン〉はイングランドから輸入した銀めっきのティーポットにリチャード・ジノリの独特な絵柄の磁器を合わせるなど、イタリア式と英国の伝統をうまく融合させてきた。メニューには、サンドイッチ、ホットバター付きスコーン、マフィン、小さなレーズンケーキ、トースト、プラムケーキ、スポンジケーキ、チョコレートケーキなど伝統的な英国のティータイムの料理が並ぶ[34]。〈バビントン〉は二度の世界大戦、ファシズム、そのほかの様々な危機を乗り越えてきた。一九六〇年代には、グレゴリー・ペック、オードリー・ヘップバーンといった映画スターもここでお茶を楽しんだ。いまなおコーヒー好きが多勢の街の真ん中で、小粋に魅惑的な紅茶を飲んでくつろげる場所として栄え、作家、俳優、芸術家、政治家、イタリア人も旅行者も同様に引きつけている。

ポーランド

ポーランドではおもにコーヒーが飲まれているが、時には紅茶も楽しまれていて、ラテン語で茶葉を意味するherba theaから、一般にヘルバータと呼ばれている。

紅茶はジョージアから輸入されたものがほとんどだ。ポーランドの人々はヘルバータを濃いめで飲み、手に入ればレモンを入れることもある。甘味づけには、スプーン一杯の蜂蜜を口に含んでから紅茶を飲むという手法も見られる。シロップを紅茶に加えて甘くすることもあり、その際に最も多く使われているのがラズベリーだ。紅茶はティーグラスで供される場合が多く、熱くても持てるように、たいがいロシア式の金銀線細工を施した持ち手の付いたグラスが使われる[35]。

ポーランドでは、焼き菓子、コーヒー、紅茶を味わう店を〝カウィアルニア〟と呼ぶ。〝ティー・カフェ〟も紅茶を飲む人々が集まる場所だ。古都クラクフには主要な観光名所の近くにたいがい見られる人気のチェイオウナ（茶店）など数多くのカフェがある。ワルシャワのホテル・ブリストルでは、英国生まれのケーキ、スコーン、サンドイッチが用意され、伝統的な英国式のアフタヌーンティーを楽しめる。

▲メアリー・カサット画『ティーテーブルの女性』1883－85年、カンヴァス、油彩。カサットの母の従妹メアリー・ディキンソン・リドルが中流上層階級の女性たちが日課としていた茶会を主催する様子が描かれている。リドル夫人は、娘がカサット家に贈った金で縁どられた広東製の青白磁器のティーセットのティーポットを手にしている。この絵はその贈り物の返礼として描かれた。

第3章 アメリカ合衆国

アメリカ合衆国と言えば、コーヒーを飲む人々の国だと思われがちだが、茶も一六五〇年代に交易の拠点ニューアムステルダムにオランダ人によって持ち込まれると、十三植民地で人気の飲み物となった。オランダ人が自分たちの茶の飲み方を広めた。茶はたいがい専用の壺に入ったサフランや桃の葉で風味づけされ、裕福な女性たちが中国から輸入した小さなティーカップを使ってティー・パーティを開いた。

男性も女性も茶を飲むことを楽しんだ。ジョージ・ワシントンもそのひとりだ。一七五七年十二月にはヴァージニアの植民地マウントヴァーノンでイングランドから最上の熙春（ヒーチュン）茶を六ポンド（約二・七キロ）と、手に入るほかの最上茶も六ポンド取り寄せたとする記録が残っている。輸入目録からは、ワシントンが、茶筒、テーブル、カップとソーサー、ティースプーン、銀製の湯沸かしなど、見事な茶器を揃えていたことも見てとれる。[1] 飲食に飽くなき情熱を持っていたことで知られるトーマス・ジェファーソンも、パリで暮らした期間（一七八四―八九）も含め、茶を愛飲していた。記録によれば、一七八〇年には、リッチモンドの貿易商からヒーチュン茶とスーチョン茶を高値で買い入れている。〝皇帝の茶《インペリアル》〟もまたお気に入りのひとつだった。[2]

ロンドンに倣ってヴォクソールやラネラという名を冠した麗しいティーガーデンがニューヨークに造

られ、さらに続々と増えていった。十八世紀には茶を供する場所がニューヨークに二百カ所もできていた。ロンドンと同じように、そうしたティーガーデンでは晩に訪れた人々を楽しませる催しが行なわれた。花火の打ち上げ、演奏会、ヴォクソールガーデンズではダンスも行なわれていた。茶、コーヒー、温かい巻き菓子が朝食としてだけでなく、一日じゅういつでも庭園で味わえた。当時のニューヨークの水は海水と淡水が混じり合って塩気があり、ひどい味がすると悪評高かった。けれども、一七〇〇年代初めに茶を淹れるのにとりわけ適しているとされる淡水の源泉が発見され、〝ティー・ウォーター・ポンプ〟として知られるようになった。のちにその源泉を中心とする周辺が〈ティー・ウォーター・ポンプ・ガーデン〉という人気の行楽地に発展した。ほかにも水源が見つかり、交易の活性化に繋がった。商人たちが〝ティー・ウォーター〟と呼ばれたものを街じゅうで売り歩いた。

▲曇りガラスとエナメル装飾で作られた熙春(ヒーチュン)茶の茶壺。イングランドのブリストルで1760年代から70年代に製造されたものと見られる。

だが、アメリカの植民地での茶を飲む慣習の普及は平坦なものではなかった。この人気の飲み物に重税が課せられたことで、史上最も有名な〝ティー・パーティ〟となってしまった〝ボストン・ティー・パーティ〟事件を一七七三年に引き起こし、反対論者たちが三百四十二もの茶箱をボストン港の海へ投げ捨てた。茶は圧制への憎しみの象徴となり、消費量は急激に減少した。愛国者たちはミソハギ（野草）やラズベリー、カモミール、セージの葉でこしらえた〝自由の茶〟を飲むようになった。多くの人々はコーヒーを飲みはじめた。

　茶の消費量は一七七五年から八三年のアメリカ独立戦争後にいくらか回復した。ジョージとマーサのワシントン夫妻は変わらず最上の茶を愛飲していた。ほかにもそれに倣う人々がいて、黎明期の英国と同じように、茶はごく限られた上流層のものだった。その後、夕食後に茶を飲む英国の慣習がアメリカにも伝わる。イングランドの摂政時代と同じように、アメリカでも一八〇〇年代初めには夕方や晩にティー・パーティが開かれた。この頃の茶会は過度に形式ばっていた。背もたれの高い椅子が丸いテーブルの周りに並べられ、招待客はみな肖像画を描いてもらっているかのようにぴんと背筋を伸ばして堅苦しく座っていなければならなかった。沈黙が保たれたなかで、ドアが静かに開き、茶とケーキが運ばれてきた。茶とケーキを味わうときには会話が許されていたが、ささやき声程度のものだった。やがて主催者の婦人がピアノの前に腰をおろして演奏を始めた。みなが声を合わせて歌い、その後、帰路についた。[3]

▲『ボストン・ティー・パーティ』1773年12月16日、3隻の船荷が襲撃された。1903年頃の印刷物。

　高価で優美な陶磁器や銀製の茶器、用具類はほぼ英国から輸入したものを使っていた。貴重な茶葉は茶缶や茶筒に保管された。十八世紀終わりの茶器一式とは、ティーポット、把手のないカップとソーサー十二組、クリーム差し、砂糖壺、茶かすを入れる茶こぼし器を指した。十九世紀中頃に銀めっき産業

◀アメリカ製のマホガニーの上面が垂直に折りたためるパイ皮形テーブル、1765年。茶を供すにも飲むにも、18世紀後半に流行したティー・パーティにはこのようなテーブルが欠かせなかった。1本の支柱が三叉の脚で支えられているのが特徴で、使わないときには上面を垂直に倒して壁に立てかけておけた。

▲C・M・マキルヘニー画『5時のティー』1888年頃の印刷。おそらく夏なので庭で茶会が開かれていたのだろう。テーブルにティーカップは見当たらないが、よく見ると奥の婦人（招待主だろうか？）が茶器を用意しようとしているようにも見受けられる。

が好景気に沸き、ネヴァダで新たな銀鉱床が発掘されると、スウィングケトルと呼ばれる意匠を凝らした湯沸かし、バター皿、スプーン置き、角砂糖挟み、ケーキ用かごなど、茶会専用の食器類が次々に生みだされた。

アフタヌーンティーとハイティーは十九世紀中頃までに定着した。アフタヌーンティーは〝ローティー〟とも呼ばれ、ハイティーはイヴニングティーと言い換えられることが多く、ただサパー（夕食）と呼ばれることもあった。そうしたときの食事はイングランドとほとんど同じだったが、アメリカ人ならではの特徴もある。〝ローティー〟と呼ばれるようになったのは、ソファや居間の椅子のそばに置かれた低いテーブルで茶が供されることが多かったからだ。かたや〝ハイティー〟はたいがい、おそらくはしっかりとした、おおむね温かい料理を並べるために高く設えられたテーブルで供された。〝五時のティー〟と呼ばれるものもあり、こちらは英国と同じように広く浸透した。

ティー・パーティ

私邸や公会堂などでのアフタヌーンティーのパーティが流行した。より正確には中流、上流層の女性たちのほんの二時間程度の催しで、だいたい午後四時頃から開かれた。教会や、マウント・ヴァーノン（ジョージ・ワシントンの旧居）や、ほかの古い建物の修復といった慈善事業の資金集めを名目に多くの女性たちがティー・パーティを催した。一八七五年から七七年のアメリカ建国百周年の祝典が、茶を飲む慣習とティー・パーティの盛り上がりに拍車をかけた。招待客が凝った時代がかった衣装を身につけて出席する華やかな茶会もあった。〝マーサ・ワシントン・ティー・パーティ〟と名づけられた催しも開かれた。一八七四年十一月二十三日付のニューヨークタイムズ紙は次のように報じている。

明晩、すでに弊紙で既報のとおり、〝マーサ・ワシントン・ティー・パーティ〟がブルックリン助産会賛助のため、ブルックリン音楽アカデミーにて開催される。今回の趣旨に賛同し支援する市内名家の婦人たちはこの〝ティー・パーティ〟を見事成功させる決意を表明している。これまでのところ、その努力はしごく満足のいく結果を得られている。五ドルの入場券が千五百枚以上販売された。このたびの〝ティー・パーティ〟は、ブルックリンで今シーズン最大の社交行事になるものと期待される……ワシントンのリパブリカン・コートができるかぎり忠実に再現されるとのこと。ワシントン将軍と夫人役を務めるのは、ブルックリンの社交界でその名を知られる淑女と紳士だ。装いは一七七八年の宮中服で、できるだけ多くの客人がその装いで出席することが望まれている……マーサ・ワシントンの衣装を身につけた十三人の淑女たちが各テーブルを取り仕切る。金めっきや彩色の装飾が施さ

◀1875年12月、ワシントンD.C.連邦議会議事堂の円形広間で開かれた100周年ティー・パーティの木版画。フランク・レスリーの『挿絵新聞』より。

れた、優美な年代物の磁器のカップとソーサーが数多く並び、マーサ・ワシントンの写真が飾られているのは言うまでもない。三百人が一堂に会し、晩餐は午後七時から十二時まで供され、（コンテルノの）バンドが〝ホーム・スイート・ホーム〟を演奏するであろう……

献立表は次のとおり。

茶とコーヒー
牡蠣フライ　チキンサラダ
サンドイッチ　ティービスケット
ケーキ各種

一八八三年二月十六日に創刊されたアメリカの人気雑誌レディーズ・ホーム・ジャーナルはすてきなティー・パーティの催し方を掲載した。一八九二年には、ニューヨークの令嬢が祖母を称えて開いた、すばらしい古風なティー・パーティについて伝えている。

古風な衣装で訪れた招待客たちは髪にしっかり粉をまぶし、時代物の手提げ《レティキュール》を持ち、ほくろを顔に付けて、もちろん、最高級のレース飾りをまとっていた。ティーはダイニングルームで供され、テーブルには純白のダマスク織りのクロスが掛けられ、上座には大きな銀の盆が置かれ、その上に完璧に調和した優美な白と金の正餐用のティーカップとソーサーが並んでいた。両脇には、なめらかな曲線を帯びて溝彫り入りの把手が付いたアン女王時代様式の古雅な銀製の茶器が揃えられた。深紅のダリアがたわわに活けられた磁器の花瓶の両脇には、レース編み敷きの上で、昨今流行りの紙製シェードのランプではなく、古めかしい枝付き燭台の素朴な白い蠟燭が灯されていた。招待客はぜんぶで十人。それぞれの席に白と金の皿、きっちりと四角形に折りたたまれた大きなダマスク織りのナプキン、白い象牙の柄が付いたナイフと二叉フォーク、重厚な銀製のデザートスプーンが揃えられていた。テーブルの末席側にはクレソンの葉で飾られた冷製鶏肉の薄切りが盛られた白と金の大皿があり、その両側にも同様の皿にハムと舌肉が上品に切り分けて添えられていた。パンは薄切りにしてバターが塗られていたので、バターの皿や取り分け皿は必要なかった。等間隔で、ストロベリーとスグリのジャムの小瓶、オレンジマーマレードの壺、蜂の巣から採れた蜂蜜を盛りつけた磁器の小皿が配されていた。そうしたものを取り分けるために銀製のデザート用くらいの大きさのスプーンが小皿とともにそばに用意されていた。レースを敷いた浅い銀の器に黄金色のスポンジケーキと濃厚な褐色のフルーツケーキが入っていて、同じくレースを敷いた銀の二枚の盆にのった小さなドレスデン磁器のカップには、すりつぶしたナツメグをたっぷりまぶしたカスタードが盛られていた。茶は熱く芳しかった。氷水はなく、氷はどこにも見当たらなかったが、それでもすべてが涼しげで魅惑的で美しく[4]……

あらたまったティー・パーティには厳格な礼儀作法が求められたが、さほど堅苦しくない、くつろいだティー・パーティも開かれていた。ティー・テーブルは客間や玄関先のポーチや芝地に気楽に設えられた。噂話に花を咲かせて楽しむ場でもあった。こうした午後の茶会は〝ケトルドラム〟とも呼ばれた。

マリオン・ハーランドは一八八六年に当時流行していたものとしてケトルドラムについて書いている。

お茶は女性たちにとって、夕食や、おそらくはブラックコーヒーではままならない、軽い飲酒のようなものだとの冷ややかな声がある。昔ながらの慣習に固執し、どのような革新も信用できない人々からすれば、こうした女性たちの宴会の流行はもはやほぼ廃れた〝家庭でのティー〟への懐旧の念から生じているものと見なされるのだろう。そのような批評家たちは「一時の流行りの愚行」であり「これほど無害なものもなく、夜の宴や晩餐に比べて財布にも健康にも痛手が少ないのは間違いない」と揶揄している。

その点については不平家たちに〝賛同〟しようではないか。〝ケトルドラム〟はこのばかげた名称以外に懸念されることは何ひとつなく、アメリカで開かれてきたパーティの歴史において明るい未来を開くものだ。[5]

茶会の上手な催し方については料理書と家政書で指南されていた。作家で編集者のサラ・ジョセファ・ヘイルは、沸かしつづけるには〝塗りたくられたもの〟よりもはるかに燃料を倹約できる〝磨き上げられた湯沸かし〟を使うことを勧めている。[6]いかにおいしい茶を淹れられるかは適切に湯を沸かせるかにかかっていた。作家で料理書の著者でもあるイライザ・レスリーは、茶は薄くではなく濃く淹れるべきだと助言した。ポットは二度煮沸させ、水を入れすぎてはいけないという。

茶の芳しさを台無しにしてしまう所業が遺憾ながら使用人たちのあいだに広まっている……いま

から、あるいは今後は、やかんでしっかりと沸かした湯ですぐに茶を淹れることを忘れずに……そうしなければ、どれほど気前よく中国茶葉を使えたところで、浸出液の風味が薄れてしまう。

レスリーはまた、ティーカップには縁まで注がず、クリームや砂糖を加えられるようにするのがよいと指示している。本人は濃くするのが好きだとしながら、薄めが好みの人が薄められるように小さなポットに湯を入れてまわせるようにしておくと便利だとも提案していた。[7] 緑茶か紅茶かでは、長所と短所、とりわけ刺激性については盛んに議論された。一八九四年にボストン・クッキング・スクールの校長となり、一八九六年に名著『ボストン・クッキングスクール・クックブック』を書いたファニー・ファーマーは、茶会の招待主はどちらも用意すべきだと説いている。

英国生まれのティー・コジー（ティーポットカバー）も茶の保温に使われた。マリオン・ハーランドはいつもながらの機知に富んだ言いまわしで、ティーポットカバーの必要性を叙述している。

これは必需品というわけではないけれど、おいしい茶を淹れて楽しむためには、アメリカでもぜひ広まってほしい備品だ。独特な風合いの梳毛《そもう》織物、絹、ビロード、カシミアでこしらえた詰め物入りカバーや袋で、縫い模

▲1870年頃のティーポットカバー。毛糸、絹糸、ビーズの刺繍が施されている。

様や刺繍の装飾が施され、下側を緩く締められる丈夫な伸縮性のあるリボンが付いている。茶を注いだらすぐにこれをティーポットにかぶせておけば、一時間ほどは温かさが保たれる。ぬるい茶を飲み干して吐き気を催したり胃がもたれたり、もしくは来客や家族がテーブルにつくのを待つあいだに（温かければ）活気づけてくれたはずの飲み物の温度も味も嘆かわしいほどに落ちて、また台所へ立って新たに沸かさなければならないことに不満を抱いている人々には、このように簡単な工夫で〝酔わない酒〟[8]を保温できて、茶盆の前に座る女性が機嫌よくいられるありがたさをすぐに感じられることだろう。

column

レディ・ボルティモア・ケーキ

一八八九年のレディーズ・ホーム・ジャーナル誌の投書欄に掲載されたレシピが、レディ・ボルティモア・ケーキとして知られることとなった。当初は軟らかい白いケーキだったものが、のちにメレンゲのようなふんわりとした糖衣を添え、刻んだナッツと砂糖漬けの果物を合わせたものを挟んだ三層のケーキに進化した。実際にこのケーキを考案した人物については諸説ある。そのなかでわたしのお気に入りは、チャールストンの社交界の華だった女性アリシア・レット・メイベリーが人気の恋愛小説家オーウェン・ウィスターのために作って、もてなしたという説だ。ウィスターはこのケーキをたいそう気に入り、次に書いた小説『レディ・ボルティモア』（一九〇六）に、こしらえた女性ではなくそのケーキを、物語を左右する重要なものとして登場させた。小説の語り手は不運な若者から結婚式のために注文したいケーキだと聞き、〈ウーマンズ・イクスチェンジ〉というティールームで初めて口にする。ほんとうの由来がどうあれ、ウィスターが小説に登場させたことでこのケーキは有名になり、読者たちがそのレシピを探して奔走した。

フローレンスとニーナ・オットレンギがチャールストンで経営していたティールーム〈ウーマンズ・イクスチェンジ〉はその後、小説の人気と有名になったケーキにあやかって、〈レディ・ボルティモア・ティールーム〉と改名した。ふたりは二十五年以上もそのティールームを営業し、毎年クリスマスには作家にお礼のケーキを届けていたという。一八八九年八月のレディーズ・ホーム・ジャーナル誌に掲載されたレシピにはご覧のとおり糖衣が使われていない。

K・J・H夫人による

レディ・ボルティモア・ケーキ

・半カップのバターをクリーム状になるまでかき混ぜながら、一カップ半の砂糖を少しずつ加える。

・ふんわりしてきたら、四分の三カップの冷水と二カップの小麦粉を加えてよく混ぜ、しっかりと泡立てた四個ぶんの卵白の半分と合わせる。

・あらかじめ細かく刻んでおいたペルシアクルミ一カップをすりつぶしてケーキに入れて混ぜ、残りの卵白とティースプーン一杯のベーキングパウダーを加える。

・かまどの中火で五十分焼く。

茶はたいがい砂糖で甘味づけされていた。十九世紀には、最も洗練された甘い砂糖として、白い円錐形の棒砂糖が好まれた。濃い青紫色の紙にくるまれていた。女性たちは棒砂糖を鋏《はさみ》で角砂糖に切って砂糖壺に入れたり、粉末に砕いて、果物に添えたり菓子に使ったりした。とても高価だったものの、倹約して使えば、一本の棒砂糖で一年は持ちこたえられた。棒砂糖を購入する余裕のない人々は、より安価な茶色い砂糖、メープルシロップ、糖蜜を使った。一八九〇年代にはグラニュー糖が普及した。

ティー・テーブルの設え方と茶とともに供する食べ物については、たくさんの手引きがあった。料理書の著者T・J・クラウェン夫人は、一八四七年に夏と冬のティー・パーティについて細かな指示を与えている。

夏。真っ白なクロスできっちりとテーブルを覆い、盆には白いナプキンを敷く。その上に朝食には砂糖、クリーム、茶こぼし、スプーンとカップとソーサーを並べ……必要なだけの小皿、各席の正面か脇に小さなナイフを置く。盆の反対端か脇に熟した果物か果物の煮込みを用意し、その正面か傍らに小皿を重ね、大きなスプーンも置く。そこから少し空けた両脇に八分の一インチ（約三ミリ）の厚みに切ったパンを皿にのせておく。パンの代わりに香辛料を利かせるなどした濃厚な小さいロールパンや、ラスク、ティービスケットでもよい。テーブルの中央には美しく象《かたど》られたバターを置いて、ナイフを添える。両脇に小皿を置き、片方には冷製肉、ハム、舌肉を薄く切り分けてのせ、フォークを添え、もう片方には薄く切ったチーズか、新鮮なカテージチーズを盛りつける。片隅には氷水を入れた水差しを置いて、その周りに小ぶりのコップを並べ、べつの片隅にはかごか皿にケーキを入れておく。果物を用意しない場合には代わりにガラス皿にカスタードを入れておき、（果物の場合でも）小皿に取り分けて配り、粉白砂糖もたっぷり皿に盛っておけば、見た目にも美しい。果物の皿の代わりに小さなカップに入れたカスタードの焼き菓子を並べるのもよいだろう。薄く切り分けた燻製牛肉、ボローニャ・ソーセー

▲紫がかった青い紙にくるまれた円錐形の棒砂糖。サリー州リッチモンドのハム・ハウスで展示されているもの。

ジのスライスも茶とともに供するのにふさわしい。またはチーズも薄切りにするか、すりおろして用意するとよい。

冬のティー・テーブル。夏と同様の食器にフォークを加え、冬のティー・テーブルにはコーヒーの湯沸かしの用意もしておくとよいだろう。冷製肉の代わりに牡蠣のピクルス、生の果物ではなく煮込み料理、または焼き魚を少し、もしくはハムや牡蠣フライに、温かいティービスケット、ラスクやウィッグ（キャラウェイシードなどを使ったパンの一種）、果物の煮込みか砂糖漬け、糖衣かけケーキを。あわせて、ココナッツを刻んだもの、ジャムタルト、（干しブドウの）カランツのゼリー、クランベリージャムを添えてもよいだろう。ココナッツの白い果肉をすりつぶしてガラスの平皿にのせ、その中央の上にゼリーを型からひっくり返して盛る。[9]

クラウェン夫人が提案する献立は豪華な〝ハイティー〟だ。月刊誌テーブル・トークの一八九〇年一月号では〝ハイティー〟は少数の友人をもてなすのにふさわしい方式で、誰もが用意できる範囲の簡単な軽食でじゅうぶんだと結論づけている。礼儀作法もまたいたって簡潔だ。

招待状はだいたい名刺程度のものに日付を入れて〝ハイティー〟と添え書きしておく。装飾を凝らす人々もいるが、堅苦しくないものでかまわない……少なくとも三、四日前には届けるのが望ましいが、急に決定して前日に知らせたとしても、楽しく成功しているティーが多い。

この月刊誌は献立も提案していた。一八九〇年一月号では四種の献立が紹介され、うち二種では茶ではなくコーヒーとなっているのが興味深い。

メニュー案1
牡蠣フライ、チキンサラダ、薄切りパンとバター、ウエハース、マカロン、茶

メニュー案2
牡蠣のパイ、キャベツサラダ、チキンサンドイッチ、オリーブ、塩漬けアーモンド、ウエハース、コーヒー

メニュー案3
鶏肉コロッケ、小エビサラダ、パンの薄切りとバター、サーディン、ウエハース、ロシア風紅茶

メニュー案4
ロールサンドイッチ、牡蠣のグラタン、オリーブ、仔牛肉のクロケット（コロッケ）、ココナッツボール、ウエハース、コーヒー

同年の八月号には二種類の夏向けの献立が紹介され、うちひとつはテニスティーの提案となっていた。

テニスティー

砂糖漬けベリー、〝トルコ風〟冷製舌肉、クレソン詰めトマト、ロール菓子、スイート・サンドイッチ、レモネード、アイスクリーム

提案2

冷たいラズベリー、蟹《かに》のクロケット（コロッケ）、クリームソース、ロール菓子、アイスクリーム、ケーキ

ほかにもティーにお勧めの料理が追記されていた。ニューバーグ風ロブスター、デヴィルド・ロブスター、ロブスター・クロケット（コロッケ）、蟹のクロメスキー、蟹グラタンなど、ロブスターと蟹の料理が目につく。さらに、キャビア・トースト、卵サンドイッチ、カナッペ、ロールハム、鶏肉のゼリー寄せ、チーズトースト、チーズストロー、ブランデー・チーズ・クラッカーなどが勧められていた。九月号では洒落た結婚ティー・パーティの催し方も示されていた。

厚みのある綿ネルでテーブルを覆ってから純白のダマスク織りのテーブルクロスを掛けて、真ん中に無地か刺繍の入った白亜麻、またはチャイナシルクの四角い布を敷く。ただしシルクの場合には、薔薇を飾った器か、大きくてりっぱなガラスの果物皿のそばにたたんでおく。亜麻布ならきちんと広げて置いておけばよい。中央にガラスの果物皿とふさわしい花を配し、周りにシルクを巻きつけて飾る。両側には白かガラスの燭台を置き、あれば白の蠟燭と白のランプシェードを対に揃え

られればなおよい。それらも周りにシルクをあしらい引き立たせる。反対側の両端には塩漬けアーモンドを可愛らしいガラスの小皿か銀製の皿に盛りつける。小ぶりの花束飾りや、白を基調とした優美な花をそれぞれの皿に添え、ガラスや水差し以外のものにはほかに飾りは付けない。結婚パーティのティーなので、皿や料理や装飾をできるかぎり白でまとめるようにしよう。献立は、小エビのカツレツ、クリームソース、パーカーハウス・ロール、コーヒー、チキン・ア・ラ・クレーム、フランス豆、トマトサラダ、ウエハース、ブリー・チーズ、アイスクリーム、エンジェルフードケーキ。

〝ハイティー〟は特別なもてなしを指すばかりでなく、多くの家庭ではしっかりとした晩の食事を〝ティー〟または〝ハイティー〟と呼んだ。たいがい午後六時頃に、一日の最後の食事として供された。そのテーブルに並んだのは、スクランブルエッグ、ロブスターのカツレツ、様々なサラダ、クランペット、マフィン、トースト、パーカーハウス・ロール、各種のケーキ、さらにおそらくは生の果物、果物の煮込み、フルーツゼリー、それにもちろん茶、もしくはココアかコーヒーなどだ。

『朝食、夕食、ティーの献立千九十五』（一八九二）では、幅広い多様な料理が紹介されている。冷製料理では、

ローストビーフ、ハム、羊肉、舌肉の燻製、ボローニャ・ソーセージ、コンビーフ、香辛料漬けビーフ、ポテトとビーフサラダ、仔牛（または仔羊）の胸腺マヨネーズがけ、瓶詰め魚。〝温かいごちそう〟として、ロブスターのカツレツ、ベイクドエッグ、極上オイスター焼き、燻製サーモン、

ライチョウ肉のコキーユ、ゆでソーセージ、またはオムレツ。さらに、ケーキ、ビスケット、トースト、ロール菓子、グリドルケーキ、ラスク、クッキー、クランペット、ウエハース、締めくくりに果物。[10]

マリオン・ハーランドは著書『朝食、昼食、ティー』（一八八六）で、昔ながらのティーを回顧している。

晩の食事は、それぞれに呼び名があるが、この国の慣習では三つのうちのいずれかで呼ばれることが多く……午後六時の晩餐、夕食、ティーのいずれにしろ……アメリカの家庭からティー・テーブルが取り払われたのは嘆かわしいことこのうえなく……流行となっていた遅めの晩餐と遅めの夕食は南部の家庭ではほとんど変わっていない。夏の夕食はいつも照明のそばでとっていた。冬の晩餐には、デザートとともにランプが持ち込まれた。〝本物のニューイングランド伝統のティー・テーブル〟に加えてもらえたのは……もうほとんど大人になってからのことだ。あるときの贅沢な休暇のあいだに、わたしはそれがどういうものなのかを学び、なおさら関心を深めた。紅茶とクリーム……ふんわりとして、甘く、香ばしい黒パン。席についたときには高く積みあげられていた温かいショートブレッドが、立ち上がったときにはすっかり低くなっていた。大きなガラスの深皿に盛られていたのは、一時間まえまで裏窓の下の庭で育っていたスグリとラズベリーだ。糖衣があしらわれたケーキが入ったバスケット、ピンクのハムがのった皿には、細かく刻むのではなく同じくらいの薄さにそぎ落とされた燻製牛肉にセージチーズまで添えられていた！　そのようなものは食べたことがなかった。あのゆったりとした涼やかなティールームで味わったのは、二度と経験できないものだった。その邸宅の西側を遮る葡萄棚を通して夕陽が射し込み、反対側の開け放たれた窓からはボストン湾が眺められ、紫と薔薇色と金に彩られた海に白い帆船がたくさん浮かんでいた。こうしてその古きニューイングランドの農家で過ごしたひと時はまさしく、忠実なポリーの〝やかんをのっけて、お茶にしましょう〟だった。「ちょうどよい具合」「芳しい香り」わたしはそんな言葉を耳にしては、はっとさせられていた。ポリーはやらなければいけないからやっていたわけではなく、そこでは誰からも使用人とは呼ばれようのない、称えられるべき大切な仕事の〝担い手〟だったのだ！[11]

二十世紀初めにもまだ雑誌や料理書でティー・パーティでの来客のもてなし方を紹介していた。『節約料理術』の共著者スージー・ルート・ローズとグレース・ポーター・ホプキンズは一九一三年に「裕福な家庭は茶器を必ず備えるべきで、教養ある女主人として振るまいたいのならば、優雅に茶を淹れる作法はすべての女性にとって完璧に至るまで会得しなくてはならないことである」と断言している。パンはできるだけ薄く切り、さらに細長く、または菱形や三角形や丸く、いずれにしても好みの形に切り分けるよう指示している。ビートンビスケット（生地をしっかり打って作るビスケット）はつねに求められているとふたりは説いた。供するバターとともに細い水差しに芳しい花束を入れておき、薔薇や菫《すみれ》などの繊細な香りをほのかに漂わせるのが英国式だとも記述している。茶を好まない人々にはチョコレート、ココア、カカオを用意する。さらに茶にレモンを入れれば、クエン酸でタンニン酸が弱められると勧めていた。

茶にレモンを加えるのが好みの人々には、この組み合わせがお勧めだ。茶のカップにティースプーン一杯のオレンジマーマレードを加え、よくかき混ぜると、とてもおいしい。少しのレモンとパイナップルの薄切りを入れてもいいし、茶を注ぐ直前にクローブ（丁子）を一本落として味わうのも好まれている。

▲『ポリー、やかんをのっけて、お茶にしましょう』は英国の有名な童謡。『マザーグース』（1881年）にケイト・グリーナウェイが描いた挿絵。

色をテーマにしたティー・パーティも流行した。上述の共著者たちは褐色と白で統一した〝スタジオティー〟について「セロリスティック、デーツサンドイッチ、スタッフド・デーツ、デヴィルズフード（チョコレートケーキ）をレモンか生姜の砂糖漬け（ジャム）を入れた茶に合わせる」と解説している。

午後のティー・パーティを成功させるには段取りが重要だった。招待客を部屋に案内して、その隣の部屋に茶とケーキとサンドイッチを用意しておく。二部屋のあいだのドアをさっと開いて、招待主の女性か女中がマホガニーか銀製の盆で茶器を運び入れる。盆には、やかんとともに、茶筒、ティーポット、砂糖壺と砂糖挟み、クリーム差し、薄切りレモンをのせた皿、ティーカップとソーサー、ティースプーンといった必要な品々が揃えられていた。皿にサンドイッチや小さなケーキやクッキーを可愛らしいナプキンに包んでのせるのも流行の作法だった。[12] ティーワゴンとも呼ばれたティーカートや、キュレートがたいがい用いられた。茶器の盆はワゴンの最上段に置かれ、サンドイッチ、ケーキ、ナプキンとそのほかの皿は下の段にのせられた。

マフィンスタンド、またはケーキスタンドとも呼ばれた三段式のバスケットやスタンドは、パンやスコーンを最上段に、サンドイッチを中段に、ケーキを最下段にのせ、気軽に部屋のなかを移動させて、のせているものを招待客たちに供した。気働きの利く女主人なら、客のひとりひとりに茶を注いで、砂糖やクリームやレモンを好みに応じて加え、みずから差しだした。

〝五時のティー〟が人気を得たのは、意外に手が掛からないからでもある。手軽に用意できる料理が供され、来客はそれをみずから取り分けた。一九二一年のグッド・ハウスキーピング誌には、昼食後のテーブルを整え直し、料理作りは午前中のうちにだいたい終えておけば、一番手の来客の到着までのんびりとした午後を過ごせると書かれている。いっぽうで、より凝ったアフタヌーンティーの事例も紹介している。

香ばしいロール菓子と温かい茶とコーヒーのほかに、冷製料理の献立として、白パン、チーズ、昔ながらのパウンドケーキやスポンジケーキ、アロールートや紅藻類の澱粉でこしらえた優美なブラマンジェ、各種のトライフルやフローティング・アイランド、シトロンの砂糖漬け、選りすぐりのケーキが少しずつ用意されていた。そうしたいずれも人気の品とともに、たいていそれぞれの招待主自慢の逸品が加えられていれば、古臭くも単調にもならない。肌寒い日ならば、牡蠣料理がとても好まれるし、フライドチキンも喜ばれるのは間違いない。ロブスターや蟹料理も華やかなごちそうとしてとても好評を得ていた。[13]

ボストン料理学校のルーシー・G・アレンは『テーブル・サービス』でティー・パーティの開き方について多くの助言を記述し、夏の戸外でのティーでは、温かい茶よりも、アイスティー、アイスチョコレートやパンチのほうが好まれるし、用意しやすいと紹介している。氷菓も供されていた。「フラッペ(またはさほど濃厚ではないクリームを凍らせたもの)も喜ばれるが、深皿からガラスのフラッペ皿に移して供する」[14]

一九三二年にはコカ・コーラ社がアイダ・ベイリー・アレン著『もてなしの流儀』を出版した。ティー・パーティはなおも形式ばったものが多かった。この本では数種類のティー・パーティの催し方が提案されている。正式なアフタヌーンティー、気楽なアフタヌーンティー、洒落たスタジオティー、おおやけの催しのティー。〝アフタヌーンティーの優雅な作法〟と題された項目では、娘を社交界に登場させるとき、息子の妻となった女性を家族ぐるみの友人たちに紹介するとき、新たな隣人や来客を歓迎するときなど、大勢をもてなすための正式なティー・パーティの開き方を指南している。

茶、コーヒー、チョコレートを用意しましょう。そうした飲み物はお披露目されるお嬢様方が供して、またべつのお嬢様方からサンドイッチなどの軽食、用意されていればケーキや砂糖菓子も勧めます。

料理はなるべく手軽なものが良いでしょう。手でつまめるものを揃えます。

来客の好みに合わせ、冷たい飲み物も用意しておきましょう。コカ・コーラの新たなおいしい飲み物トロピカルパンチも喜ばれることでしょう。

そうした正式なお茶会向けに、二種類の献立をアイダ・ベイリー・アレンが提案している。

小さなクラブ・サラダ・サンドイッチ
燻製サーモンのロールサンドイッチ
オリーブ　塩漬けブラジルナッツ
レモンアイス　小さなシルバーケーキ
トロピカル・コカ・コーラ・パンチ　茶
フレンチバタークリーム

または

ロブスターペーストとオリーブのオープンサンドイッチ
付け合わせ
キュウリのサンドイッチ　パセリバターのロールサンドイッチ
オレンジアイス　白砂糖がけレディフィンガー（スポンジケーキ）
茶
ミント　ナッツ

感謝祭に開かれた優秀な若者たちの〝フットボール〟の試合後のティーですら作法が重んじられた。

各大学のスクールカラーの蠟燭を真鍮の燭台に灯し、色鮮やかな果物を盛った深皿には月桂樹の葉で緑を添えて、季節が感じられるテーブルを整えましょう。受け皿付きのカップとともにサモワールなど、茶器一式を揃えておきます。テーブルの反対端には、よく冷えたコカ・コーラ、細長いグラス、栓抜きを盆にのせておけば、パーティの成功に欠かせない輝きをもたらします。

サンドイッチはフットボール形に切り、ケーキにもボールの縞模様を付けた小さな卵形のチョコレートを飾ります。記念品にミニチュアの革製フットボールを用意したり、褐色の紙を巻いた紙コップを使って、両側に小さな校旗を立ててもよいでしょう。その場合にはコップに丸いチョコレートキャンディーを詰めておきます。

献立は

フットボール・サンドイッチ
卵とピミエント（スペイントウガラシ）のオープンサンド
ティーケーキ各種
よく冷やしたコカ・コーラ
小さなチョコレート

column

アイスティー

おお、ここにもあそこにも飲み物ばかり
その海のなかに溺れてしまいそうなほどに
それにしてもこの多さはいかがなものだろう
どれよりまさるのがアイスティーで……
適度に冷やし、氷を加え
シェーカーに入れてかきまわし
なめらかな泡が立ってきたら
至福の飲み頃だ……
レモンの薄切りを搾って垂らし
ぴりっとさせて、
貝殻形のシュガースプーンを上手に使って
高鳴る鼓動よ、鎮まれ！……
（日刊ピカユーン紙　一八九七年）

一八〇〇年代初めにアメリカの料理書にアルコール入りのパンチとして紹介されていたものが、アイスティーの始まりと見られる。この頃には多くの家庭で氷を入手できるようになっていた。当初は現在のように紅茶ではなく、緑茶にワインのほか、ラム酒やブランデーなどの蒸留酒で風味づけして飲まれていたようだ。一八六〇年に、作家、農学者、レイク・カウンティー（インディアナ州）禁酒協会の創始者でもあり、『どう生きるか』の著者ソロン・ロビンソンはこう評していた。「昨年の夏、茶を冷やして飲む方式が広まったが、たしかに温かいものよりおいしく感じられた」アイスティーのレシピを初めて紹介した料理書は、一八七九年の『古きヴァージニアの家政書』であるというのが通説だ。沸騰した湯で緑茶を淹れて一日おいてから、脚付きグラスに氷をたっぷり入れてグラニュー糖を小さじ二杯加え、このグラスに緑茶を注ぐ。そのレシピではレモンによる風味づけも指示されている。けれどもそうしたアイスティーは薬のように見なされていた。一八六九年のメディカルタイムズ・アンド・ガゼット誌ではこう紹介されている。「暑い日においしい飲み物で体力を回復するには、氷で冷やした上質の濃い茶がよい。まずしっかりと茶を浸出させてこしらえ、数切れのレモンで風味づけし、ほんの少しだけ砂糖を加え、ミルクは入れない」

一八七〇年代には、ホテルや鉄道駅でも飲まれるようになった。ロシア風ティー（ティー・ア・ラ・リュス）が人気で、マリオン・ハーランドは著書『コッテージ・キッチン』（一八八三）でロシア風アイスティーのレシピを紹介した。

> 通常の方法で茶を淹れ、茶葉を残したまま冷まします。漉して水差しに移し、一クォート（一リットル強）につき皮を剝いたレモンを二、三切れ入れます。レモンは薄切りがお勧めです。コップに砂糖と氷を入れ、そこに茶を注ぎます。
>
> これを大きなボウルに入れて、氷で冷やし、たっぷり甘味をつけたものが、祝祭、教会行事、ピクニックで広く好まれ、ワインやパンチを供しない晩のパーティでも人気の飲み物となっています。

ハーランドは『朝食、昼食、ティー』で、このアイスティーにグラス一杯のシャンパンを加えてロシア風パンチを作ることも提案している。

今日では、アメリカ合衆国の茶の消費量の八〇パーセントをアイスティーが占めている。南部でとりわけ好まれているのが、甘くしてから冷やす飲み方だ。南部の人々はそれを大量に、夏だけでなく、一年を通して食事のときには必ずと言ってよいほど飲んでいる。

▲アイスティー。

映画『マグノリアの花たち』（一九八九）では、ドリー・パートンが演じる女性が甘いお茶を「南部のハウスワイン」だと称している。南部ではまた、アイスティーを背の高い専用のグラスに注ぐ流儀も生みだされた。そこには長いスプーンとレモン用のフォークも欠かせない。そうした慣習も広まり、第一次世界大戦が終わる頃には、全土でアイスティーは背の高いクリスタルのゴブレットやグラスで飲まれるようになった。

南部のレストランで茶を注文すれば、だいたい甘いアイスティーが出てくるが、アメリカのそのほかの地域では、〝ティー〟とだけ注文すると、アイスティーがたいていは甘味づけされずに出てくる。〝ホットティー〟と言えば、アイスティーを温めて出されることが多い。現在ではアイスティーが缶やボトルでも販売されている。

茶を愛する英国の人々がアメリカ合衆国を旅して、上質な濃い一杯にありつくのは少しむずかしいかもしれない。紅茶はたいがいティーバッグで淹れられ、コップで供されている。だいたいはとても薄めで、冷たいミルクよりはいくらか温かい程度のものが出てくる。

ティーへ出かける　ティールーム、百貨店、ホテル、ティーダンス

二十世紀の初めに、アメリカのティールーム、百貨店、ホテルでティータイムを過ごす慣習が広まった。レストランはまだ男性だけの領域だったため、ティールームは女性同士が会って話し、噂話に興じ、買い物後に気分転換できる場所となった。

◎ティールーム

アメリカでのティールームの活況は三つの社会事象によっていっきに引き起こされた。自動車需要の高まり、禁酒法、女性参政権運動だ。長きにわたり抑制されてきた女性たちは、自立し、自由に旅をして、より冒険できる人生を望んでいた。自動車のおかげで、車を運転してティールームのような場所にも行けるようになった。そのような店をみずから所有し、経営することも叶えた。ほとんどのティールームが女性によって女性向けに開かれた。アルコールの販売から得られる収益に頼っていた多くのホテルやレストランが廃業し、その代わりに茶が飲まれるようになった。

アメリカのティールームは英国とは異なる道筋で発展した。当初の多くのティールームは、女性たちが週末に自宅を開放し、通りかかった旅行者たちに素朴な自家製の料理を安価で振るまったのが始まりだった。さらに、ニューヨーク、グレニッチヴィレッジのボヘミアンたちが集まる店から、シカゴの上流層向けティールームまで、アメリカじゅうの都市に茶を楽しめる店が増えていった。ティールームの最大の魅力は古風な趣のある温かい雰囲気で、男性だけの領域となっていたレストランや飲食店が多いなか、とりわけ女性たちを引き寄せた。多くの人々、なかでも若い世代が五つ星ホテルでの高級な食事より、おいしい軽食を提供する気楽な雰囲気の店を好んだ。温かい茶と、繊細なサンドイッチ、スコーンとジャムといった英国式の典型的なアフタヌーンティーではなく、コーヒーやアイスティーがより好まれ、シカゴの〈ミス・エリスのティーショップ〉のメニューにあるチキンパイのような、しっかりと力のつく料理が売り物となった。このチキンパイはシカゴの記者ジョン・ドルリーが『シカゴの食事』（一九三一）に書いているところによれば、「逃してはならない逸品」だった。さらに同店についてドルリーはこう記述している。「洒落た装いの女性たちと、その女性たちの装いを見に訪れる女性たちで賑わっている。食事はすばらしく、数多くの昔ながらの家庭料理を取り入れたメニューが人気を呼んでいる」イースト・オーク・ストリートにある〈サザン・ティーショップ〉については、サザン・フライドチキン、デーツトルテ、サザン・ホットビスケットなどの自慢の料理がメニューに並び、「静かで妙趣のティールーム……価格もいたって手頃だ」と紹介している。[15]

一九二〇年代、アメリカ人たちは色彩、それも鮮やかな色に魅了されていた。それまで黒や白や暗褐色だったものがすべて明るい色に塗り替えられた。衣類、家具、車、室内装飾、食器類、ティールームの従業員の制服。鮮やかな色が組み合わされ、混ぜ合わされたものであふれた。食物史家のジャン・ウィテカーは啓発書『ブルーランタン・インでのティー』（二〇〇二）で、あらゆる色彩の取り合わせを表現した一九二〇年代初期の詩『ティールーム』を紹介している。

もちろん、食器は揃いではない
カップは黄色で、皿は草のように青緑。薄切りレモンは
赤い漆器の上で輝いている
おどけて座り込んだような黒い壺には黄色いクリーム
オレンジ色のボウルに白砂糖[16]

多くのティールームの名称にまで色が席巻していた。〈ブルー・ランタン〉や〈ブルー・ティーポット〉のように青色がとりわけ人気だったようだ。ローラ・チャイルズによるティーショップを舞台にしたミステリシリーズでは、チャールストンにある架空の〈インディゴ・ティーショップ〉で、女性主人公セオドシア・ブラウニングが犬にアールグレイという名を付けている。

グレニッチヴィレッジのボヘミアンたちが集まる型破りなティールームでも、色彩は重要な役割を果たした。そうした店はみやげ物屋と共同経営されているところも多く（ティールーム内に併設しているところもある）色鮮やかな蠟染めの衣類、手塗りのビーズネックレス、スカーフ、帽子、バッグ、彫刻細工、陶器や版画が売られていた。

第一次世界大戦前のグレニッチヴィレッジには、社会福祉職員や教師や改革主義者など仕事を持つ女性たちが多く住んでいた。その人々はヴィクトリア朝時代の窮屈な暮らしからの解放を望む社会活動家たちでもあった。一九一〇年頃には、家賃の安さと街の雰囲気に惹かれて芸術家の男女も移り住んできた。ティールームはそうした人々が茶やコーヒーと簡単な料理をとりながら話す場所となった。なかでも温かみのある室内装飾で芸術家や俳優たちを引き寄せたティールームが、メアリー・アレッタ〝クランピー〟クランプが年老いた母と経営していた〈クランペリー〉だ。ふたりは一九一七年に最初の店を開き、家賃が上がるたび何度か移転を繰り返した。客はピースープ（エンドウ豆のスープ）、クランペット、〝クランプルド〟エッグ、ピーナッツサンドイッチと紅茶やコーヒーを目当てに訪れ、チェスや友人たちとのおしゃべりを楽しんだのだろう。

column

女性参政権

〝ティー〟はアメリカの女性参政権運動で重要な役割を担った。茶会と抗議運動との関わりで最も有名なのはボストン・ティー・パーティ事件かもしれない。だが、一八四八年七月九日、ニューヨーク州ウォータールーでアメリカの女性参政権運動の主要な人物五人が開いた倹しいティー・パーティは、歴史を動かす重要なものだった。女性たちはそこで茶を飲みながら革命的な意見を交わし、それが、西洋初の女性の権利獲得を訴える集会、セネカ・フォールズ会議の開催へと繋がったのだ。半世紀後、その日の伝説的な主催者のひとり、アルヴァ・ヴァンダービルト・ベルモントは邸宅の庭に中国様式の茶館を建て、そこで女性参政権獲得へさらなる情熱を傾けて資金集めのティー・パーティを開いた。二度にわたり開かれたパーティに訪れた客には特典として〝女性に参政権を〟のティーカップとソーサーが配られた。セネカ・フォールズ会議と、多くの女性たちの飽くなき働きかけにより、運動は実を結び、一九二〇年に憲法修正第十九条で女性参政権が保障された。

▲パック誌にアルバート・レヴェリングが描いた風刺画『アフタヌーンティー』1910年。女性参政権運動の殉教者として捕らわれた囚人〝500番〟の上流婦人が、〝われらが気高き殉教婦人500号監房〟の外で社交界の友人たちとティー・パーティを開いている。

一九一〇年代のグレニッチヴィレッジは、ヨーロッパでの戦争の脅威を逃れてパリからやってきた人々も引きつけた。その多くが作家、急進論者、男女同権論者で、そうした多様な人々の集まりが、慣例にとらわれない闊達な文化とティールームを生みだし、パリのラテン区に倣った佇まいの店が増え、ぶらりと立ち寄って話し込むにはうってつけの界隈だった。

〈ローマニー・マリーの店〉も、グレニッチヴィレッジで名の知れたティールームを兼ねた酒場だった。

一九〇一年に十代でルーマニアからアメリカにやってきたマリー・マルシャンが一九一二年に開いた店だ。マリーは、祖国で母が放浪民族のために開いた宿屋の酒場（アルコールは提供しなかったが）を手本にして開いたと語っていた。よく放浪民族の衣装を着て、茶葉占いで運勢診断のようなこともしていた。

〈ローマニー・マリー〉のように放浪民族風の名称をティールームに付けるのが流行し、そのなかには同じように占いを呼び物に取り入れているところもあった。ロマ民族は十九世紀中頃にイングランドからアメリカ合衆国に移り住み、その後セルビア、ロシア、オーストリア＝ハンガリーからも流入していた。ロマ民族の女性たちは都市で占いを行なっていたが、疎《うと》まれ、金銭の受けとりを禁じられ、続けられるところは限られていた。けれどもティールームでは、占いを無料で行なえば問題はなく、客からチップとして収入を得られた。そうしたティールームは料理の評判が高くなくとも、ニューヨーク、ボストン、クリーヴランド、カンザスシティ、ロサンゼルス、シカゴなどの都市で繁盛した。シカゴで初めて占いを取り入れたのが、ウエスト・モンロー・ストリートの〈ジプシー・ティー・ショップ〉だ。シカゴの〈ペルシャン・ティールーム〉や〈ガーデン・オブ・ザンジバル〉のように、異国情緒を感じさせる名称を付けたティールームも見られた。大恐慌時代は物価が下落し、多くのティールームが無料の茶葉占いで客を呼び込もうとした。ボブ・クロスビーの『小さなジプシー・ティールームで』（一九三五）の歌詞からも見てとれる。

小さなジプシー・ティールームでのことだった
気分が滅入ってたんだ

小さなジプシー・ティールームでのことだった
初めてきみに目を留めたのは

ジプシーが茶葉占いをしにやってきた
それで急に気分が上向いた
このティールームにいる誰かに
ぼくは心を奪われると言われたから

▲『小さなジプシー・ティールームで』の楽譜表紙、ニューヨーク、1935年。

シカゴの〈エル・ハーレム〉のようにティーダンスを開いたティールームもあった。水ギセルのパイプ、凝った装飾のトルコ風吊り下げランプ、トルコ風料理がイスラム教国のハーレムの魅惑的な雰囲気を醸していた。クラレンス・ジョーンズ率いる楽団がダンス音楽を演奏した。

ティールームの経営は厳しかったものの、ひとりの勇敢な女性、フランシス・ヴァージニア・ウィテカーは、大恐慌に見舞われた暗黒の時代に保守的な南部の農業社会の中心地、アトランタに大胆にも〈フランシス・ヴァージニア・ティールーム〉を開店した。シェリー・シフォンパイ、ふんわりしたワインソースがけジンジャーブレッド、パンプキンパイのシェリー・ホイップクリームのせなど、甘い菓子も含むおいしい料理を友人と楽しめる場所として知られ、繁盛した。第二次世界大戦中も〈フランシス・ヴァージニア〉を訪れる客足は途絶えず、一日に二千食以上も供していた。[17]

◎百貨店

百貨店にもティールームは設けられたが、温かみのある居心地のよいティールームや、グレニッチヴィレッジのボヘミアンたちの隠れ家や、占いが呼び物の異国情緒あふれる放浪民族風ティールームとはだいぶ異なるものだった。そこではたいがい帽子と手袋を身につけたご婦人方が、高度な礼儀作法を順守していた。一八九〇年に、シカゴの〈マーシャル・フィールズ〉に百貨店で初めてのティールームが開店した。この百貨店の経営者でのちにロンドンでセルフリッジ百貨店を創業するハリー・ゴードン・セルフリッジが店内に〝ティールーム〟を作るにあたり、異例の決断で中産階級の女性に手助けを求めた。その女性の名は、サラ・ヘリング。ヘリングの仕事は、毎日〝優美な菓子〟をこしらえて店に届けてくれる〝淑女たち〟を集めて雇い入れることだった。毛皮売り場の奥の片隅に開店したティールームは、テーブルがわずか十五席、メニューも限られていたが、富裕な名士の妻や娘たちが足繁く通う場所となった。開店日には、六十人の客が、手刺しの刺繍が施されたメニューを手にして注文した。オレンジパンチはサンキライの赤い実を飾ったオレンジの皮を模した器で供された[18]。ローズパンチは、ソースがけのアイスクリームとともに薔薇をあしらった皿に盛られ、サンドイッチもリボンが結ばれたバスケットにきれいに並べられて出てきた[19]。料理を手がけていたチームの一員で、当初はジンジャーブレッドとチキンサラダを担当していたハリエット・ティルデン・ブレイナードが、クリーヴランド・クリームド・チキン（チキンのクリーム煮）を生みだし、このティールームで最も愛された料理のひとつとなった。ほかの女性たちもコッドフィッシュケーキや、ボストン風ベイクドビーンズを作りだした。コンビーフハッシュも定番の人気料理となった。この試みは大成功を収め、同じ百貨店内にほかにもティールームが作られていく[20]。

一九〇七年には〈サウス・ティールーム〉が開店した。チェルケス産の美しいクルミ材の羽目板があったことから〈ウォールナットルーム〉と呼ばれるようになり、一九三七年には正式にこちらに改称された。人気のチキン・ポットパイは現在でもメニューのなかでひときわ目を引く。一九二〇年代には、マーシャル・フィールズの七つのティールームで一日に五千食を提供していた。〈ナルシサス・ファウンテン・ルーム〉では、三角形のシナモントーストや、クリームチーズを塗ったパンに、トウガラシ、刻みナッツ、パイナップル、スペイントウガラシなどあらゆるものを組み合わせたメニューが提供された。一九二二年のティー・メニューには、十四種のティー・サンドイッチ、十一種のピクルス、三十七種のサラダ、〝すぐに食べられる〟温かい料理が七十二種も並んでいる。オレンジパンチもまだあったが、ローズパンチは姿を消した。戦時下で代用料理として出されて人気となったジャガイモ粉のマフィンは長らく提供されていた。[21]

のちにジョン・ドルリーがマーシャル・フィールズのティールームについて叙述している。なかでも最も名高く優美なティールームが七階にある〈ナルシサス・ファウンテン・ルーム〉で、その装飾、雰囲気、サービス、料理は、ミシガン・アヴェニューの一流店やゴールドコースト地区のホテルにもひけをとらないと報告している。午後三時から五時のあいだには、買い物に疲れた客が室内楽を聴きながら

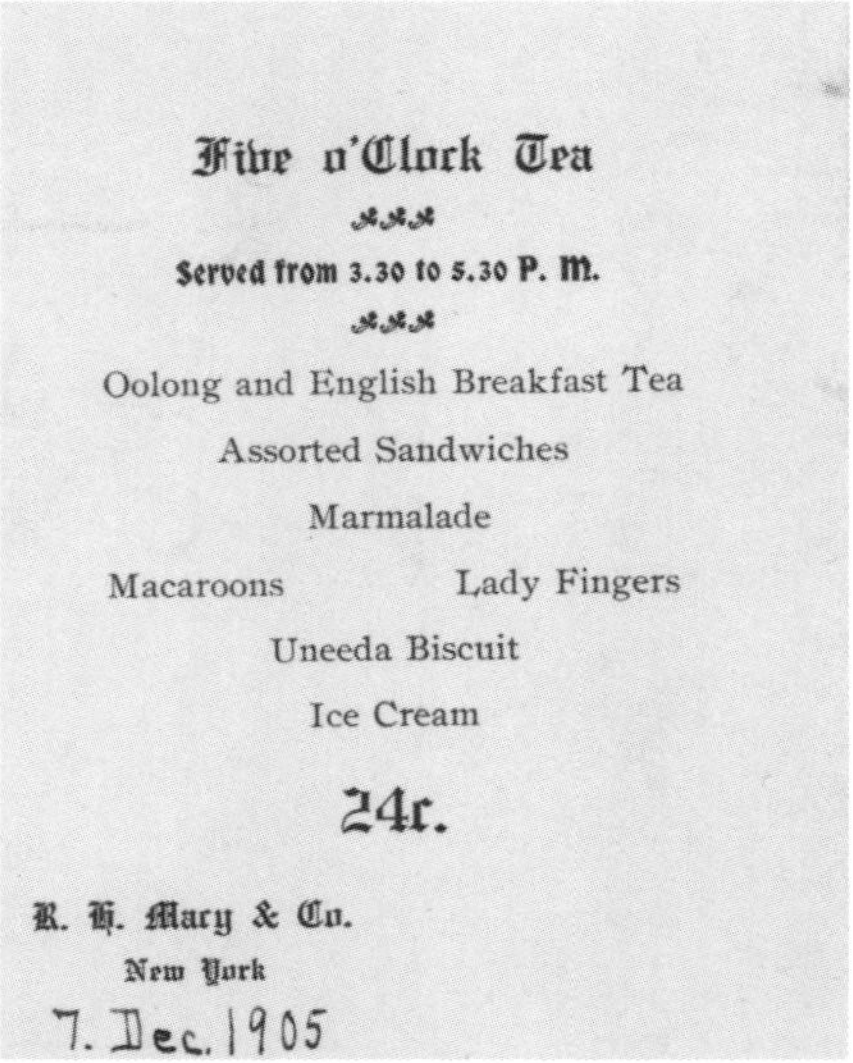
Five o'Clock Tea

Served from 3.30 to 5.30 P. M.

Oolong and English Breakfast Tea

Assorted Sandwiches

Marmalade

Macaroons　Lady Fingers

Uneeda Biscuit

Ice Cream

24c.

R. H. Macy & Co.

New York

7. Dec. 1905

▲ニューヨーク、メイシーズ百貨店の午後5時のティー・メニュー。1905年。ユニーダ・ビスケットはクラッカーの一種。

サンドイッチとサラダと飲み物とデザートからなる特製メニューを楽しむことができた。「半時間もそのような環境で過ごし、美しく仕立てられた軽食に力づけられれば、気分も新たに買い物へもうひとめぐり向かえるわけである」ドルリーは名高いジャガイモ粉のマフィンについても絶賛していた。「このようなマフィンを味わえるところはほかにどこにもない。美食家を唸らせる一級品だ」[22]

アメリカじゅうの百貨店にティールームが開店した。ニューヨークのメイシーズでも、一九〇四年に日本風ティールームを店内に取り入れた。一九一〇年頃にはロサンゼルスのヤマト・バザールで、茶とケーキがシダや藤や角灯があしらわれた日本式ティー・ガーデンで無料で振るまわれていた。

百貨店のティールームにはいずれも特製メニューがあり、経営者たちはつねに客を引きつける新たな料理と組み合わせを模索していた。フィラデルフィアのストローブリッジ・アンド・クロウジアーでは、クラブサンドイッチのチキンを牡蠣フライに変え、それがロックアウェイ・クラブサンドイッチと呼ばれるようになった。チキンパイは多くの百貨店で人気の高い料理だった。ネブラスカ州リンカーンの百貨店〈ミラー・アンド・ペイン〉のティールームで供されたパイは、皮が二重になっていたことで名物となった。ボストンの〈フィリーンズ〉で人気だったのは、チキン・ア・ラ・キング、チャプスイ、メープル・レイヤーパイだ。各種の高価な茶を提供する百貨店もあった。ラサール&コークの一九二〇年のメニューには、ミンチャ（〝最も高価な栽培茶葉〟）がポット入りで二十セントと記されているし、同時期のシカゴのマンデルブラザーズでも茶の愛好者に、烏龍茶、英国式朝食、無着色ジャパン、若ヒーチュン茶、セイロン・オレンジペコー、珠茶（チューチャー）を用意していた。[23]

◎ホテルとティーダンス

二十世紀の初めには、大都市に多くの大型の高級ホテルが誕生した。サンフランシスコには一九〇六年にフェアモント、一九〇七年にはニューヨークにプラザホテル、一九二〇年になってシカゴにドレイク、一九二七年にはボストンにリッツ・カールトンができている。王族、裕福な著名人、旅行慣れした人々をもてなすために、どこのホテルも縞模様の大理石の円柱や、光り輝くシャンデリアで豪華に設えられ、多くは管弦楽団が心地よい旋律を奏でるなか、優雅で洗練された〝ティー〟を提供した。そうしたきらびやかな空間で人々はヨーロッパの最新の流行を取り入れて楽しんだ。テ・ダンサンと広く呼ばれたティーダンスだ。

某夫人は一九一三年六月一日付のシカゴ・デイリー・トリビューン紙で、この新たな流行を「午後の快い気晴らし」だと書いている。

シカゴも急ぐべし！　ニューヨークは愉快な都市として、われらにはるかに先んじている。当欄でもすでに幾度か取り上げている〝テ・ダンサン〟はかの地で、然るべき名士たちの後援を得て、確実に定着している。

過去から現在のいかなる時代にも、これほどまで多様な立場の人々を虜にするダンスのような注目すべき類いまれな事象は、記憶にない……

今年の冬にニューヨークのとあるホテルで開かれた〝ダンス付きティー〟では、その情熱が適切に秩序正しく満たしうるものであることが証明された。当のティールームの使用権はある南部出身の女性に委ねられている。女性は午後四時半から七時までこの舞踏場を毎日借り受けているのだ。

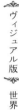

部屋の両脇には支柱があり、そこから窓までの空間にティー・テーブルが並べられている。片端には楽団の舞台がある。中央はダンス場として空けられており……

主催者の女性が入口に設えた小さな机の前に座り、一人一ドルでチケットを販売する。そのチケットに、茶、ケーキ、サンドイッチの代金、知人とダンスをする権利が含まれている……酒類はいっさい売られておらず、飲酒も認められていない……好ましくない人物に場の雰囲気を台無しにさせないための措置だ。

ティーダンスもかつてのティーガーデンのように、若い男女に評判を汚さずに交流できる機会をもたらした。令嬢の社交界へのお披露目や、慈善事業の資金集めでも、多く取り入れられた。だが誰もが歓迎していたわけではなく、ティーダンスをそれほど無害なものとは考えていない人々もいた。一九一三年四月五日付のニューヨークタイムズ紙には、〝危ぶまれるティーダンス〟と題した記事が掲載された。

ティーダンスは流行りだしてからまだ二シーズン足らずの慣習で、ニューヨークではわりあい新しい娯楽だ。芸術家のスタジオで内輪で楽しまれたのがきっかけだった。友人たちがティーに招かれて訪れると、シダと椰子の陰に演奏家たちが隠れていた。ワルツが演奏され、招待客の何人かが思わず踊りだした。それからほかのティーでもダンスが行なわれはじめ、ついには買い物客が茶を飲むために立ち寄るホテルやレストランで、テ・ダンサンが開かれるようになった。知られているかぎりでは、そうした公共の場でのティーダンスで嘆かわしい出来事は起きていない。晩にはキャバレーとなるレストランでも、午後のダンスは正式なものでない場合にも秩序正しく行なわれている。むろん、そのような場で若い娘たちが見知らぬ男と踊るのは不適切だが、これまでのところ、ティーダンスを悪の誘惑と糾弾すべき証拠は認められない……ウイスキーやカクテルについては、ティーダンスに関するかぎり、いっさい供されていない。それらがある場所では、テ・ダンサンは開かれていないということだ。

リリアン・ラッセルを含め、多くの人々は女性たちがティーダンスに行きたがるのはほかにも理由があると推測していた。一九一四年二月十三日付のシカゴ・デイリー・トリビューン紙で、ラッセルは次のように幸いにも前向きな受けとめ方で締めくくっている。

世の中をこれほどまでに魅了しているこの新たな流行はいかなるものなのか？　アフタヌーンティーの魅力とはなんなのか？　ただダンスに熱狂しているだけ？　ただそれだけのものと思いたいところだが、目下、多くの女性たちはテ・ダンサンや午後にダンスが行なわれるレストランに足繁く通う本当の理由を隠すために、その催しを利用しているように思えてならない……

もちろん、午後のダンスの流行にはあらゆる利点もある……そうしたダンス場に通う女性たちはハイボールやカクテルなどを飲み、喫煙していると誤解している人々もいる。残念ながら、そのような女性もいる……が、上質な茶、チョコレート、ソフトドリンクと呼ばれる飲み物が供される場でもあるのだ。

……

賭け金も払えないのにブリッジのテーブルでギャンブルに夢中になるより、ダンスをして午後を過ごすほうが女性にとってどれほど有益だろう……テ・ダンサンでは友人たちと会えるし、会社帰りの夫とそこで落ち合い、一、二曲、ダンスをすれば、ともに気持ちよく満足して家路につけるのだから。

ティーダンスはその後も、とりわけ禁酒法時代には盛んに行なわれつづけ、ターキー・トロット、マキシー、きわどいバニハッグ、チャールストンなど新しいダンスも流行した。シミーと呼ばれるダンスも流行り、ジーグフェルド・フォリーズのスター、バート・ウィリアムズはアルコールの代わりに茶を飲むのをよしとせず、〝ティーではきみとシミーは踊れない〟と歌って異を唱えたことでよく知られている。とはいえ、ティーを飲みながらでもダンスはできたし、みな現にそうしていた！

大恐慌に陥り、禁酒法時代が終わった一九三〇年代、ティールームとティーダンスは衰退した。郊外で住宅地の開発が進み、チェーン展開の経営手法が全国に拡がり、生活様式が慌ただしいものに変化したことも影響した。二十世紀の初めには大きな楽しみをもたらしたティールームのあらゆる魅力がすべて時代遅れと見なされるようになった。百貨店は当然ながら収益を上げなければならず、食料品売り場の面積が急速に増やされた。家具調度はもはやくつろげるものではなくなり、ある百貨店の幹部は一九四九年にこう述べている。

食料品事業においては、座り心地のよくない椅子だからといって必ずしも収益が落ち込むものでもない。スツールに客を座らせて、サンドイッチを食べたら帰ってもらえば、次の客をそこに案内できる。だが快適な環境と座り心地のよい椅子を用意すれば、そこにいつまでも居座られてしまう。[24]

メニュー数も減り、アフタヌーンティーは除外され、すばやく食べられる特製ランチに取って代わられた。グレニッチヴィレッジのボヘミアンたちのティールームは、一九五〇年代から六〇年代にビート族の風潮の高まりによりコーヒーハウスに移り変わった。

けれども近年はティールームの再流行の気運が高まっている。茶はコーヒーや炭酸飲料よりも身体によいとも言われ、あらゆる種類の茶が手に入るようになったことからも注目されている。多くの都市に有名なティールームが誕生し、世界各地の魅惑的な異国情緒あふれる料理など豊富なメニューを取り揃えている店も多い。サンフランシスコの名高い〈ジャパニーズ・ティーガーデン〉には茶館がある。ゴールデンゲートパークの中心部に位置し、日本式庭園の平穏で調和のとれた自然の美しさを体験できる場所だ。もともとは一八九四年のカリフォルニア冬季国際博覧会で日本村の展示として造られた庭園だった。博覧会の閉幕後、萩原眞氏が日本式庭園として造園し維持することを認められた。

アーチ形のドラムブリッジ（太鼓橋）、仏塔、石灯籠、飛び石、日本産植物、鯉が泳ぐ穏やかな池、禅の庭など風流な景色を楽しめる庭園だ。三月から四月には満開の桜を眺めに人々が訪れる。茶館では選りすぐりの茶から好みのものを選べる。煎茶、玄米茶、ほうじ茶、ジャスミンティー、アイス・グリーンティー。ティー・サンドイッチのほか、スープ、緑茶チーズケーキ、どら焼き、甘いライスケーキ（餅）、あられなどの茶屋《ティーハウス》クッキーセット（おみくじ入りの〝フォーチュンクッキー〟付き）も売られている。あられはもち米で作られ醤油で味つけされたひと口大の日本式焼菓子の一種だ。アメリカ合衆国のフォーチュンクッキーの発祥はこの庭園とも言われ、萩原眞の子孫によれば、萩原がこの独特な菓子（日本では一八七八年頃には作られていた）を一八九〇年代にアメリカ合衆国で売りはじめたと主張している。当初この菓子は特別な鉄製の型を使って現地で手作りされていた。需要が高まり、萩原がサンフランシスコの菓子製造者の勉強堂に大量生産を委託した。日本で作られていたフォーチュンクッキーの原形はむしろぴりっとした食べ物で、勉強堂がバニラを香料に使って甘い菓子に作り替えたと言われている。そうすることによりいっそう西洋人の嗜好に合う味となり、いまではアメリカじゅうで好まれている。現在でも、このティーガーデンでフォーチュンクッキーを供する伝統は引き継がれ、茶館で売られている日本のライスクラッカー〝あられ〟を盛った器には必ず一枚添えられている。

サンフランシスコにはもうひとつ〈シークレット・ガーデン〉という古風な茶店がある。サラダ、ティー・サンドイッチなど各種のサンドイッチ、スコーン、焼き菓子やケーキが豊富に取り揃えられている。あらゆる嗜好に合わせた〝アフタヌーンティー〟も数多く用意されている。〝ベッドフォード家の楽しみ〟〝伯爵のお気に入り〟〝アフタヌーンティーの喜び〟〝ガーデン・エスケープ〟〝十二歳未満向けの王子と王女のティー〟〝旦那様と奥様のクリームティー〟。

ニューヨークにあるプラザホテルの名高いパームコートでは、音楽を聴きながら多種多様なアフタヌーンティーを楽し

▲サンフランシスコのゴールデンゲートパークの中心部にある、静穏で美しいジャパニーズ・ティーガーデン。

める。〝ニューヨーカーのホリデー・ティー〟には、サンドイッチとキーライムタルトとニューヨーク流チーズケーキなどの代表的な菓子が付いてくる。〝シャンパン・ティー〟は、ピーキートー蟹サラダ、フォアグラ・トーションとロブスターロールのカイワレ大根添え、バター付きブリオッシュロールなど充実した料理で構成されている。さらにチョコレートとヘーゼルナッツのプレジール、タヒチ産バニラのエクレアなどの菓子が、好みの魅惑的な茶とともに味わえる。子供向けの〝エロイーズ・シュガーとスパイスティー〟は、オーガニックのピーナッツバターとゼリー、ペパーミントの綿菓子といった人気の菓子が用意される。喉の渇きを癒やすのは、ルイボスなどの〝ホット〟ティーや、ピンクレモネードやバニラアイスティーといった冷たい飲み物だ。

シカゴのドレイクホテルはいまも正真正銘の高貴な社交の場として愛されている。このホテルのパームコートにはこれまでにダイアナ元皇太子妃、エリザベス女王、日本の皇后（現在の上皇后）も訪れており、そこに集う客は、ハープ奏者が奏でる快い調べに包まれてアフタヌーンティーを堪能している。

第14章 カナダ、オーストラリア、ニュージーランド、南アフリカ

ティータイムの慣習は、カナダ、オーストラリア、ニュージーランド、南アフリカなど英国の植民地にも広がった。そうした未知の新天地に早々に移住した英国人たちは過去との繋がりを保持しようと努め、パンや菓子の作り方やティータイムの伝統など、多くの風習や食習慣を持ち込んだ。アジアからも独自の食文化を有する人々が移り住んできた。

カナダのティー

カナダは西半球でも茶の消費量がきわだって多い国だ。茶の飲み方とティータイムの慣習には、あらゆる地域からの移住者たちで構成されるこの国の特性が表れている。先住民にもハーブティーを飲む北部のイヌイット族のようにそれぞれの伝統がある。ティータイムの慣習は英国、アイルランド、フランスからの移住者たちによって持ち込まれたので、パンや菓子の作り方も幅広い。ブリティッシュコロンビア州のヴィクトリアでは英国式のティールーム、ケベック州モントリオールには、サロン・ド・テの文化が受け継がれているという具合だ。さらに、点心など、新たな移民たちが持ち込んだ茶文化もある。

カナダでは、中国系の人々が全人口の四・五パーセントにあたる百五十万人ほどにものぼり、トロント、バンクーバー、モントリオールでは大きな割合を占めている。それらの都市に引き継がれているチャイナタウンの始まりは十九世紀に遡る。大多数が日常的に点心を食べる香港と広東からの広東語を話す人々で、定住した都市には点心のレストランが数多い。

カナダではコーヒーも多く飲まれているものの、茶の愛好者は朝食時のほか、一日に何度か茶を飲む。国境の向こう側のアイスティーが一番人気のアメリカ合衆国とは異なり、〝ホット〟ティーのほうが飲まれている。ティーバッグは、むしろティールームやレストランで多く使われている。カナダでドーナツとコーヒーの店をチェーン展開する〈ティム・ホートンズ〉は、二〇〇七年頃に全国規模の大々的な広告キャンペーンを行ない、自社では〝茶葉〟から茶を淹れる由緒ある方式を採用していることを宣伝した。緑茶、白茶、フレーバーティー、ハーブティーも人気が高い。

ハドソンズ・ベイ・カンパニーの記録によれば、一七一五年六月七日にジョゼフ・デイヴィス船長のもと、木造の小型快速船ハドソンズ・ベイ号に船積みされた「三箱の武夷茶《ウーイー》」が、カナダに最初に出荷された茶葉だった。[1] 残念ながら悪天候により、ハドソン湾までたどり着けず、イングランドへ引き返した。不運なデイヴィス船長は解雇され、翌年、同じ三箱がようやくべつの船長の指揮で、目的地に運び込まれた。[2]

その武夷茶は高級茶と呼ぶにはほど遠いものだったらしく、このように記述されている。「埃や、茶色や黄ばんだ緑色の大きな葉が交じっていて、劣悪きわまりない紅茶だ。浸出する液体は暗褐色で、必ずカップに黒い澱が残る」[3] それでも茶は猟師のみならず先住民にも好まれた。いまでもイヌイット族は濃い茶をミルクや砂糖は入れずに、貴重な飲み物として味わっている。

一九五〇年代以前は、ラブラドールイヌー族が遊牧生活を送っていた。ラブラドール地方シェシャットシウイヌー族の人々が猟場をめぐり歩くときには、それぞれの荷物を持ち運ばなければならなかった。子供たちも二ポンド（約九百十グラム）の茶葉を人形の身体に詰めて持ち歩いた。野営地で温かい飲み物が望まれると、その人形から取りだした。茶葉が入っていたところには草や葉っぱが詰め替えられた。

初期の移民たちは茶葉も含めてあらゆる食料の到着を待ちわびながら、手に入るものでどうにか飲めるものをこしらえていた。冬の吹雪、海洋の嵐、内陸の輸送路の未整備により、茶をじゅうぶんに備蓄することはむずかしかった。一八〇〇年代中頃までの入植者たちはほとんどが自力で生活様式を築きあげた人々で、昔ながらの鉄鍋で湯を沸かして茶を淹れていた。茶葉を捨てずに継ぎ足して湯を注いで飲んでいたので、一日のあいだにとても濃くなり、味もおのずと満足できるものではなかった。当時は長距離を移動するのはむずかしいことだったので、来客の訪問は、友人ならもちろん、よく知らない相手でも大ごとだった。多くの人々はそれぞれ離れた場所で暮らし、ほかの人と交流する機会があればとても大切にしていた。茶は真心ともてなしの気持ちを象徴するものだった。作家フランシス・ホフマンは著書『染みついた慣習』で次のような話を叙述している。

探検家チャールズ・フランシス・ホールにとって、一八六〇年代にノーサンバーランド・インレットで女主人に茶を供されたのは嬉しい驚きだった。「いつの間にか、トゥクーリトは温かみのある灯籠の上で〝茶釜〟に湯を沸かしていた。イヌイット族のテントで、イヌイットの女性からそう尋ねられたのだ！　このときの私の驚きを想像してほしい。『もちろん。だが、ここに茶があるのかね？』私は答えた。彼女は小さなブリキ缶から芳しいりっぱな紅茶を取りだして見せて、こう言った。『濃いお茶はお好き?』文明化された都会から遠く離れた地で、そのように貴重なものを多く使わせるのは忍びなく、私はこう答えた。『よろしければ、薄いものをいただこう』一杯の紅茶がすぐに目の前に供された――見事に淹れられた本物の紅茶だ。夕食用に船から持ちだしてきていた堅パンをポケットから取りだし、トゥクーリトにも分けた。用意された茶は一杯だけだったので、彼女にも私の茶にパンを浸して食べるよう勧めた。北極の雪のなか、イヌイット族の居心地のよいテントで、イヌイットの友人とともに、安らぎと歓びと爽やかさをもたらす文明の象徴であるティーを初めて分かち合ったのだ[4]」

茶の輸入量がしだいに増えると、より安定して入手できるようになった。初期の頃の入植者のなかには、高級な茶器や磁器を持ってきた人々もいた。船積みされる茶葉とともに、そうした用具類の輸入も増加した。

ニュー・ブランズウィックのセント・ジョンには、茶の伝統が豊かに息づいている。カナダではとてもよく知られる紅茶のブランド、レッド・ローズとキング・コールの発祥の地でもある。キング・コール・ブレ

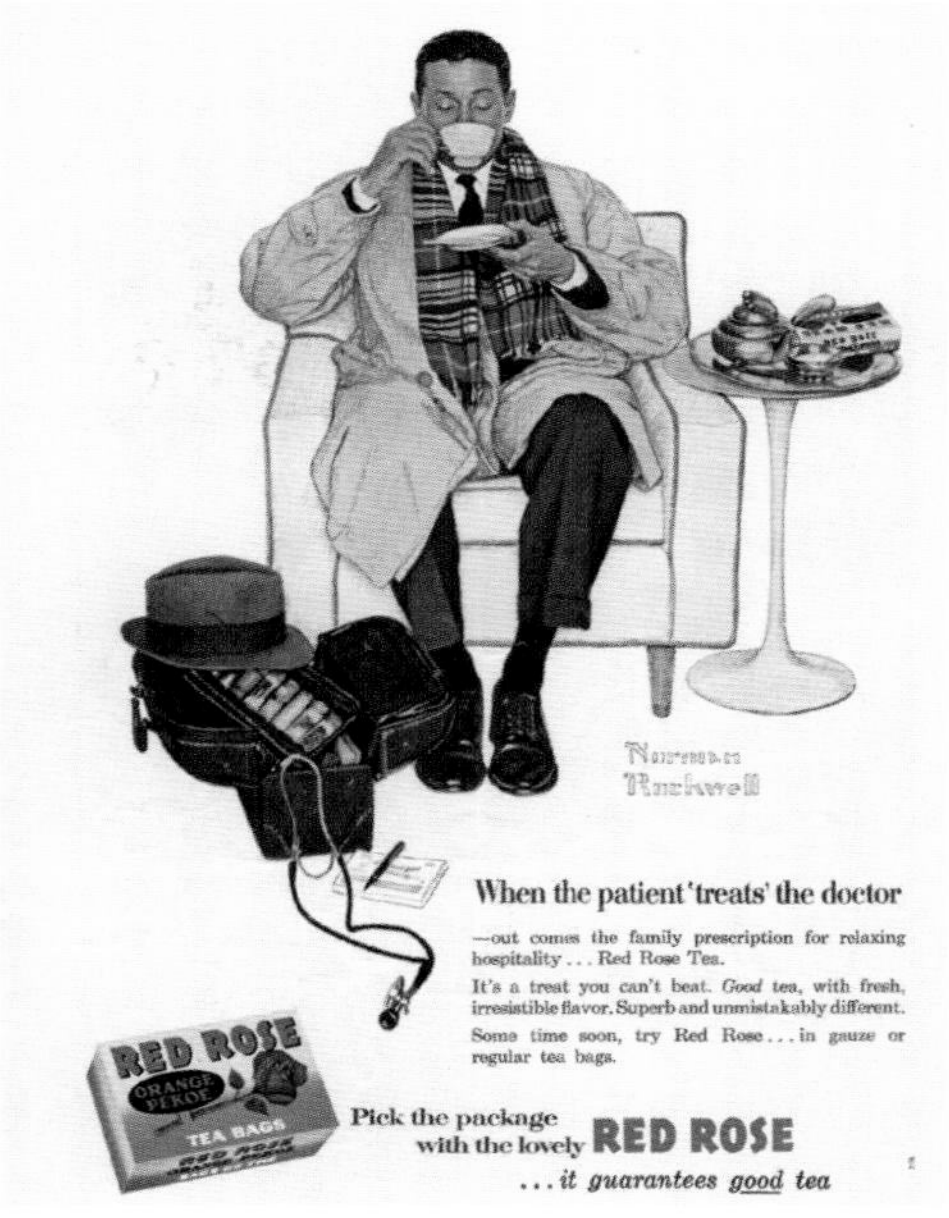

▲レッド・ローズのティーバッグの雑誌広告。ノーマン・ロックウェル画、1959年。

ンドは、一八六七年にセント・ジョンで創業したG・E・バーブァー社により生みだされた。レッド・ローズは、シオドア・ハーディング・エスタブルックスによってインドとセイロンの茶葉から生みだされた、特製ブレンド茶だ。一八九九年にレッド・ローズという名称で売りだされて以来、カナダで愛されつづけている。つねに一定の品質のブレンド茶を飲めるように包装して売ることを考案したのもシオドアだった。それまでは、茶箱から茶葉を取りだして売られていたので、品質にばらつきが出ていた。当初レッド・ローズはカナダの大西洋岸の州でおもに売られていたが、すぐに国内のほかの地域やアメリカ合衆国でも広く販売されるようになった。一九二九年に初めてティーバッグとして売られた紅茶でもある。

◎"自宅で"のアフタヌーンティーとハイティー

アフタヌーンティーを楽しむ慣習は一八六〇年代にオンタリオで定着した。当時は訪問したり来客を迎えたりするのはとてもあらたまった機会だったので、おのずと茶が供され、礼儀作法が重んじられ、ふさわしい茶器、湯沸かしなどを揃える人々も増えた。こちらから訪ねなければいけない用件があるのに、茶を供するのは適切ではないとも考えられていた。必要な訪問はすべて済ませてから茶会を開くのが礼儀だったわけだ。茶会を催したら、来客の全員が名刺を残して帰り、その人々をまたすべて訪問しなくてはならなかった。

英国と同じように、そうした場にどのような装いで行けばよいのかについてみな悩まされた。富裕層の女性たちは流行に細心の注意を払っていた。そのような上流婦人の選択肢には、キャリッジドレス(ただし馬車で向かう場合にかぎる)、モーニングドレス、ウォーキングドレス(外出着)、訪問ドレス

（歩いて向かう場合）があった。〝一般〟女性は、昼間の訪問ならシンプルだけれど優美な〝アフタヌーンティー用のドレス〟を身につけていたようだ。

使用人たちの確保も悩みどころだった。じゅうぶんな人手が必要で、それも有能な人々でなければならない。そうでなければさらなる問題が生じかねなかった。それでもティー・パーティは社交活動にしっかりと組み入れられ、多くの女性たちが〝自宅で〟大勢の客を招いて凝った料理を振るまう茶会を開いた。その娘たちも紅茶やコーヒーやココアを注いだり、料理を並べたりする手伝いを担わされた。娘がいなければ、〝魅力的な〟既婚女性が飲み物を供したのだろう。誰かが来客をもてなし、べつの誰かがサンドイッチやケーキやティーポットを補充して、役割を分担していた。

一八七七年の『家庭の料理書』にも、パーティの主催者と来客の心得が指南されている。この本は十九世紀にカナダで最も売れた料理書で、カナダで最初の一般向け料理書でもあり、六世帯に一世帯が購入していた。トロントや、カナダのそのほかの都市や町の女性たちによって蓄積された家庭治療薬と料理のレシピ集だ。英語を話すカナダ人女性たちに、それぞれのレシピを活用して、病院、教会の慈善事業、現在まで続く伝統ある婦人会といった組織の活動を支える手本が示されていた。自宅でのアフタヌーンティーについては次のように助言している。

来客は開始時刻の五分まえか五分後に訪れる。茶は開始時刻きっかりに主催者の女性のテーブルに運び込む。そこには来客の好みに応じて、紅茶、緑茶、ロシア風ティー、ウエハース、チキンなどの薄切り肉の優美なサンドイッチを入れたバスケット、糖衣をあしらった小さなケーキを入れたバスケットも並べる。英国式では、お客様へのティーカップは盆にのせて運び入れ、人々の手の届くところにカップを置いておける小さなテーブルを用意しておく。

ティー・パーティは、一八六〇年代から一九六〇年代までその時々で様相を変えながら流行を作りだしていた。ヴィクトリア女王時代にはヴィクトリア・サンドイッチが人気となり、スコーンも広く好まれた。教会の有志たちにより基金集めのティーが催された。〝禁酒のティー〟は女性たちに〝堂々と集える〟場所をもたらした。農村部ではシンブル（裁縫用具の指ぬき）ティーがしじゅう開かれて、同時にそこで共同でのキルト縫いや大掛かりな裁縫仕事が行なわれていた。カルガリー在住のノリーン・ハワードによれば、いまでもそうしたティー・パーティに招待したり、招待されたりしていて、最上の茶器を持ちだせる格好の機会になっているという[5]。

そうした勤勉で静かなティーとはまたべつに、噂話と笑い声に満ちた賑やかな〝ケトルドラム〟と呼ばれる茶会も開かれた。〝トゥルーソー（嫁入り道具）ティー〟は、新郎新婦が新婚旅行から帰ってきたときや、結婚式のまえにも、花嫁の母親によってよく催されていた。形式ばってはいないものの優雅な催しで、ひと部屋に、薄切りのパンとバター、小さなサンドイッチ、数種のちょっとしたケーキを取り合わせたり、大きめに切り分けたケーキを一枚の皿に盛りつけたりして並べ、べつの部屋に結婚祝いの贈り物が用意された。教会、婦人会、家政学科のある学校が主催する〝母娘のティー〟も開かれた。

一九二〇年代には、多くの家庭で優美なティーワゴン（またはカート）が誇らしげに用いられていた。ワゴンにはたいてい折りたたみ式の小さなテーブルが付いていて、使用するときに開いて、そこに小さいながらも美しいテーブルクロスを掛けた。最上段に、ティーポット、カップとソーサー、砂糖、クリーム用スプーン、茶こぼしをのせた。下段には皿とナプキンとともに上品なサンドイッチとケーキが置かれた。当時のワゴンやティー・テーブルの上に、エンパイアビスケット、メルティング・モーメント、ペカンスノーボールとともによく見られたのが、チャイニーズチュウだ。このような名前が付いた由来は定かでないが、この頃にはすでにカナダを横断する鉄道の建設に携わるため中国からやってきた多くの人々が定住して家族を呼び寄せていた。小さな町で中華レストランを開く人々もいて、カナダ風の中国料理も生みだされた。チャイニーズチュウには東洋との繋がりを感じさせるクルミやデーツ（ナツメヤシの実）など独特な材料が使われていた。そのレシピはグッド・ハウスキーピング誌の一九一七年六月号で初めて紹介され、さらに新聞各紙にも掲載されて広まった。

チャイニーズチュウ　二千六百カロリー

細かく刻んだデーツ約一カップ
細かく刻んだペルシアクルミ一カップくらい
砂糖　一カップくらい
ペストリーフラワー（焼き菓子用小麦粉）　四分の三カップ
ベーキングパウダー　小さじ一
卵　二個
塩　小さじ四分の一

粉類の材料をすべて合わせ、デーツとクルミを加え、軽く混ぜてから卵を入れてかき混ぜる。できるだけ薄く伸ばして焼き、小さな四角形に切り分けてから球状に丸める。それをグラニュー糖の上で転がす。

L・G・プラット夫人　オレゴン州ノース・ベンド［著者注：オーブンの温度や焼き時間は記されていないが、百六十度で二十五分くらい焼くとよいのでは］

レシピが広まるにつれ、クルミの代わりに砂糖漬け生姜やペカンも入れられるようになった。チャイニーズチュウの人気はやや落ちているが、現代版ではココナッツやチョコレートチップが加えられている。

女性たちにとっては助け合いのためにもティータイムは重要な慣習として続けられたが、二度の大戦が人々の生活様式を変えた。女性たちも外で働きはじめ、ティー・パーティを催す時間も欲求も減少した。アメリカ合衆国と同じように、若い人ほど〝流行の先端〟のコーヒーへ切り替わっていった。だがそうした社会の変化にもかかわらず、カナダではいまでも午後に茶を飲む慣習を続けている人々も多い。オンタリオ南部在住のエドナ・マッキャンは著書『カナダに受け継がれる料理』で一九三〇年代に優雅なティーを催したことを回顧している。

わたしは若くして結婚し、ジョージと農村部の教区に引っ越した。教区民にご挨拶するために、教会の地下室（会合場所として使われていた）で、ささやかな宴を催した。好印象を持ってもらいたくて、わたしは〝ティー〟サンドイッチをたくさんこしらえた——小さな三角形や四角形に切ったパンに卵サラダを付けてオリーブの〝花〟を飾ったり、細長く切ったパンでピクルスを巻いてハムサラダをのせたり。当時、東海岸の街に住んでいた礼節ある家庭では、それが最も気品高いもてなしだと考えられていたからだ。わたしは小さなサンドイッチを盛りつけた盆を誇らしげに並べていたが、農家のある男性が妻に話しかける声が聞こえた。「まいったな、マーサ、新しい牧師の給料について話し合いを持ったほうがよさそうだ。気の毒に、あの若い奥さんがこしらえたサンドイッチの大きさを見てみろ!」わたしはすぐに、この地域の力仕事に忙しい男性たちからはおいしい山盛りの料理を期待されていたのだと悟った。気品など無用の長物だったのだ。

ミステリ作家のゲイル・ボウエンは、親切にも一九四〇年代後半のトロントでのティータイムの思い出を書き送ってくれた。

わたしたち一家は西部のプレスコット・アヴェニューに住んでいた。当時そこは英国人居住地だった。豚肉店(巨大なブラッドソーセージと、とてもおいしいポークパイを売っていた)と二軒のパン屋があり、パン屋ではアフタヌーンティーに食べられるものを取り揃えていて、すてきなものがいろいろあったのだけれど、おばあちゃんのお気に入りはパリジャン・タルトとエクルズケーキだった。学校帰り、わたしたちはセント・クレア・アヴェニューへ行き、ティーで食べるごちそうを選んだ。週に一度、おばあちゃんは友人たちを招いてティーをしていた。友人たちは必ず帽子をかぶってやってきて、もう何十年来の知りあいのはずなのに、ティーのときだけはお互いをオルレンショウ夫人、バーソロミュー夫人、エクストン夫人というように呼びあっていた。

ずいぶんと仰々しく感じられる。けれども、ゲイルによれば、それ以外のときにはネス、ヒルダ、エドナと名前で呼びあっていたそうだ。さらに、ゲイルの家族は午後六時に食事をとっていて、ハイティーやティーではなく、夕食《サパー》と呼んでいたという。おそらく食事の内容はティーというよりハイティーで、バブル・アンド・スクイーク（刻んだキャベツとジャガイモの炒め物）、魚料理、レバー（肝臓料理）、フィッシュ・アンド・チップスなどが並んでいたのだろう。[6]

　ノリーン・ハワードは一九六五年にモントリオールにある夫の実家を訪れた際のティータイムを回想している。毎日午後四時にお茶が用意され、クッキーや、カナダのティータイムに人気のごちそう、ナナイモバーなどの四角い菓子が並べられた。[7] クッキーや四角い菓子やパンは、カナダの主婦たちの自慢の料理だった。カナダ人はパンや菓子を焼くことがもともと好きだった。キャサリン・パー・トレイルは一八五四年の著書『女性移民の手引き』で「カナダはケーキの国」だと評している。

　当時の料理書でもそうしたレシピが確認できる。すでに紹介した『家庭の料理書』は、便利な助言集であるだけでなく、パンやビスケットやケーキのレシピを数多く紹介していた。〝ティー用のライ（麦）ケーキ〟、ティー（レーズン）ケーキ、ジンジャーブレッド、ドーナツ、マフィン、カップケーキ、ショートケーキ、マウンテンケーキ、ホワイトマウンテン・ゼリーケーキ、ヴェルヴェットケーキなどだ。多くのレシピに、〝料理の友〟、すなわち、当時は料理人や菓子職人にとってまだ比較的新しい〝助け〟だったベーキングパウダーが使われていた。『新ゴールトの料理の手引き：実証済みレシピ一八九八年改訂版』もベストセラーとなった料理書だ。パン、

▲多くのカナダの家庭でたっぷり保存されている人気のティータイムのおやつ、ナナイモバー。

ロール菓子、マフィン、菓子パン、ビスケット（軽焼きパン、ティービスケット、ジンジャービスケットなど）、スコーンの作り方が解説されていた。ミニハーハケーキ、ゼリーケーキ、プリンセス・メイ・チョコレートケーキ、スパニッシュバン、ハックルベリーケーキなどあまり知られていない（少なくともわたしにとっては）ケーキも数多く含まれている。サンドイッチの項目もあり、挽肉やデーツ、キンレンカ（ぴりっとした風味づけにと説明されている）、デヴォンシャー・クリームといった少し意外な材料で作られているものもある。

『ファイブローゼズの料理書』は一九一三年に出版され、一九一五年版は九十五万部売れ、じつにカナダの半分の世帯が所有している計算になる。レシピの大部分が甘い焼き菓子とパンで占められ、ファイブローゼズ社の小麦粉を使ったプディング、パイ、ビスケットのほかにケーキが多く取り上げられている。本書で好評を得たレシピのなかでもバタータルトについては、多くの人々が生粋のカナダ生まれの数少ないレシピだと考えている。

ニューファンドランドとラブラドールではパンや菓子作りは重要なものだ。英国、スコットランド、アイルランドからやってきた移民たちの子孫が多く、いずれも焼き菓子作りの古い伝統がある。ティーバン（ティーケーキとも呼ぶ）の人気は高い。英国のティーケーキとスコーンの中間のようなものだ。あらゆる種類があり、家庭ごとに独自の〝秘伝〟のレシピが受け継がれている。学校からお腹を空かせて帰ってきた子供たちのおやつとして、またはハイティーのお供によく食べられていた。干しブドウ（たいがいラム酒に浸けたもの）が加えられると、レーズンバンと呼び名が変わる。ラム酒はカリブ海地域からニューファンドランドに伝来した。商人たちが塩漬けのタラを船積みしてカリブ海地域へ運び、ラム酒と交換して帰ってきたのだ。無糖練乳で作られたものが最上のレーズンバンだと言われているが、牛乳を使っても支障はなく、ニューファンドランドではファッセルの缶入り濃厚クリームを添えて食べる方式を好む人々が多い。

塩漬けのタラは糖蜜とも交換されていた。ニューファンドランドとラブラドールの伝統的なレシピにはもともと糖蜜を材料として使っていたものが多く見受けられる。パンに塗るものとして、プディングのソースとして、パンケーキのシロップとしても、キッチンに欠かせないものとなっていた。糖蜜は、ティーブレッド（ドライフルーツ入りパン）、ジンジャーブレッド、ビスケット、フルーツケーキ、プディングのほか、独特の風味で甘く、しかもたいがい辛味もつけるラッシーバン（ラッシータルトとも呼ばれる）などにもさらなる甘味づけとして重宝された。ティーバンには干しブドウとともに加えられることがある。そのままでもおいしいが、少しのバターや、ジャムを小さじ一加えてもよい。クライベイビーと呼ばれる軟らかい小さな丸いクッキーや、ファット・アーチーズ（ケープブレトン島ではムースハンターとも呼ばれる）のように丸く切ってふっくら焼いたクッキーも糖蜜が材料に使われていて、紅茶とよく合う。

糖蜜はニューファンドランドのさらなる名物、たまにパンケーキとも言い換えられるタートンにも欠かせない。パン生地（残り物を使うのが昔ながらの作り方）をフライパンでバターや豚脂を加えて揚げ、さらにたいがいバターと黒蜜、メープルシロップかゴールデンシロップをかけて食べる。朝食やブランチ（遅めの朝食）に食べられることが多いが、時にはティータイムにも供される。

英国と同じようにハイティーは夕方にとる食事で、のちに夕食に移行した。ティーの手引きとレシピが料理書で紹介されていた。『家庭の料理書』にはティーの献立が二案、提示されている。

ティー　第一案

茶、コーヒー、チョコレートビスケット
牡蠣のサンドイッチ、チキンサラダ
冷製舌肉料理
ケーキと砂糖漬け
食後にアイスクリームとケーキ

ティー　第二案

茶、コーヒー、チョコレート
牡蠣の蒸し焼き、またはフライ
マフィン
七面鳥の薄切り肉とハム
冷製ビスケット
サーディンとレモンの薄切り
ロールパンの薄切り
缶詰肉の薄切り
ケーキ各種

一九〇四年に出版されたサラ・ラヴェル著『日々の食事：若奥様の手引き』でも、ティーに供するレシピが数多く紹介されている。オムレツ、ポーチドエッグ、卵焼き、スクランブルエッグ、スタッフドエッグ（ゆで卵に詰め物をする）などの卵料理をはじめ、食べごたえのあるものが並ぶ。マカロニ、魚や肉料理にトマトソースかグレービーソースかクリームをかけて、それにチーズ、ポテトケーキなどのジャガイモ料理、鶏肉、牡蠣、魚などのタンバールに、魚、鶏肉、ロブスターのサラダ。ハム、舌肉、レタスを入れた、クイーン（女王）の名を冠したサンドイッチ。

クイーンズ・サンドイッチ

サーディン十六尾、固ゆで卵四個、黒パンの薄切りとバター、カットしたレタス

サーディンの骨を取り除き、一尾ずつ二枚に分け、黒パンにバターを塗って薄く切る。固ゆで卵は刻んでパンのいちばん下に広げ、次にサーディン、さらにレタスをのせて挟む。形をきれいに整えて、丸く、または細長く切る。

そのほかに紹介されているのは、卵に浸けて揚げたパンや、ブレッドパンケーキ、薄切りトマトやアスピック（ゼリー寄せ）を飾った冷製肉、サーモンや白身魚の酢漬け、〝下味をつけて温めた〟ニシンの燻製、チーズトースト、トーストにチーズソースをかけたウェルシュ・ラビット、そして風変わりな名称の一品、イングリッシュ・モンキー。

イングリッシュ・モンキー

硬くなったパンの屑一カップ、牛乳一カップ、バター小さじ一、小さく切った乳チーズ半カップ、
卵一個、塩小さじ二分の一、粉トウガラシ少々
パン屑を十五分間、牛乳に浸し、バターを溶かし入れ、チーズを加えて、卵を軽く溶き入れ、風味づけする。
これを三分加熱し、こんがり焼いたクラッカーにかける。

甘い料理には、果物の缶詰、砂糖漬け、煮込みがあり、ショートブレッドや、生のスグリの実に砂糖と水またはジャンケット（ミルクを凝固させて甘くしたもの）とクリームをかけたものとともに出されることもあった。一八九八年に初版が発行され、一九〇九年に第三版として出版された『画期的料理：スー・セント・マリーの主婦たちの三十分』には、〝朝食、昼食、ティー〟と題した章でティーの興味深いレシピが紹介されている。女性支援団体の議長アニー・M・リードは序文で、このレシピ集について「むやみにただ集めたわけではなく、聖ルカ女性支援団体の会員とその友人たちの豊かな経験から選び抜いたもので構成されている」と明記している。

オムレツ（プレーン、小エビ入り、オイスタソース添え）、カレー味の卵料理、デヴィルドエッグ（ゆで卵に詰め物をした料理）のせトースト、エッグパティ、エッグ・オン・フォーム（卵白に卵の黄身をのせたもの）、ジャンブルエッグなどのレシピが紹介されている。マカロニチーズ、スフレ、フォンデュ、カスタード、ジャガイモなどのクリームチーズ焼き、ウェルシュ・ラビット、チーズパフ、チーズストローなどチーズ料理も豊富だ。クロケット（コロッケ）はジャガイモとハムや米で作られた。パンケーキ、香辛料の利いた料理、甘い菓子も並んでいる。甘いものとして、アップルフリッター、ライスフリッター、スノーフリッター、

ベルフリッターを紹介し、ティーにはヤンキー・ハニー（卵一個にグラニュー糖をたっぷり入れてかき混ぜ、バニラで風味づけしたもの）を添えて供するのを勧めている。ショートケーキは、イチゴを使うものが二種類と桃、オレンジを使った全部で四種類のレシピが掲載されている。パンのレシピでは〝ツイスト〟が「ティーにぴったりのおいしくて美しいパン」だと紹介されている。

◎ガーデンパーティ

ガーデン・ティー・パーティはオンタリオで人気に火がついた。そうした華やかな催しの最初の舞台となったのが、オンタリオ州の歴代の副総督が邸宅としていたトロントのガバメントハウスだ。カナダの著名人やトロントの社交界の人々が招かれ、広々としたテラスや手入れの行き届いた芝地で王族や高官たちと交流を深めた。一度に五百人もが招かれ、代々十一人のオンタリオ州副総督に執事、給仕長として仕えたトマス・ライマーの見事な采配により、もてなされた。ライマーがティー・パーティを成功させるために心がけていたのはまず、べたついたり砕けやすかったりする料理は出さないことだった。「ティーカップを手にしながらでは崩れやすく、べたつくケーキは好まれず、しっかり固まっていてしかも軽いスポンジケーキ、おもに鶏肉、トマト、クレソンを使った種々のサンドイッチが望ましい」催しの最後まで、現れたときと同じように優雅でいたい客人たちの気持ちをライマーは察していた[8]。

ガバメントハウスでの最も盛大な催しは、一九〇一年、コーンウォール及びヨークの公爵夫妻（のちの英国王ジョージ五世とメアリー王妃）が来訪した際に開かれた。オンタリオの名士録に名を連ねる人々が一堂に会し、好天に恵まれ、歴史に残る催しとなった[9]。

当然ながらそれほど大掛かりなガーデンパーティばかりが開かれていたわけではない。カナダの多くの一家は天候の良い日に自宅の庭でのんびりとティーを楽しんでいた。ヴィクトリア時代後期の日常のティーでは、サンドイッチ、小さな甘いケーキ、ボンボン、それにもちろん茶を味わった。もう少しあらたまったティーでは、温かいスープや冷製スープ、コーヒー、チョコレート、ロシア風ティー、アイスティー・パンチも用意されていただろう。アイスクリームとフラッペも好まれた[10]。

◎ティーへ出かける

ヴィクトリア女王が一九〇一年に逝去し、派手好みのエドワード七世が即位して美しき妻アレクサンドラが王妃になると、新時代が幕を開け、英国と英国連邦に新たな風潮と流行をもたらした。カナダは開拓地から産業と商業の国に発展していた。人口が増加し、人々の暮らしはより豊かになった。陽気に楽しむのが特別なことではなくなり、人々は高級ホテルにも〝五時のティー〟を飲みに出かけはじめた。鉄道の拡張で都会へより出やすくなると、鉄道駅近くに多くのホテルが建設された。オンタリオで最初の鉄道沿いの高級ホテル、シャトー・ローリエは一九一二年にオタワに完成し、すぐに優雅な心地よい空間でティーを楽しみたい人々から人気を博した。一九二〇年代から三〇年代には、ほぼ誰にとっても〝ティーへ出かける〟のはごく当たり前の慣習となった。富裕層はそうした高級ホテルで贅沢なティー・パーティを催した。華麗なティーダンスも流行し、たいがい午後四時から六時のあいだに開かれた。バンドの演奏が流れるなか、みな茶を飲みながら上品なおいしいサンドイッチを味わった。ほとんどがあらたまったものではなく、女性たちはアフタヌーンティー用のゆったりとしたドレスに外套をまとい、手袋はしなかった。それでも相変わらず帽子は身につけていた。ダンスは愉快で、人々が集い、異性と交流するにはうってつけの場だった。

十九世紀の終わりから二十世紀の初めにかけて北米で百貨店が出現すると、女性たちが優雅な雰囲気のなかで昼食をとったり、忙しい午後の買い物のあとに茶を飲んでくつろいだりできる新たな形態のレストランが生まれた。カナダでも百貨店のイートンズが一九〇五年にウィニペグに〈グリル・ルーム〉、一九二四年にはトロントに〈ジョージアン・ルーム〉というように、いくつかの店舗に併設のレストランを開店させた。

レディ・イートンが十数店舗にも及ぶ百貨店内のレストランの設計、装飾、人員配置、献立を一手に担っていた。華やかな装飾、上質な料理、手頃な価格に女性客が詰めかけ、一日に五千人もの客を集める店舗もあった。〈ジョージアン・ルーム〉は種類豊富なメニューでしだいに名声を高めた。レッド・ヴェルヴェット・ケーキ——暗赤色、鮮やかな赤色、赤褐色（ビートの根など赤い食物の着色料が使われた）の層を重ね、クリームチーズを挟んだりソース状の凝った糖衣を飾ったりしたチョコレートケーキ——は、イートンズのレストランの代名詞となった。イートンズの特製ケーキとして知れ渡り、従業員たちはレシピの口外を禁じられ、レディ・イートン自身が考案したケーキだという誤った噂も広まった。

◀1939年、トロントのイートンズ百貨店の〈ジョージアン・ルーム〉。イートンズはレッド・ヴェルヴェット・ケーキとクイーン・エリザベス・ケーキで名を馳せた。

イートンズで人気を博したもうひとつのケーキが、クイーン・エリザベスだ。デザートケーキとしてより広く知られているが、ティータイムにも同じくらい好まれている。クイーン・エリザベス・ケーキの誕生の経緯についてはいくつかの説がある。その一説が、一九三七年のジョージ六世とエリザベス妃の戴冠式にあたり考案されたというものだ。そうではなく、一九五三年のエリザベス二世の戴冠式にあたって誕生したとの説もある。さらには、第二次世界大戦中に基金調達のため一部十五セントで売られていたレシピで、その頃カナダではのちのエリザベス二世の母、当時のエリザベス王妃の人気がとても高かったため、その名が付けられたとも言われている。一九四〇年代の戦時中の料理書に掲載されていたレシピが、エリザベス二世の一九五三年の戴冠式に際してカナダで出版された料理書にも再掲されたものと見られる。どのようないきさつで誕生したにしろ、デーツとナッツがたっぷり使われた濃厚でしっとりとしたケーキだ。バターと砂糖とココナッツとクリームを合わせた糖衣をかけ、オーブンに戻してそこを軽く焦がして仕上げる。[11]

ブリティッシュコロンビアの州都ヴィクトリアでは、街の歴史と同じようにティーの文化も古くから根づいていた。英国人がヴィクトリアに入植してきたときにアフタヌーンティーの慣習も持ち込まれた。以来、その伝統は大切に受け継がれ、いまでもこの街には賑わっているティールームが多く見受けられる。何十年ものあいだ高い人気を誇っているのが、一九〇八年にティーを提供しはじめたエンプレスホテル（インドの女帝《エンプレス》でもあったヴィクトリア女王の名を冠した）の〈ヴィクトリア・ルーム〉だ。典型的なヴィクトリア朝様式で、一日に八百人から千人もが伝統のティーを楽しみに訪れ、そこで供される量はロンドンのほとんどのホテルを上回るとさえ言われている。その優雅な空間での（エンプレスホテルにはこれまでの歴史を通じて国王、女王、著名人たちが宿泊している）伝統的な英国式のアフタヌーンティーはまず季節ごとの新鮮なベリーとクリームから始まり、ひと口大のサンドイッチ、スコーン、こんがり焼いたクランペット、焼き菓子、タルトが現在でも用意されている。供される茶は（残念ながら現在はティーバッグを使用しているとのこと）ブリティッシュコロンビアで百年以上の歴史を持つ紅茶の有名企業マーチーズ社がセイロン茶とダージリン茶と中国の紅茶を配合して作った、エンプレスの特製ブレンドだ。[12]

〈マーチーズ〉は茶販売で名を馳せた会社であるのはもちろん、ケーキや焼き菓子など多彩な上質の料理が食べられる場所としても人気を集めた。スコットランドから移住したジョン・マーチーによりカナダで一八九四年に創業されて以来、マーチーズは茶の販売業を営んできた。ジョンは若い頃、英国で茶の輸入商として名声を得たスコットランドのメルローズ社で働いており、当時の仕事のひとつがバルモラル城に滞在中のヴィクトリア女王に茶を届けることだった。

また、カナダのヴィクトリアには、ティールームを併設したアブカジガーデンがある。一九四〇年代に、何年も離ればなれになっていたジョージア国のアブカジ王子と王妃がヴィクトリアに来て居を定めたのが始まりとされ、こちらも王室のロマンティックな物語とゆかりのある場所だ。そこでふたりは魅惑的な安らぎの空間を創りだした。ふたりの死後、邸

▲エンプレスホテルのアフタヌーンティーのメニュー、1920年頃。

宅と庭園は土地保護局に売却され、現在は美しい庭園を見渡せるすてきなティールームがある。毎年恒例の〈いかれ帽子屋のお茶会〉や、王子と王妃の記念祭として〈王子と王妃のお茶会〉など、特別な催しも多く開かれている。

あらゆる好みに応えて三サイズの茶を提供する〈ホワイト・ヘザー・ティールーム〉も人気の店だ。甘い菓子やスコーンを取り揃えた〝ヴィー（ちょっぴり）・ティー〟、〝もうちょっぴりティー〟、そして〝ビッグ・マクル（お腹いっぱい）・ティー〟には、段々式の皿に小さなサンドイッチ、甘いタルトに具だくさんタルト、果物、小さなケーキ、クッキー、それにもちろん、ジャムとデヴォンシャー・クリーム付きの伝統的なスコーンが盛りつけられている。

昨今の環境保護志向が顕著な西海岸のティールームには、地元で産出される蜂蜜を使ったり、海藻から茶を浸出したり、メニューにアジア風料理を取り入れたりといった新たな潮流も見てとれる。

カナダで最もアフタヌーンティーが盛んと言われるのはヴィクトリアだが、ティールームは至るところに拡がっている。いまではフェアモントホテル・チェーンをはじめ、カナダじゅうの多くのホテルがアフタヌーンティーを提供している。バンクーバーのフェアモントホテルでは、子供たちが好きなおとぎ話の登場人物の装いで、ピーナッツバターとゼリーの小さなサンドイッチを食べながら特製風船ガムティーを楽しむことができる。二〇〇五年に女王が滞在したエドモントンのフェアモントホテル・マクドナルドでは、シェリーやシャンパンのグラスも含まれる〝王室《ロイヤル》ティー〟が供され、ロイヤルスイートの見学も行なわれている。

カナダ太平洋鉄道の発展とともに、太平洋岸から大西洋岸にわたって多くのホテルが建設された。鉄道会社は長旅のあいだに乗客たちが降車して休める場所を必要としていることに気づいた。一八九〇年にアルバータのロッキー山脈に建てられたシャトー・レイク・ルイーズ・ホテルも、そうしたきっかけで誕生した。ここではルイーズ湖とヴィクトリア氷河の絶景を眺めながらアフタヌーンティーを味わえる。そのあいだに子供たちは、まずテディベアを手作りして、そのぬいぐるみと一緒にアイスティーを飲んで小さなサンドイッチを食べ、おまけに〝クマさんのボウ〟の訪問を受けられるという、〝テディベア・ピクニック〟も楽しめる。

ルイーズ湖のそばにはカナダの初代首相の妻アグネス・マクドナルドから名づけられたアグネス湖がある。アグネスは一八八六年にその湖を訪れ、湖とそこを取り巻く深い渓谷の牧歌的な美しさに魅せられた。シャトー・レイク・ルイーズ・ホテルに十一年遅れで、その澄み渡った湖のほとりの渓谷に〈レイク・アグネス・ティーハウス〉がカナダ太平洋鉄道によって建てられ、一九〇五年からティーを提供しはじめた。この奥深い地へ観光やハイキングに訪れる人々の休憩所として設けられた。当時の丸太小屋は一九八一年に建て替えられたが、窓やテーブルや椅子は残され、素朴な魅力をいまに伝えている。自家製スープ、焼きたてパンのサンドイッチや焼き菓子、百種類以上の世界各地の茶葉を取り揃えている、家族経営の喫茶店だ。

トロントのキング・エドワード・ホテルもアフタヌーンティーで名を馳せている場所のひとつで、創業から百年以上のあいだに数多くの著名人や要人が宿泊した歴史を持ち、〝トロントで最上のティ

▲ロッキー山脈のアグネス湖越しに見える〈レイク・アグネス・ティーハウス〉。

ー〟を供している。トロントの多様な文化的背景を反映してメニューは幅広く、茶もジャスミン・スノー・ドラゴン、ベルガモットローズ、マラケシュミントなど異国情緒あふれるブレンド茶が豊富だ。〝ベッドフォード公爵夫人〟ティーは、チャイ風味のキャロットケーキ、シュガーシャック・メープル・タルトと干しブドウのバーボン漬けとペカンキャンディーといった具合で、薄いパンのトーストとバターと小さなケーキが並ぶ元々の公爵夫人のティーとはまるで違っている。〝サンドイッチ伯爵〟ティーはしっかりと食べたい人向けで、ビーフウェリントン（牛ヒレ肉をフォアグラのパテで覆ってパイ皮に包んでオーブンで焼いたもの）、五香粉漬け鶏肉と青ネギのひと口大サンドイッチが供される。ほかにも〝スプリングティー〟〝ガーデンティー〟、さらに子供向けには〝ジェスターズ（道化師）ティー〟があり、渦巻きゼリーキャンディー、積み木バナナブレッド、砂糖をまぶした王冠クッキーなどが用意され、飲み物は茶ではなく、マシュマロ入りホットココア、アップルサイダー、ミルクから選べる。

プリンスエドワード島の港町シャーロットタウンにも大切な茶の文化がある。かつては輸入された茶葉がここから各地へ運ばれていた。残念ながら、現在までこの地で存続している茶業者はない。一九三〇年に初版が発行された『フリン夫人の料理書』で宣伝されていた〈ミルトンのティールーム〉もそうした茶業者のひとつだった。この本では、地元でブレンドされ、ヒッグス・アンド・カンパニーで販売されたブラーミンティーも紹介されている。

プリンスエドワード島は『赤毛のアン』の作者ルーシー・モード・モンゴメリの出身地だ。一九〇八年に書かれたこの小説は、十一歳の孤児の少女アン・シャーリーが、農場仕事の手伝いに男子を養子に迎えようとしていたプリンスエドワード島の中年の兄妹、マシューとマリラ・カスバートのもとに誤って送られることから始まる冒険物語だ。アンのカスバート家での暮らし、学校、町のなかでの日々が綴られている。ある日、マリラは出かけぎわにアンに友達のダイアナをお茶に招いてもよいと伝える。アンは「とてもすてきに気どったものにしなくては」と意気込んで、薔薇の蕾《つぼみ》の枝木模様が入った最上の茶器を使わせてほしいと頼む。

「そんな必要はないでしょう！　薔薇の蕾模様の茶器だなんて！　あなたも知ってのとおり、牧師様がいらっしゃるときか、慈善の会のときにしか使わないものなのよ。古い褐色の茶器を並べなさいな。だけども小さな黄色い壺に入っているチェリーの砂糖漬けは使ってもいいわ。もうあけようと思ってたところで——ちょうど食べ頃だろうからね。それとフルーツケーキを切って、クッキーと生姜菓子も並べたらいいわ」

「わたしがテーブルの上座に座ってお茶を注ぐ姿が目に浮かぶ」アンはうっとりと目を閉じて言った。「そしてダイアナにお砂糖はいかがかと尋ねるの！　いらないのはわかってるけど、もちろん知らないふりをして尋ねなければね。それから、フルーツケーキと砂糖漬けも、もう少しいかがかと勧めるわ」

アンはマリラに次のように言われていっそう胸を躍らせた。

「このまえの晩に教会の集まりに持っていったラズベリージュースが瓶にまだ半分残ってたわね。居間の棚の二段目よ。よければ、それをダイアナに出して、午後のおやつにクッキーを食べればいいわ」

ダイアナがやってきて、アンはジュースを出そうとして、二段目ではなく一番上の棚にあった瓶を取った。ダイアナはその味がとても気に入って、「すばらしくおいしいラズベリージュースね、アン」と褒めた。アンは完璧に小さな女主人となって答えた。「お気に召していただけて、とても嬉しいわ。どうぞ好きなだけ飲んで」コップに三杯目を飲んでから、ダイアナは気分が悪くなり、何も食べられなくなった。ふらつく足どりで帰っていった。翌日、ラズベリージュースだと思って飲んだものが、じつはスグリの実のワイン（スグリの実は英国のカランツ、このワインは一般にカシス酒と呼ばれるもの）だったことが判明し、ダイアナの母親からはもちろん、教会の禁酒婦人会からきびしく非難される。その後、アンは日曜学校の教師が自宅で開いたお茶会に行き、はるかに上手に過ごして、マリラにこう報告する。「優雅なお茶会だったわ。わたしは礼儀作法をすべてうまく守れたと思うの。もう毎日お茶会にお呼ばれしても、子供のお手本にだってなれるはずよ！」

現在、シャーロットタウンのデルタ・プリンス・エドワード・ホテルでは、ラズベリージュースとパウンドケーキを切り分けたもの、それにティー・パーティ向きのいろいろな甘い菓子で〝グリーン・ゲイブルズのアン（赤毛のアン）〟のティー・パーティを楽しめる。アンを主役にしたミュージカル劇も披露され、ティーの最後には当時の衣装を身につけてアンと一緒に、もしくは自分がかつらと帽子でアンの扮装をして写真を撮ることもできる。この島で〝アンのすばらしくおいしい野薔薇のティー・パーティ〟に参加すれば、ミュージアムを見学し、花で飾った帽子を作り、モンゴメリ家に伝わる磁器のティーセットでアフタヌーンティーを楽しめる。[13]

植民地時代から茶を飲んできた歴史を持つシャーロットタウンでも、近年は数多くの店の出現により多様な文化圏の慣習が取り入れられている。たとえば〈フォルモサ・ティーハウス〉は、茶と台湾の伝統菓子を提供する店だ。ほかにも、アジア風のティーハウスがいくつか開店している。[14]

フランスの影響は、ケベックとモントリオールの〈サロン・ド・テ〉での茶の飲み方に見てとれる。こちらではフランスのように凝った焼き菓子とともに茶を飲むことより、多様な原産地の茶葉やブレンドを豊富に取り揃えて販売したり飲ませたりすることのほうに注力しているようだが、〈カメリア・シネンシス〉というティールームでは、あらゆる魅惑的な小さな菓子が茶とともに供されている。

国境の南側のアメリカ合衆国と同じように、カナダのティールームもおおむね温かな雰囲気で、百から二百種もの茶を取り揃えているところもあれば、茶とケーキよりむしろ、昼食や夕食となるしっかりとした料理とデザートに力を入れているところも多い。みやげ物屋や手工芸品店を併設しているティールームもある。

オーストラリア

オーストラリアは近年コーヒーを飲む人々が多い国となったが、英国の植民地時代から温かい茶を飲む慣習は受け継がれてきた。一七八八年にイングランドからオーストラリアの海岸に到着した第一次囚人移民船団には、当時の海軍の軍需部糧食に定められた主食と医療品が積み込まれていて、その大部分が塩漬け肉、小麦粉、米、乾燥豆で占められていた。[15]当時すでに茶は英国文化として根づき、贅沢品というより必需品と考える人々が多かったにもかかわらず、砂糖と同様に政府からの配給品には含まれていなかった。そのため特権階級のなかには、贅沢な私物や茶葉を含む各自の〝必需品〟をみずから持ち込む者もいた。

オーストラリア原産のサルサパリラ（学名 *Smilax glyciphylla*）が茶の代用品に使われ、入植者たちから〝スイートティー〟と呼ばれていた。この代用品は必要不可欠な〝安らぎ〟をもたらしただけでなく、健康を回復する効能があると考えられていた。広く飲まれるようになり、甘いので、茶と砂糖を兼ねるものとして供された[16]。

一七九二年には、シドニーで茶葉が売られていた記録が残されている。熙春茶《ヒーチュン》、緑茶、武夷茶《ウーイー》、紅茶など、茶葉が幅広く中国から輸入されていた。いずれも最上質のものではなかったはずだが、濃厚で、移民たちにはとても安上がりに喉の渇きを癒やせる茶だったのだろう。そうした茶葉の販売広告は、シドニー・ガゼット・アンド・ニューサウス・ウェールズ・アドヴァタイザー紙の一八〇三年の創刊号から定期的に掲載されていた。

十九世紀後半にはインドで茶葉の栽培産業が急速に成長し、一八八〇年代にはインド産の紅茶がオーストラリアでも輸入されていた。新鮮な牛乳が手に入れば茶に入れるのが当初から人気の飲み方で、酪農の発展により、牛乳と砂糖を入れた茶が国を代表する飲み物となった。

二十世紀初頭はオーストラリアがインドとセイロンの茶葉の主要消費国だった。二十世紀から今日に至るまで、リプトンとともに、ブッシェルズ——キャッチフレーズは〝わたしたちの一杯の紅茶は一八八三年から〟——のようなオーストラリアの紅茶ブランドは国民に広く知られている。緑茶はいまや隙間市場で、大多数のオーストラリア人が熱烈なコーヒー愛好者となっているものの、濃い紅茶にミルク、さらにたいがいは砂糖も入れて飲むことを好むオーストラリア人はいまだに多い[17]。

▲A・M・エブスワースによる木版画『ティーとダンパー』1883年。4人の男たちが奥地で焚火を囲み、飲食している。

内陸部の荒々しく奥深い自然環境の暮らしでは、茶の飲み方にも独自の流儀があった。家畜追いや渡り労働者が焚火を囲み、〝ビリー〟で湯を沸かして茶を淹れ、残り火で焼いたダンパー（平たいパン）を味わうのが象徴的な光景だ。ビリーとは、金属の把手が付いた簡素なブリキ缶のようなものだ。たいがいユーカリの枝で火を熾《おこ》し、三脚台を組んでビリーを吊るした。ビリーで沸かした湯に茶葉を入れ、ユーカリの葉も加えるのが昔ながらのやり方だった。焚火からあがる煙で芳しい香りが付いて、ユーカリの葉が独特な風味をもたらした。濃くなるように茶葉は多めに入れて、浸出したら、茶葉を底に落とすために、めいっぱい腕を伸ばしてビリーを前後に振り動かすか、頭の周りを三回転させた。相当に注意を要する芸当だ。それからブリキのマグに茶を注ぎ、新鮮な牛乳の代わりにコンデンスミルク（一八九〇年代から手に入るようになった）で甘味づけした。

　一八七〇年にオーストラリアへ旅した冒険家G・アーネストが内陸部での体験記を残した。ダンパーについて楽しげに記述している。

ダンパーがどんなものかはみな知っているかもしれないが、木灰で真っ赤に焼かれたものを味わったことのある者はいないのではないだろうか。まして、それが十時間か半日ぶりに口にできる食事となれば、どれほど旨いか想像だにできないだろう。[18]

ダンパーの作り方はいたって簡単だ。小麦粉と水、それにできればひとつまみの塩とふくらし粉の代わりに重曹を使い、焚火の燃えさしでただ焼くだけだ。ダンパーはもともと小麦粉と砂糖と茶といった最低限の食料だけで長期間遠くまで旅しなければならない牧夫たちによって生みだされた。手に入れば乾燥肉や調理肉のほか、別名〝コキーズ・ジョイ（小農の喜び）〟とも呼ばれたゴールデンシロップも使われた。

一八〇〇年代半ばにオーストラリアを訪れた鉱物調査員フランシス・ランスロットは、内陸部の羊飼いの一週間にわたって代わり映えのしない献立を軽妙な詩で表現している。

パリの料理の評判はさぞ高いことだろう
あるいはその豊富さならロンドンも負けてはいない
いや、心地よさをお望みならば、そのどちらの街もさしおいて
気晴らしに未開の地へ来られたし
月曜には、羊肉にダンパーとティー
火曜には、ティーにダンパーに羊肉

こうした料理は貴族でも農民でも、大食らいにはうってつけ
そう誰もみな認めるに違いない
水曜には、ダンパーを羊肉とティーとともに
木曜には、ティー、羊肉、ダンパー
金曜には、家畜を追って山野を駆けめぐりながらの
羊肉、ティー、ダンパー
待ち望んだ土曜のごちそうと呼ぶにはいささか妙かもしれないが
ティーに、とっておきの羊肉に、ダンパー
これで、この未開の地で快くふるまわれる食事が
いかに気晴らしになるものかおわかりいただけるだろう
だがむろん、これではまだ終われない
誰にもまだすばらしいごちそうを食べられる一日が残されている
日曜にもまたまったく同じ料理が供されるのは
未開の地で働く男たちにとってはしごく当たり前のことなのだ[19]

初期の移民たちのおやつと言えばもうひとつ、ダンパーとスコーンの中間のようなパフタルーンという愉快な名前が付いたものがある。ダンパーと同様に内陸部の野営地で簡単に作ることができた。大家族には手軽にこしらえられるありがたいパンで、入植が始まった当初、パン屋が焼く〝まともな〟パンが都市部の贅沢品だった時代に、探検家、旅行者、羊飼い、開拓者たちを力づけるものだった。けれど

もダンパーとは違って、パフタルーンは奥地で野営をする人々だけでなく、主婦たちにも受け入れられた。小麦粉、砂糖、バター、牛乳でこしらえ、昔からたっぷりと衣をつけて揚げられていたパフタルーンは、温かいうちにバターとジャム、蜂蜜やゴールデンシロップ、焼いたトマト、ベーコン、グレービーソースを付けて食べれば、おいしい食事や菓子にもなる。一九〇四年十月十五日付のニュー・サウス・ウェールズのマニラ・エクスプレス紙にレシピが掲載されていた。

パフタルーン

材料　良質のベーキングパウダー入り小麦粉二分の一ポンド（約二百二十七グラム）、牛乳一と二分の一ジル（約二百十三ｃｃ）、塩

作り方　小麦粉と塩をふるい、牛乳を合わせて、しっとりとした生地をこしらえ、小麦粉を敷いた板の上に広げ、少しこねて、半インチ（一・二七センチ）の厚さに伸ばす。切りとって小さく丸め、たっぷりの熱い油で軽くひっくり返し、きつね色になるまで揚げる。紙の上で油を切る。熱いうちにジャム、糖蜜、蜂蜜、砂糖を付けて盛りつける。[20]

内陸部はまさしく男の世界で、長く重労働に励む人々は力をつける肉料理を必要としていた。同行する女性はめったになく、男たちが奥地の焚火を囲んでダンパー（やパフタルーン）、羊肉と茶を味わっている頃、家ではもっぱら女性たちがケーキとビスケット（男たちには〝本物の食事〟とは見なされていなかった）のティータイムを過ごしていた。地球の反対側にいた英国の女性たちと同様に、オーストラリアの女性たちも十九世紀末にはアフタヌーンティーの慣習に早くも親しんでいた。茶会を開けば、

女主人は最上の磁器ばかりか菓子作りの腕前も披露できたし、そうした自負がバルモラルタルト（一九五〇年代にオーストラリアでちょっとした人気を博した）や、バンベリーケーキを生みだすことにも発揮された。ほかにも、スコーン、ロンドンバン、オート麦のビスケット、ロックケーキ、クリームパフ（シュークリーム）、ブランデースナップ、シードケーキ、スパイスケーキ、スポンジケーキなど、英国生まれの菓子が作られた。食物史家のバーバラ・サンティッチによれば、ことにスポンジケーキについてはオーストラリア人に好まれ、作り方もオーストラリアで極められたとすら語っている。それを裏づけるように、サンティッチはさらに、オーストラリアの主婦たちが家族や来客を喜ばせようとスポンジケーキをあらゆる形に変化させた菓子を詳述していて、そのなかにはふんわりと軽く、さぞ驚かれたに違いない〝ブローアウェイ・スポンジ〟も含まれている。ほかに卵と砂糖を長々と泡立てて作る〝失敗しないスポンジ（そう聞けば作りたくなる人がどれほどいるだろう）〟というものもある。料理書に作り方のコツが書かれていた。一日おいた家鴨《あひる》の卵を使う、小麦粉は三回ふるうなどだ。出来上がりはすべて主婦の技量にかかっていた。オーストラリアのスポンジケーキの特徴はなにより詰め物と上飾りだった。ホイップクリームやバタークリームはのせてものせなくてもかまわないが、ジャムを挟み、粉砂糖を軽くまぶし、たいがいレースの小さな敷物を使って美しく飾りつけられていた。チョコレートやパッションフルーツも上飾りに使われた。サンティッチの説明によると、一九三〇年代にはスポンジそのものも風味づけされていて、「チョコレート、コーヒー、シナモン、ジンジャー、レモンはいずれも人気が高かった」。時にはスポンジを長い紙の上で焼き、ジャムを塗って巻き込んで砂糖をまぶし、スイスロールのようにもしていた[21]。

とはいえ、オーストラリアで最も代表的なティータイムの菓子と言えば、二十世紀にかけてオーストラリアで生みだされた、ラミントンとアンザックビスケットだ。ラミントンは、一八九五年から一九〇一年にクイーンズランドの州総督だったラミントン卿から名づけられたと言われ（クイーンズランド総督官邸のキッチンで生みだされたので総督の妻の名を取ったとの説もある）、腐りかけのスポンジケーキを生かしたものだというのが定説だ。[22]ただしサンティッチが指摘しているように、「一九〇二年の初期のレシピでは、手始めにただのバタースポンジを作ると指示している」。ラミントンは、スポンジを割いて、あいだにバタークリームを挟んでからまた合わせてこしらえる。それを立方体に切り分けて、チョコレートの混ぜ物のなかに浸け、ココナッツを絡める。ラミントンはすっかり人々のあいだに浸透し、オーストラリアの誰にとっても子供時代の思い出の菓子となっている。いくらか古めかしさはあるものの、いまでも資金集めの催しで作られ、学校、若者たちの団体、教会でラミントンを売ることによる募金活動が行なわれている。地域内でケーキの注文を募り、募金活動の日にパン屋で作られた巨大なスポンジケーキがボランティアの人々によって切り分けられ、チョコレートに浸けて、ココナッツをまぶし、パック詰めされる。そうした慈善活動では相当な売り上げをもたらしている。[23]

▲オーストラリアで最も代表的な菓子のひとつラミントン。

アンザックビスケットも昔から慈善目的で供されてきた菓子で、現在でも軍人や退役軍人を助ける寄付金集めの催しで作られている。アンザックビスケットの誕生には複雑な経緯があった。その歴史は第一次世界大戦で組織されたオーストラリア・ニュージーランド連合軍団（アンザック）にまで遡る。最初のアンザックビスケットは硬く、歯が欠けそうなほどしっかりしていて長持ちした。船員用の堅パン（ビスケット）と同じで、小麦粉と水と塩で作られたパンの代用品のようなものだった。あまりに硬いので、茶などの液体に浸さなければ食べられなかった。アンザックタイル、アンザックウエハースとも呼ばれた。

現在のアンザックビスケットは、ロールドオート（オート麦の皮を剥いて蒸してつぶしたもの）、小麦粉、砂糖、バター、ゴールデンシロップ、重曹、沸騰水、好みで粉末ココナッツで作る甘いビスケットだ。国外へ派遣されていた兵士へ妻たちが送ったビスケットだと言われているが、多くの人々に信じられている話とは異なり、ガリポリの戦場にアンザックビスケットは送られておらず、西部戦線にロールドオート・ビスケットが届けられていた形跡は見られるものの、その事実はあまり知られていなかった。アンザックビスケットについての史実はまだあきらかにされていない。

▲アンザック・デー（アンザック軍団のガリポリ半島上陸記念日）のアンザックビスケット――〝忘れないために〟。

慈善の催し、祝祭、パレード、そのほかの国内での公共の催しでは実際に戦争資金の調達のため、おおむねロールドオート・ビスケットが売り買いされていたことから、〝兵士のビスケット〟と呼ばれるようになった。戦争が激化するにつれ、地方女性協会、教会委員会、学校、そのほかの女性団体がビスケット作りに膨大な時間を費やした。

バーバラ・サンティッチによれば、このビスケットのレシピは戦後まもなく考案されたようだという。一九一九年にある読者がウィークリー・タイムズ紙に投書を寄せている。「新種のビスケットと思われるアンザック・クリスピーなるもののレシピをどなたか教えていただけないでしょうか」一九二〇年にアンザックビスケット、またはアンザック・クリスピーのレシピがアーガス紙に掲載され、〝ジョンブル〟のオート麦を使うと明記されていた。そのほかの材料は、小麦粉、ゴールデンシロップ、砂糖、炭酸ソーダ、塩ひとつまみ、沸騰水、溶かしバターだ。ココナッツは見当たらず、つまりあとから加えられたのだろう。[24] けれども、食物史家のジャネット・クラークソンによると、現在知られているアンザックビスケットの成り立ちには、ニュージーランドのダニーディンの女性たちが関わっていたのではないかという。オート麦のビスケットはスコットランド伝統の菓子で、ダニーディンは歴史上スコットランドと深い結びつきのある町だ。同じようなビスケットは古くからあり、たいがい〝ゴールデンクランチ・ビスケット〟や〝ゴールデンシロップ・ビスケット〟と呼ばれていた。戦時中に誰かがたっぷりと焼いたものが、アンザックビスケットとして知られるようになったのではないだろうか。[25]

レシピは厳重に守られていた。というのも、地元の教会の祝祭や農作物品評会では、いかにおいしくふんわりとしたスポンジケーキや、濃厚でしっとりとしたフルーツケーキを作れるかといった競争が熾烈だったからだ。市販のベーキングパウダーが手に入るようになったのは一八五二年からで、ベーキングパウダー入りの小麦粉が販売されはじめたのは一九五三年のことだ。それ以前は重曹とクリーム・オブ・タータ（酒石英）を混ぜ合わせたり、ビネガー、乳酸、レモン果汁を使ったりして、自分で膨張剤をこしらえざるをえなかった。とりわけ軽いスポンジを作るには、小麦粉を細かくふるいにかけて、卵は手作業でしっかり泡立てなければならなかった。[26]

スルタナ、カランツ、レーズンといった干しブドウは、ティータイムで食べられる多くのパンや菓子、食事となる料理すらも引き立てる材料だった。一九三〇年代にはドライフルーツのさらなる消費を促す宣伝冊子『ニュー・サンシャイン・クッカリーブック』が出版された（一八八六年刊『サンシャイン・クッカリーブック』の新版）。オーストラリアの主婦たちに栄養価の高いドライフルーツを使ったレシピ、新たな活用術やヒントを提供するために作られた。[27]多くのレシピと、アフタヌーンティーでもてなす際の料理の分量などについて手引きが掲載されている。シナモン・コーヒー・ケーキ、スルタナ・ティーケーキ、五時のフルーツケーキ、スルタナ・バスケットといったケーキのレシピが並ぶ。誕生日やクリスマスの祝い事のフルーツケーキもある。いろいろなドライフルーツと果物の皮からなる具を入れて折り返したパイ〝スタッフド・モンキー〟の興味深いレシピは、レーズンショート、アイス・カランツ・フィンガーといったものと並んでビスケットの項目で解説されている。お腹を満たすサンドイッチのレシピについても、卵とレタス、卵とカレ

▲『ニュー・サンシャイン・クッカリーブック』の表紙、1938年頃。

ー、チーズとセロリのほか、より凝ったレインボー・サンドイッチ、さらにドライフルーツを細かく刻むなどして挟んだ甘い独特なサンドイッチも紹介している。

ジェム・スコーン（スコーンというよりは昔からマフィンのような型に入れて焼かれていた小さくて軽いケーキ）とレーズン・スコーンのレシピもあるが、オーストラリアで最も有名なスコーンであるはずのパンプキン・スコーンの作り方は見当たらない。パンプキン・スコーンは二十世紀初めには生みだされていたが、サー・ジョー・ビョルク＝ピーターセンが一九六八年から八七年にクイーンズランド州の首相を務めていた期間に、親しみを込めてレディ・フローと呼ばれた首相夫人によって、語り継がれるスコーンとなった。彼女自身も一九九三年まで十二年間、クイーンズランド州の国民党の上院議員を務めた政治家だったが、キンガロイの私邸で手作りのパンプキン・スコーンを来客にふるまってもてなしていたことは有名だ。

このスコーンには風味づけと食感を与えるために、すりつぶした冷たいカボチャが加えられていて、ほかの州以上にクイーンズランドで昔から人気が高い。おそらくはカボチャが北岸で豊富に収穫されるからなのか、一九二〇年代にパンプキン・スコーンは急速に人気が広がり、瞬く間に農作物の品評会でも料理競技会の品目の仲間入りを果たした。豊富にとれるのにそれまで見過ごされていたカボチャをようやく生かせるパンプキン・スコーン作りにみなこぞって飛びつき、何十年も人気は衰えず、一九五〇年代にはほとんどの料理書にその作り方が掲載されていた。

一九一六年七月二十八日付のクロニクル・アンド・ノースコースト・アドヴァタイザー紙にもレシピが掲載されている。

パンプキン・スコーン

カブルチャー・ショーで食肉家畜生産者事業団のフォーサイス氏が絶賛したことから、そのレシピを探したところ、ありがたくも、A・ベル評議員の妻、ベル夫人より以下の作り方をご教示いただいた。弊紙編集部員の頑固な野菜嫌いの子供たちでも、このスコーンなら喜んで食べられたおいしさだ。

砂糖半カップ、小麦粉二と四分の三カップ、バター小さじ一、溶きほぐした卵一個、茹でてつぶしたカボチャ一カップ、重曹小さじ一、クリーム・オブ・タータ（酒石英）小さじ二。砂糖とバターをかき混ぜ、卵、次いでカボチャを加え、さらに、クリーム・オブ・タータと重曹と塩と小麦粉

▲『ニュー・サンシャイン・クッカリーブック』の裏表紙には、フルーツケーキ、スルタナ・バスケット、エクルズケーキ、スイート・ミンス・ローリー、レーズンパイ、スグリの実入りサゴプディングが描かれている。

を一緒にふるいにかけて入れ、最後に牛乳を少々入れる。オーブンで短時間で焼く。

オーストラリアではパンや菓子を焼くのはたいてい土曜日だったが、夕食に天火焼き料理をこしらえる日曜日に一緒に焼いて燃料を節約する人々も多かった。作家ハル・ポーターは『鋳鉄のバルコニーで眺める人』（一九六三）で、一九二〇年代の菓子を焼く情景と日曜日のティーを回想している。

土曜日の午後は菓子を焼く。これは心身ともに骨の折れる仕事だ。当時のオーストラリアの母親たちは日に二度の肉料理、夕食に四種の野菜、ポリッジ（粥）と卵とトーストの朝食を用意するほかに、いつも必ず飲む茶とともに、そうしたよりしっかりとした菓子を一週間ぶん用意しておくのが、必要な栄養を摂るには欠かせないことだと信じていた。ビスケット入れやケーキ缶が空っぽであるのは、午前十一時までに寝具が直されていないのと同じくらい、考えられないことだった。だから母親は巨大なフルーツケーキのほかに、ロックケーキ、バンベリーケーキ、クイーンケーキ、ロールケーキ、ジンジャーブレッドを山ほど焼いた。そうした慣習を堅実に守るうちに、創造力が掻きたてられて、日曜日のティー・テーブルには一日だけ花開くワスレグサのように、束の間ながらももっと贅沢にその日かぎりの優美なごちそうで格別なひと時を彩りたいと空想をふくらませる。そうして、三段のスポンジケーキに芳しいクリームが塗られ、魅惑的な糖衣にはクルミ、銀のカテキュー、砂糖漬けチェリー、ストロベリー、オレンジの房、アンゼリカの茎の砂糖漬けが埋め込まれて登場する。雨降りの一日や特別な催しに備えるためでもなく、日常のなかでのほんの思いつきから、手の込んだシュークリームやエクレアが生みだされる。日曜日のティーは週に一度、心浮かれて贅沢を極める日。無駄な快楽に散財しているようにも見えるし、実際に贅沢であるかどうかよりもその雰囲気が重要なのだ。日曜日のティーは何にもまして、私の両親が互いに、そして子供たちに、人生とは苦労したぶんだけ豊かさを得られるのだと表明するためのものだ。私はその有り余る料理を前にして、実際に形作られたもののみならず、それを生みだした母の心情を見せられていた。[28]

オーストラリアでも、英国と同じように、入植者が移り住みはじめた頃からの慣習で一日の最後の食事は〝ティー〟と呼ばれる。おもな食事は、パン、牛肉、羊肉、豚肉、牛乳、卵、果物、野菜から成り、茶とアルコールを飲んだ。働く男たちは朝食に厚切り肉やステーキを食べ、昼間にはカフェ（六ペンスレストランとも呼ばれた）で腹ごしらえをした。そして午後六時に、冷製肉か温かい肉料理の栄養たっぷりのティーをとった。毎食、二、三杯の茶を飲んでいた。[29]食事はたいがいスープか煮出し汁《ブロス》から始まり、ミートパイ、リッソウル（パイ皮に肉や魚の具を詰めて揚げたもの）、キャセロール、カレー、シチュー、肉の炙《あぶ》り焼き料理などが野菜とともに供された。さらに、サゴ、タピオカなどのプディング、パンとバター、ローリーポーリー（生地にジャムや果物を巻いて蒸すか焼いたプディング）や、フルーツパイをたいがいカスタード添えで食べて締めくくった。現在では、ティーよりも夕食と呼ばれることが多く、社会と労働形態の変化により、食事時間も少し遅くなっている。

〝ティー〟と言うと、アフタヌーンティーに招待された客が正餐を期待して遅い時間にやってくるという行き違いが生じかねない。テーブルに用意されたものを見れば一瞬にして自分の誤解に気づき、ばつの悪い思いをするだろう。アフタヌーンティーはテーブルに最上の磁器を揃え、サンドイッチとケーキを上質な茶とともに供する優雅な茶会だ。いっぽうでハイティーではおおむね、お腹を満たす料理が、大きなポットから注がれる濃い茶とともによりくつろいで味わわれる。

二十世紀の初めまでは、オーストラリアは世界で最大の紅茶の消費国で、ほとんどが濃い紅茶にミルクを入れ、〝モーニングティー〟と〝アフタヌーンティー〟を含め、日に何度も飲んでいた。労働時間のあいだにとる〝お茶休憩〟やただの〝ティー〟にも〝モーニングティー〟か〝アフタヌーンティー〟のどちらかの呼称が使われる。アフタヌーンティーは、オーストラリアの俗語で午後を意味するarvoを付けて〝アーヴォティー〟とも呼ばれる。または、商人や建築業の人々のあいだでお茶休憩を指す常用語だったsmokoをそのまま〝スモコ〟あるいは、〝モーニングスモコ〟〝アフタヌーンスモコ〟と呼ぶ風習も残っている。そうしたお茶休憩では、茶と煙草を、菓子や、腹ごしらえになるおやつや、ビスケットとともに味わった。第二次世界大戦中は茶の愛好者には残念ながら、きびしい配給制により茶の摂取量が切りつめられた。

現在では、アフタヌーンティーを家庭で楽しむ光景はあまり見られなくなったが、オーストラリアで一番人気のティムタムなどのビスケットとともに茶はまだ飲まれている。ティムタムはオーストラリアの食品会社アーノッツによって一九六四年から製造、販売されてきた。英国のペンギンクッキーと同じように、ティムタムも軽いチョコレートクリームを真ん中に挟んで、ざらつきのある薄いチョコレートで覆った、二層の麦芽チョコレートビスケットだ。このビスケットが、液体に浸して食べるティータイムの慣習、〝ティムタムスラム〟を生みだした。まずティムタムの対角線上の両角をかじり、その片方を茶に浸し、ティムタムをストローのようにして、ビスケットを通して茶を飲む。ビスケットの内側のサクサクした部分が軟らかくなり、外側のチョコレートが溶けだすので、完全に砕けてしまうまえに、ティムタムをすばやく飲み込まなければいけない。ティムタムを使って、甘くべっとりとしたチョコレート味のティムタムケーキをこしらえる人々もいる。

◎ピクニックティー

野外を愛するオーストラリアの人々はピクニックを進化させてきた。十九世紀の初めに文明の利器のない奥地へ旅した人々にとって、ピクニックはせざるをえないものだった。同時に、仕事の気分転換としても外へピクニックに出かけることは多くの人々に楽しまれていた。さらに、上流階級にとってはピクニックが社交の催しでもあり、テーブルクロスをかけて、サンドイッチだけでなく冷製肉やパイや果物といった多彩な料理、飲み物もふんだんに用意されて贅沢に開かれることも多かった。ピクニックにも様々な種類がある。ランチ・ピクニック、ホリデー・ピクニック、ビーチ・ピクニック、そしてもちろん、ピクニックティーだ。

ピクニックに人気の行楽地ではティールームが、ピクニックの必需品として、サンドイッチ、焼き菓子、果物、茶の広告を出していた。十九世紀のサンドイッチはおもに肉が挟まれていたが、サーディン、卵、サラダの具も好まれた。二十世紀に時代が進むとサンドイッチはより遊び心にあふれたものとなり、サーモンとセロリとマヨネーズ、リンゴとキュウリ、オリーブとクリームチーズ、卵と青トウガラシなど、あらゆる具が考案された。ほかにも、手で食べやすいものがピクニックに用いられた。十九世紀終わりから二十世紀初頭に子供時代を過ごしたレディ・ボニーソンが当時のピクニックを回想している。

たくさんのバター付きのフランスパンがあって、ゆで卵の殻を剥いて、鶏の腿肉や手羽肉を手で

つかんで、そうしたおいしい冷製肉を齧《かじ》って食べた。飲み物はレモンスカッシュか、茶も選べた。しかもレディ・ボニーソンの母親は「中国製のティーポットに〝沸かしたての〟茶を入れて、注ぎ口や把手が壊れないようにしっかりと詰め物をした中国製のバスケットに上手に収めて」持ち運んでいたという[30]。

茶は間違いなくピクニックで人気の飲み物だったが、アルコールやソフトドリンクも飲まれていた。茶はたいてい昔ながらの〝ビリー〟で淹れられた。

娘たちが純白のテーブルクロスを草地に広げ、その上にシダや緑のシュロの葉を敷いて皿や料理を置いた。赤く色づいたリンゴ、黄金色のオレンジ、新鮮なバナナ、小さな手作りケーキ、かわいらしく切ったサンドイッチが並んだ。それからヘレンが持参した可愛らしいナプキンを配って、ティーカップを用意した。

「男たち、火をつけて、それからビリーにお茶用の新鮮な水を入れて。アリソン、ミルクを持ってきて。船形の容器に小瓶が二本入ってるはずだから」[31]

ピクニックはしだいに手の込んだものとなり、一九三〇年代の終わりには、爪楊枝で食べられるような羊肉のパイ、コーニッシュパイ、舌肉のゼリー包み、ソーセージロール、スコッチエッグ、卵とベーコンのパイ、サーモンボールなども並べられるようになった[32]。

◎ティールーム

一八九五年四月のオーストラリアン・スター紙はこう報じた。「会社で働く男たちが昼食のために、また町に買い物に来た女性たちがアフタヌーンティーをとるために、これ以上に人気の場所はない。昼間はつねに、夕方もたいがいは都会で働く男たち、商人、仲買人、多くの議員たちで賑わっている」スター紙が言及しているのは、キング・ストリート一三七番地の〈ロン・シャン・ティーハウス〉のことで、中国からの移民で自力で事業を起こしたクオン・タルトが経営していた茶店チェーンのなかでも、最も大きく華やかな店だった。

ヴィクトリア時代のシドニーで大流行したティールームで、日本画、中国の木彫り細工、優美な金縁の鏡、大理石の池で泳ぐ錦鯉などで豪華に彩られていた。シドニーの社交界の人々はクオン・タルトのティールームに集い、中国から輸入された上質な茶を味わいながら交流していた。淑女たちは埃っぽい通りを歩いて疲れた足を休めるために、二階に設けられた婦人専用の読書室で雑誌をめくりながら焼き菓子やスコーンやパイの試食を楽しんだ。紳士向けには、旺盛な食欲に見合った野ウサギのポートワインソース添えや、羊の肩肉料理もメニューに並んでいた。

クオン・タルトの数奇な人生については死後に夫人が書き残している。イングランドのリヴァプール出身のマーガレット・スカーレットは一八八六年にクオン・タルトと結婚し、六人の子を授かった。クオン・タルトは一八五九年に九歳で広東からオーストラリアにやってきた。ニュー・サウス・ウェールズのブレードウッドに暮らすスコットランド系のシンプソン家で育てられ、キリスト教に改宗した。ミスター・シンプソンの影響で金の取引に関心を持ったことから富を得て、シドニーで茶と絹の輸入商として身を立てようと決意した。

一八八一年、親族に会うため中国を訪れ、オーストラリアに戻るとシドニーで茶商人として創業した。輸入した茶葉をシドニー・アーケードで売り、宣伝のためにその茶葉で淹れた茶を振るまうと大変な人気を呼んだため、さらに広い場所を探して茶とスコーンを提供しはじめたところ、そこが有名なティールームとなった。一八八五年には経営するティールームが四店舗に増え、ついにキング・ストリートのロイヤル・アーケードにも進出した店では「お茶と〝クオン・タルト〟を！」と求める女性客もいた。動物園の竹材造りのあずまやにも〈ハン・パン〉というティールームを設け、その一年後にはジョージ・ストリート七七七番地に軽食堂を開いた。[33] キング・ストリートに〈ロン・シャン・ティーハウス〉が開店したのは一八八九年だった。瞬く間に名声を得て、歴代の州総督や首相にも愛された。一八九八年にはさらに豪華なティーハウスとレストランを併設し、五百人を収容できるヴィクトリア朝様式の〈エリート・ホール〉に生まれ変わった。

クオン・タルトは茶の目利きとして名高く――多くを中国から輸入していた――装飾の細やかな陶磁器のティーポットから優美な磁器のカップに茶を注いで供した。経営するティールームでは豚肉のソーセージ、コンビーフとニンジン、仔羊肉、プラムプディング、アップルパイなど、おもにしっかりと食

▲クオン・タルトの肖像画、油彩、1880年代頃。

べごたえのある英国料理を取り揃えていた。メニューには、牡蠣やロブスター、カレーも含まれていた。けれどもこのティールームの名物はなんといっても、バター、砂糖、それにベーキングパウダーも使って作られ、温かいうちにたっぷりのバターとともに出されるスコーンだった。

クオン・タルトのティールームは女性解放運動でも重要な役割を果たした。それまで街には女性が堂々と集まれるのにふさわしい場所は（公衆トイレも）なかった。ティールームは願ってもない会合場所（しかも化粧室もある）だった。女性たちは新たに与えられた場所に詰めかけた。メイバンク・アンダーソンは同志たちとキング・ストリートの〈ロン・シャン・ティーハウス〉を頻繁に訪れていた。作家ヘンリー・ローソンの母、ルイーザ・ローソンは、ロン・シャンで茶を飲みながら、オーストラリアの女性参政権運動の計画を練った。

それらのティールームが人気を集めた理由は、上質の茶や、おいしい料理、異国情緒のある贅沢な装飾ばかりではなく、クオン・タルトの人柄にもあった。ヨーロッパ風の衣装をまとい、職人も政治家も分け隔てなく、もてなした。熱心な慈善家で、多額の寄付を行ない、寛大な雇用主でもあった。一から事業を立ち上げた熱意にあふれた人物で、〝シドニーの新聞売りにもいつも親切な言葉をかけていた〟。一八九三年十二月のある土曜日の午後に、クオン・タルトが自分のティールームにシドニーの新聞配達員を二百五十人招いたときのことを、マイケル・シモンズはこう語っている。

青年たちはまずクロイドン校の生徒の楽隊に先導されて、新聞の名称が記された小旗を手にして通りを行進した。五列から成る長いテーブルに着席し、ごちそうが消えるやウェートレスが新たに運んできて、テーブルの上のものをたいらげようとする青年たちの試みは失敗に終わったと認めざるをえなかった。その後、町の有力者たちが訓示を述べ、青年たちはありがたく茶を飲んで、話に耳を傾けた。[34]

残念ながら、クオン・タルトの成功物語と人生は悲劇的な結末を迎えた。一九〇二年に、クイーン・ヴィクトリア・マーケットにある店舗で強盗に襲われて無残に殴りつけられた翌年、胸膜炎で死去した。

オーストラリアのほかの街にもまたべつのティールームが開かれていた。十九世紀末から二十世紀の初めにかけて、主婦連合会や、様々な地方女性団体が発足していた。そうした女性たちは買い物に出かけたり、友人に会ったりするときに、軽食をとれるところを求めていた。メルボルンの百貨店バックリー&ナンが〈バックリーズ・ティールームズ〉を設けて、そうした女性たちの希望を叶えた。一九二〇年代には女性たちの会合場所として人気を博した。一九一九年にアーガス・メルボルン紙にこのティールームの広告が掲載されていた。

バックリーのティールームの魅力はなんといってもその洗練された味にほかなりません。昼食（温かいものも冷たいものも）に、モーニーングティーやアフタヌーンティーにも、ご満足いただける料理をとても手頃なお値段で提供しております。電話かお手紙でお席のご予約を追加料金なしで承ります。

メルボルン、バーク・ストリート

バックリー&ナン社

三階ティールーム　バックリーズ

▲ケーキや焼き菓子が美しく陳列されたメルボルンの〈ホープトン・ティールームズ〉の飾り窓。

当時のメルボルンにはほかにもブロック・アーケードに〈ホープトン・ティールームズ〉があった。創業は一八九二年。当初はブロック・アーケード六番地にあったのだが、一八九三年に一二番地と一三番地に移転した。禁酒主義の女性たちの領域で、昼食やアフタヌーンティーをとる女性の買い物客に高い人気を誇った。一九〇七年までヴィクトリア婦人労働協会が経営していた。現在の同アーケード一番地と二番地に移転してから、協会の創始者でヴィクトリア州の総督を務めたホープトン卿の妻、レディ・ホープトンにちなみ〈ホープトン・ティールームズ〉と改称された。いまだ旧世界の古風な趣を残しつつ、賑わいを見せている。現在もアフタヌーンティー方式で〝ハイティー〟が供されていて、三段式のスタンドの最上段に食べごたえのある料理、二段目にひと口大の各種ケーキ、三段目にはトロピカルフルーツが盛りつけられている。供される茶は有機栽培茶のほか、佛手茶《ぶっしゅ》、濃厚な烏龍茶、香辛料の利いた〝チャ・チャ・チャイ〟など種類豊富だ。

ニュージーランド

ニュージーランドもオーストラリアと同じように茶を愛する人々の国だ。朝食、昼食、夕食（一日で最もしっかりとる食事は〝ティー〟とも呼ばれる）の毎食後に茶を飲む。午前中と午後にお茶休憩（オーストラリアと同じように〝スモコ〟と呼ばれる）もある。少しまえまで、肉体労働者にとってビスケットやスコーンとともに茶を飲む〝スモコ〟は、労働時間に活力を与えるものとして欠かせなかった。

ニュージーランドの茶の飲み方については、アフタヌーンティーに食べられる多くのケーキやビスケットを含め、オーストラリアと共通する点が多い。

ニュージーランドに最も多く茶を供給している国がスリランカで、その大部分が紅茶だ。一般に飲まれている紅茶は英国の〝ビルダーズ（大工の）ティー〟と同様の意味で、〝ガムブーツティー〟と呼ばれることもある。この言い方が聞かれるようになったのはごく最近で（一九九七年から）、風変わりなブレンド茶が増えてきたことから区別するため生みだされた呼称なのだろう。

◎伝来期

十九世紀に移住してきた人々は母国、とりわけ英国やスコットランドの伝統や料理をできるだけ守ろうと努めた。茶は主要な食品としてニュージーランドに持ち込まれたもののひとつで、国民的な飲み物として広まった。アザラシやクジラの捕獲船団のあいだでは、茶もラム酒や砂糖とともに物々交換の一品として用い

▲レズリー・アドキン撮影の『芝地でのティー』1912年。

られた。茶葉が手に入りづらい時代には、マヌカの木の葉が代用された。ヨーロッパ人で初めてマヌカティーを味わったのは、英国の探検家ジェイムズ・クック船長と乗組員たちだ。[35]

十九世紀にチャノキ（*Camellia sinensis*）の茶葉が安価で手に入るようになり、ニュージーランドの人口も増加するにつれ、富裕層から貧困層、社交界の淑女から内陸部で働く男たちにまで茶を飲む慣習が普及した。禁酒運動の支持者たちからも推奨された。

遊園地と呼ばれることのほうが多かったティーガーデンも、イングランドに倣って、十九世紀の半ばから終わりにかけて人気を集めた。ロンドンのヴォクソール・ガーデンに百三十年ほど遅れて、一八六二年にニュージーランドのダニーディンにも〝ヴォクソール・ガーデン〟が開園した。花火や競技会など、同じような催しが行なわれた。そしてロンドンと同じように、ティーガーデンで茶を飲むというかにも風流な行為が、ダニーディンのヴォクソール・ガーデンでもすぐさまいかがわしいものではないかとの風評が取りざたされ、善良な市民たちは茶を飲むだけではすまないのだろうと噂しあっていた。[36]

ダニーディンのヴォクソール・ガーデンのほかにも、ニュージーランドの至るところにティーガーデンが開園し、野外を愛する国民が足繁く通った。魅力もそれぞれに異なっていた。ウェリントンのウィルキンソン・ティーガーデンは美しい木々と薔薇園が評判で、〝カード（凝乳）とクリーム、ジンジャービア、ファンシーブレッド、バーンズケーキ、季節の果物〟と茶を楽しめた。ハットヴァレーのベルヴュー・ガーデンズには農場、厨房、観賞庭園があり、温かいスコーン、自家製バターとジャム、フルーツケーキ、シードケーキを茶とともに味わえた。ドナルズ・ティーガーデンズでは、農園から購入したものでピクニックもできた。ニューブライトンのブライズ・ティーガーデンは、来園者がみずから茶を淹れられるように湯を提供し、鳥小屋、シダ園、花や木や見事に長く連なる蔓《つる》植物の庭園を散策できた。クリケット、テニス、アーチェリー、射撃、釣りも楽しまれた。クライストチャーチには様々な魅力を持つ数多くのティーガーデンが開かれ、人気のほどもそれぞれだった。[37]

けれども一九二〇年代には、ティーガーデンの流行はほぼ終息した。社会活動における女性の解放もある程度まで進み、人々の娯楽は新興の映画産業に取って代わられた。

◎アフタヌーンティーと〝自宅での〟ティー

十九世紀の終わりから二十世紀にかけてのアフタヌーンティー・パーティはおおむねとても形式ばった催しで、ヴィクトリア朝時代の社会規範が守られていた。礼儀作法の手引書も出版された。どの程度あらたまったものとするかは集まる人数によりけりだった。一九二〇年版『女性たちのための礼儀作法』によれば、来客が十人に満たない場合には、ティーは応接間で供するとされている。

部屋の片端のテーブルに茶器を置いておき、客人が到着したら、女中が茶を淹れて、盆にカップをのせて運び、ミルクと砂糖は各自で入れてもらい、それからケーキ、パンとバターなどをお出ししてもよいし、女主人がみずからティー・テーブルについて、手早く茶を淹れて供し、ケーキなどは来客にそれぞれ取り分けてもらってもよい。その場合には、ティー・テーブルか、アフタヌーンティー向けに設えた三、四段式のケーキスタンドに、平皿や銀のケーキ皿をのせて、そこにケーキなどをきれいに取り揃えておく。[38]

食物史家のヘレン・リーチが、アフタヌーンティーでの正式な名刺のやりとりについて説明したノーリン・トムソンからの手紙を紹介している。この手紙は（トムソンが九十歳のとき）一九九八年に書かれたもので、一九三〇年代当時はまだ来客が名刺を差し出す慣習が一般的に残っていたことを物語っている。

ニュージーランドのアフタヌーンティーと言えば……優美な名刺を特製のケースに入れて携帯していたことも遠い記憶のなかに思いだされます――〝飾り付きの〟大文字の銅板刷り。母は玄関広間の飾り棚に名刺を残しておける専用の深皿を置いていました。既婚婦人の場合には、夫の名刺を二枚（一枚は招待主の婦人に、もう一枚は招待主の婦人の夫に敬意を表するために）と、自分自身の名刺を女主人に残していきました。招待主が未婚ならば、客人自身と夫の名刺の二枚を置いていくのです。未婚婦人が未婚婦人を訪ねた場合にどうするのかはわかりませんが、家の書棚にある〝礼儀作法〟の指南書のどこかにきっと書かれているはずです。

ノーリンは正式なアフタヌーンティーに必須のものについても記述していた。

母は柄《え》の部分にTの頭文字が入ったとても優美なケーキ用のフォークを持っていました。それに、銀製の茶器、クリーム入れ、砂糖壺、銀の角砂糖挟み、刺繡入り（たいがいレースの縁どりもある）のテーブルクロス、小さなナプキン、三段式の銀のケーキスタンド（最上段にサンドイッチ、真ん中の段に小さなケーキ、最下段にクリームスポンジケーキなど大きなケーキ）、銀の湯沸かしと、（メタノールアルコール燃料の）小さなランプで保温できるようになっている銀の湯沸かし台。

母は銀の湯差しも持っていました。オアマルに住む友人は一九三〇年代に、一族に受け継がれていた美しい大きな銀の湯沸かし壺を持っていて、その前側の下のほうには蛇口が付いていました。それがティーワゴンにのせられて出てきて、受け皿付きのカップを蛇口の下に置いて注いでいくのは、ちょっとした儀式とも呼べるものでした！　べつの友人が持っていた美しい茶入れ（漆器だったと思います）は、異なる種類の茶葉を入れられるように仕切りがあり、鍵が付いていました。きっとかなりの年代物だったのに違いありません。三段式のケーキスタンドはどうして〝キュレート〟と呼ばれるのかとわたしはふしぎで[39]……

◎ガーデンパーティ

ニュージーランドの人々も野外でのガーデンパーティを楽しんだ。ヴィクトリア女王がバッキンガム宮殿の庭で午後の謁見《えっけん》の宴を開いたのをきっかけに、一八六八年頃にイングランドにそうしたパーティの慣習が広まるとニュージーランドにも伝わった。英国王の代理人である総督がウェリントンの総督公邸でティー・パーティを開いて人々を招いた。一九五四年のエリザベス女王とフィリップ殿下の公式訪問は、国家君主によるニュージーランドへの初めての訪問で、このときに開かれたティー・パーティは歴史に刻まれるものとなった。四千人がアフタヌーンティーに招待された。エリザベス女王とフィリップ殿下は「花で飾られたロイヤル・パビリオンで茶を召され、ストロベリーとラズベリーのアイスクリーム、冷たい飲み物、茶、ケーキにはお褒めの言葉を頂戴した」と報じられた[40]。そのほかの大勢の列席者たちの空腹に対処するため、二万ダースの卵と二万五千ポンド（約一万千三百キログラム）のバターが注文された。タラナキ・ストリートには午前九時から午後十一時まで巨大なカフェテリアが設営された。推定一万人がそのカフェテリアを訪れ、二万個のサンドイッチと三万個のケーキ、一万個のパイが食べられ、少なくとも一万杯の茶が飲まれた。[41] ほかの街でも敬意を表して、オークランド、クライストチャーチ、ダニーディンの各総督公邸で、もう少し小規模のティー・パーティが開かれた。それらについての記述は集まった人々の衣装や光景についての情報が多く、どんなものが食べられ、飲まれたかといったことはほとんど報じられていない。

◎菓子作りと料理書

ニュージーランドのもてなしと菓子作りの文化は植民地時代に根づいたものから育まれてきた。主婦たちはみずから生みだしたケーキやクッキーに大きな誇りを抱いていた。アフタヌーンティーは菓子作りの腕を披露する絶好の機会だった。当時のレシピが掲載されているマードック夫人の著書『おいしいお菓子：ご主人様を喜ばせるために』（一八八八）では、一一一種の大小のケーキ、一一種のビスケット、三種の菓子パン、二種のジンジャーブレッドの作り方が確認できる。ダニーディンで一九二一年に刊行された『セント・アンドリューの料理書』第九版には、五十六種の大きなケーキ、二十六種の小さなケーキ、二十四種のスコーンとパン、十三種の卵を使わないケーキ、二十二種のビスケットの作り方が記述されている。[42] 主婦たちは〝ぎっしり詰まった菓子缶〟を誇りにしていた。

ちょうど缶がいっぱいになったところ。夫は満足げだけれど、私はこちらに来てからちょっと身体が重くなった気がするから、あまり口にしないようにしているの……けれど、夫はいつものように自分で茶を淹れて、さっさと菓子を食べてしまって、また缶を覗くのよ。[43]

ほとんどのニュージーランドの家庭には、使い込んだ『エドモンズ・クッカリー・ブック』がある。一九〇八年に発売されて以来、毎年二万部以上が売れている料理書だ。幅広い料理のレシピが書かれているが、菓子に重点が置かれ、そのほとんどにエドモンズのベーキングパウダーが使われている。ケーキやビスケットやデザートを作ろうと思ったらまず手にする基本の料理書で、ニュージーランドのティータイムに人気の高い菓子が数多く解説されている。バナナブレッド、ジンジャークランチ、アフガン（クッキー）、ニーニッシュタルト、ルイーズケーキ（ケーキやクッキーの薄い生地にたいがいはラズベ

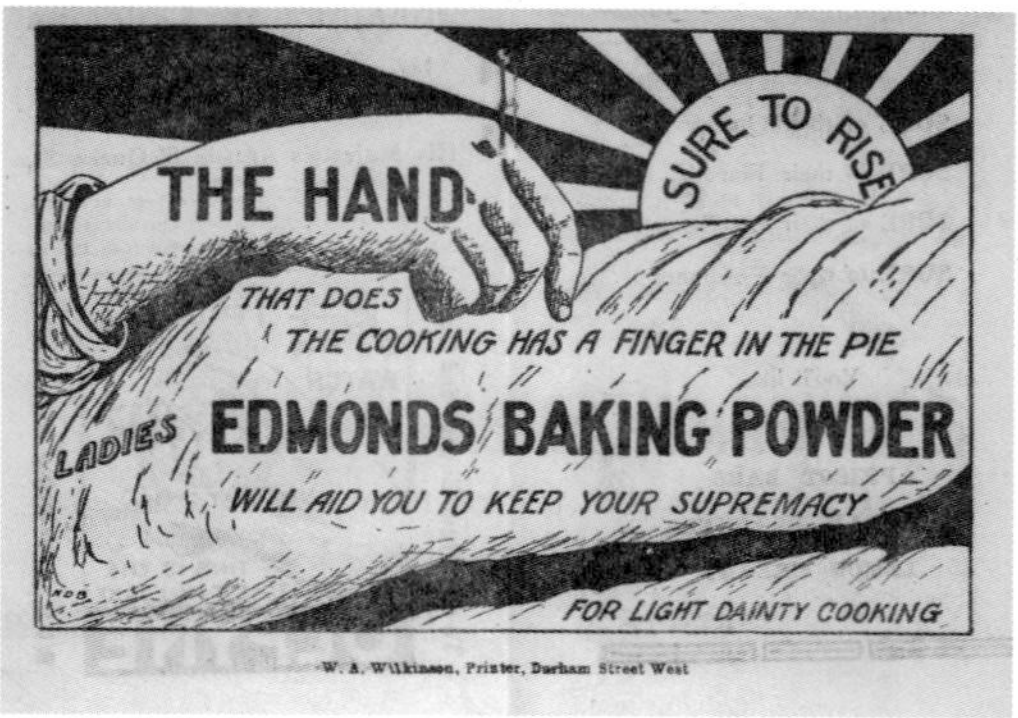

▲1907年頃に劇場のプログラムに掲載されたエドモンズ・ベーキングパウダーの広告。有名な〝必ず上がる〟という売り文句とともにブランドを象徴する日の出が描かれている。

▲チョコレートの糖衣とクルミをのせた典型的な〝アフガン〟クッキー。

▲1917年3月、芝地でティーを楽しむレズリー・アドキンと妻モード・ハードの写真『アフタヌーンティー』。小さなテーブルにレースの縁飾り付きの糊の利いた白いテーブルクロスが掛けられ、優雅に整えられている。モードが銀のティーポットから上品な磁器のカップに茶を注ぐのを夫は心待ち顔で見ている。茶のお供に用意されているのはグリドルスコーンだ。

リーのジャムを塗り、ココナッツ風味のメレンゲをのせて焼いたもの）、パイクレット（クランペット）、アンザックビスケット、スコーン、サンテビスケット、ヨーヨー、ピーナッツブラウニー、レモンメレンゲパイ、マシュマロショートブレッド、ベルギービスケット、ホーキー・ポーキー・ビスケット。ほかにも、砂糖漬けのデーツでこしらえたデーツパン（やケーキにたっぷりバターを塗ったもの、ジンジャーキス（二枚のジンジャービスケットのあいだにクリームを挟んだもの）、ラミントン、テニスビスケットも人気だ。

オーストラリアと共通して好まれているニーニッシュタルトは、甘いゼラチン状のクリームが挟まれている菓子で半分ずつ二色の糖衣がかけられている。白と褐色、白とピンク、ピンクと褐色の組み合わせが多い。名前の由来は定かでなく、綴りもドイツ生まれを感じさせるnenischeとnienichなど、様々だ。最も広く知られているのが、オーストラリアのニュー・サウス・ウェールズの町グロングロンで一九一三年頃にルビー・ニーニッシュという人物によって最初に作られたとされる説だ。おそらくココアが不足していて、半分をチョコレート、残りに白い糖衣をかけたのだろう。〝アフガン〟クッキーの起源もやはり不明で、あらゆる推論がある。

テニスケーキは『エドモンズ・クッカリー・ブック』には取り上げられていないが、二十世紀の初めにはきわめて人気の高い菓子だったようだ。芝地でのテニスが考案され、十九世紀の終わりに女性たちにとりわけ広まったことから作られた、ヴィクトリア朝時代の軽いフルーツケーキだ。当初は丸かったものがテニスコートを模した長方形に変わった。飾りつけもごく小さなテニスコートを付けるなど凝ったものに進化した。一九一〇年十二月三十日付のワイララパ・デイリー・タイムズ紙に初期のレシピが掲載されていた。

テニスとティーは切り離せないもので、おいしいケーキはみなに喜ばれる。このレシピで作れば……テニス愛好家たちに喜ばれること請け合いだ。バター一ポンド（約四百五十四グラム）、キャスター糖一と四分の一ポンド（約五百六十八グラム）、卵十二個、小麦粉一と四分の一ポンド、アーモンドの粉末四分の三ポンド（約三百四十グラム）、スルタナ干しブドウ半ポンド（約二百二十七グラム）、カランツ四オンス（約百十三グラム）、果皮四オンス、カットしたチェリー四オンス、バニラエッセンス。バターと砂糖を混ぜ合わせ、卵を一度に二個ずつ入れ、最後にバニラエッセンスを加え、小麦粉、残りの細かく刻んだ果実と皮、チェリーを入れて混ぜる。ケーキにちょうどよい生地に練り合わせ、紙を敷いた型に入れ、中火で焼く。焼きあがって冷ましたら、アーモンドペーストをのせ、好みの色のフォンダン（クリーム状の糖衣）で飾りつける。このケーキとともに供するのにふさわしい茶はエンパイア・カンパニーの〝ドラゴン〟ブレンド……

◎戦争時代

茶とビスケットは戦争中の兵士たちを支えた。一九一六年から一七年にかけて西部戦線で戦ったニュージーランド人兵士ノーマン・グレイは、ある日の日記に一杯の茶とビスケットが疲れきった兵士たちに心なぐさめられる安息をもたらしたことを書き残している。

　雨が二日と半日も降りつづき、まだやむ気配はなかった。丘を登るときにはわれわれのほとんどがもはや力尽きかけていた。六時間も働きづめで疲れ果てていたうえに身体の芯まで濡れそぼり、それでも、ぬかるみかどこかの裂け目に足を取られて落ちないように最大限の注意を払いつづけていなければならなかった。どうにか登りきって兵舎にたどり着くと、ＹＭＣＡ（キリスト教青年会）の炊き出しに迎えられ、全員に一杯の茶と二袋のビスケットが配られた。[44]

第二次世界大戦中から戦後もしばらくは配給制がとられていた。週に一人あたりに配給される茶葉は二オンス（約五十七グラム）で、卵、バター、砂糖など菓子作りに欠かせない多くの材料も手に入りづらかった。クリームは正当な手段では入手できなかった。ティータイムのための菓子作りは至難の業となり、当時の多くの料理書には卵を使わないケーキやプディングの作り方が紹介されていた。

◎戦時中と戦後

一九三〇年代の大恐慌時代も試練の日々だったが、多くのケーキが作られつづけ、なかでもスポンジケーキが好まれていた。ヘレン・リーチによれば、大恐慌時代も給与や賃金を減らされなかった家庭は食品価格の下落の恩恵を受けていたし、庭のはずれに鶏小屋を置いていて卵を得られる家庭もまだ多かったという。さらに、ニュージーランド農民連合の婦人部が国民の料理書を〝ケーキ〟も含めて改訂し、そのなかで驚くほど多数のアフタヌーンティーにふさわしいレシピが紹介されていた。フルーツケーキが三十種、スポンジケーキと称されるものが十三種、シードケーキ、カーキケーキ、レディ・スミス・ケーキ、マーブルケーキ、マデイラ（こちらでの表記はMadiera）ケーキといった昔から人気の菓子を始め、ピンク・ココナッツ、サンドイッチ、パイナップルケーキ、ポテトキャラメルケーキまで幅広い種類のケーキを三十三種。チョコレートケーキも六種含まれていた。卵が容易に手に入らない人々のために、ジンジャーブレッド、クルミとデーツのケーキ、フルーツケーキ三種など、卵を使わないレシピも書かれている[45]。

一九五〇年は、ニュージーランドにとってさらなる繁栄への新たな半世紀の始まりとなった。配給制がようやく解かれ、Ｎｅｃｏ（ナショナル・エレクトリック・アンド・エンジニアリング・カンパニー）の電子焜炉、ケンウッドのフードミキサーなど新たな電化製品が店頭に並んだ。そうした料理器具の発達により、家庭での菓子作りも効率化され、菓子缶の補充も続けられた。けれども女性たちが続々と報酬を得られる仕事に就き、大量生産された多様なビスケットが市販されるにつれ、家庭で作られる菓子は減りはじめた。銀食器、上質な磁器、白いリネンを揃えて行なう、あらたまったアフタヌーンティーは廃れ、ディナー・パーティやビュッフェ形式の夕食会が新時代の楽しみ方となった。

それでも誇り高く菓子作りを続けるニュージーランド人たちもいた。シビル・エクロイドは一九八〇年代にオークランドの義母の家で過ごしたティータイムを懐かしく振り返り、ケーキとビスケットの缶が空になることはまずなかったと綴っている。

〝エドグレッツ〟か〝ベル〟――どちらの紅茶にするかは好みで分かれるが、どちらを選ぶ人もより上質なものを飲んでいると自負している[46]――とともに供されるものはいろいろあるものの、ジョンの母親の家で茶に欠かせないのは、一～三ポンドのバターと言うまでもなく砂糖が使われたケーキとビスケットで、しかも毎週手作りされていた！ サンテ（チョコレートチップビスケット）、スコーン（乾燥デーツのスコーンがお気に入り）、ジンジャークランチやルイーズケーキなど数えきれないスライスケーキのほか、手作りできるありとあらゆるもの……バーバラは信じられないくらい種類豊富にこしらえて、菓子缶をけっして空にしないので、わたしたちがビスケットを店で買うことはほとんどなかった。

バターと砂糖を大量に使うのはもちろんのこと、ゴールデンシロップとコンデンスミルクもティータイムの多くのごちそうに欠かせないものだった。シビル・エクロイドは、干しブドウパンやキャロットケーキのほか、ロシア風ファッジ、キャラメルビスケット、キャラメルフィンガー、チョコレート・キャラメル・スクエアも懐かしく回想している[47]。

◎ティールーム

女性がみな菓子を焼きたがったわけではないし、誰もがうまくできるものでもなかった。ティールームへ好んで出かける人々もいて、まして十九世紀の女性たちにとってティールームは解放の象徴で、堂々と外で友人とおしゃべりをして、軽食で買い物の疲れを癒やせる場所でもあった。生活にあまり余裕のない人々には、ティールームへのお出かけが待ちに待った誕生日のご褒美だった。ティールームは百貨店の最上階に設けられることが多く、大きな鳥かごのようなエレベーターでそこへ上がるあいだに、白い手袋をした接客係が「次の階は、ご婦人、お嬢様、奥様方のお召し物売り場でございます」というように各階の売り場案内をしていた。ティールームはとてもあらたまった洒落た空間で、誰もが思い浮かべるのが、天井が高く、籐の家具や椰子の鉢植えがあり、白いテーブルクロスを掛けられたテーブルに糊の利いた黒と白の制服姿のウェートレスが銀製食器で給仕するという光景だった。茶とともに銀の段々式のスタンドでサンドイッチやスコーンやケーキが供された。

ニュージーランドで最古の百貨店カークカルディ&ステインズにも、とても洗練されたティールームがあった。カークカルディ&ステインズはもともとスコットランドと英国からやってきた若者ふたりが一八六三年にウェリントンのランブトンキーで創業した店だった。商売は繁盛し、一八九八年にこの首都で、華麗な正面玄関と、優雅な室内装飾、婦人用の化粧室、最大級のティールームを備えた百貨店に拡張された。ティールームは二階にあり、訪れた客はゴシックアーチ、壮観な両開きのガラス扉、グランドピアノの優雅な調べに迎えられた。ウェートレスは白い襟の黒のワンピースと白い帽子とエプロンを身につけていた。目当ては茶とケーキだけでなく、それよりもおそらくはゆったりとした時を過ごすために、多くの人々がこのティールームを訪れた。

開店してまださほど経たないうちに、思いがけない大事件が起こった。午後も半ばを過ぎ、ティールームはアフタヌーンティーを楽しむ客で賑わっていた。支配人のエレン・ディックが厨房から出てくると、来店していたアニー・マクウィリアムが四五口径の六連リボルバーを抜き、三度発砲した。エレンは厨房へ逃れようとして戸口を抜けたところで倒れ込んだ。さいわいにも二発は当たらず、もう一発は鯨骨のコルセットにはじかれ、軽い打撲と衝撃だけで免れた。身につけていたコルセットに救われたのだ。ティールームにいた客はみな逃げだした。マクウィリアム夫人は平然と階段を下りていき、百貨店の支配人とミスター・シド・カークカルディに銃を取り上げられた。そして「あら、お茶をくださいな、そのために来たのだから」と言ったと伝えられている[48]。この一件でティールームの人気が損なわれることはなかった。むしろ評判はさらに高まり、それまで以上に賑わった（しかし残念ながら、二〇一六年一月に閉店した）。

多くの百貨店がティールームを開いていた。茶文化の権威ウィリアム・ユーカースは一九三五年に「美しき布をまとった主たる建物には例外なくティールームがある」と書いている。その代表例として挙げられているのが、J・バランタイン百貨店のティールームや、オークランドのミルン&チョイス百貨店の最上階に設けられた〈チューダー・ティールーム〉だ。〈チューダー・ティールーム〉では、一人用、二人用、四人用というようにニッケルめっきのティーポットが供されるだけでなく、適量の茶葉を量って供給する機器を備え、適温で茶葉を浸出できる温水沸騰器も導入していた[49]。

ほかにも、クライストチャーチのビース百貨店は、屋上庭園、寄木張りの床に設えたオーケストラの演壇、銀の廻り縁を施した青緑色の壁と青銅のグリルのあるティールームで評判を得ていた。オークランドの百貨店ジョン・コーツは広々とした屋上にティールームを開き、その屋上庭園からオークランドの街とワイテマタ湾の息を呑むほどの絶景、遊園地を見渡せた。こちらのティールームは、モーニングティーと、長年使われていた広告の宣伝文句〝ジョン・コーツで会いましょう〟でひときわ高い名声を築いた。

ウェリントンのD・I・C百貨店には、街で最上との評判をとった洒落たティールームがあった。エリザベス女王とエディンバラ公が一九五四年にニュージーランドを訪問した際にも、ここで晩餐会が開かれた。

すべての女性にティールームで茶とケーキをのんびり味わう時間があったわけではない。多くの女性たちは店に雇われ、あるいは工場で、または使用人として働いていた。事業を興す女性も現れた。ミス・メディングスは、一九〇六年にクライストチャーチのニュージーランド万国博覧会場の一階で〈チェリー・ティールーム〉を成功させた人物として記録されている。そのティールームでは、茶とともに小さなケーキ、ブロックケーキ、スコーン、菓子パン、パイ、アイスクリームが供された。そこでの出店契約をまとめ、ミス・メディングスを陰ながら支援したのが、ニュージーランド初の女性弁護士であり、やり手のエセル・ベンジャミンだった。契約条項には「ティールームを魅力あるものにするためのあらゆる努力を惜しまず、顧客の勧誘には支出しない」と明記した。〝最高級バター〟を仕入れ、クルミ色のオーストリア製の籐椅子が百脚、取り揃えられた。クライストチャーチの茶葉の輸入卸売業者で、製茶販売の先駆者、フレッチャー・ハンフリーズ社から〝最高級茶〟を買い入れた。半年に及ぶ博覧会は歴史に残る催しとなり、その間、ミス・メディングスとエセル・ベンジャミンは茶とケーキを提供し、クリスマス時期には幸せを願うメッセージ入りの楔形《くさび》のハニコム（蜂の巣状の）タフィー（キャンディー）を付けた。博覧会の閉幕とともに〈チェリー・ティールーム〉も閉店した。[50]

アン・クレランドもまた、ティールーム産業の草創期に柔軟な発想で奮闘した女性だ。一九〇〇年に、ティールーム、牡蠣料理屋と食堂、パン工房を併設する〈コーヒー・パレス〉を借り受け、〈ACMカンパニー〉と改称した。事業は成功し、一九一一年には店舗と催事場からなる〈フェデラル・ティールーム〉もさらに借り受けた。どちらも店舗とパン工房と厨房を併設したティールームで、客足は絶えなかった。第一次世界大戦中に材料が手に入りづらくなり、やりくりを余儀なくされると、ＡＣＭは小さなティー・ローフ（パン）を作りはじめた。地元のパン製造業者はティールームへのサンドイッチ用のパンの納入を拒否して対抗した。ＡＣＭはそれにも屈せず、みずからパン製造会社を創業し、これもまた大成功を収めた。[51]

ロトルアの〈ブルー・バス・ティールーム〉も、ニュージーランドの由緒あるティールームだった。ロトルア・ブルー・バスの美しい装飾の正面玄関の上階にあり、片側に浴場を、反対側にガバメント・ガーデンのクロッケーやローンボウルズが行なわれる芝地を眺められた。ブルー・バスは国家観光開発計画により開かれた複合施設の一部だった。一九三一年に計画の第一段階が開園し、一九三三年に最終段階まで完成した。設計は、アメリカで学んでヨーロッパで経験を積み、伝統を打破した様式で評価を得ていた政府の建築家、ジョン・メイアが担当した。ブルー・バスは、ローマの左右対称の配置に、アール・デコの斬新な配色、スペインのミッション様式と地中海様式を組み合わせ、気品漂う一九三〇年代らしい魅惑的な建物に造り上げられた。[52]

ブルー・バスは人気を集め、プールにちょっと浸かってから上階でアフタヌーンティーを楽しめる場所としてすぐに人々のあいだに浸透した。優雅なティールームには、鉢植えと背もたれの高い椅子と四角い木製のテーブルが並び、きらめくグラスの下には糊の利いた美しい小さな布が敷かれていた。ティーは、花柄でベルト付きのプリンセスドレス（ワンピース）を着て白い靴を履いた給仕係（全部で四人）によって供された。そのうちのふたりが茶を淹れ、最上段にサンドイッチ、中段にジャムとクリーム付きのスコーン、最下段にパイクレット（クランペット）を盛りつけた三段式のケーキスタンドの用

▲1930年代の優雅なスペインの建築様式も取り入れたアール・デコ調でロトルアに建てられたブルー・バス。

意を担当していた。残りのふたりが、最上段にケーキスタンド、下段にカップとソーサーとティーポットをのせたワゴンを運んできて、ほとんどが旅行者の客にアフタヌーンティーを供した。ティーポットと砂糖壺はクロムめっきのものが用いられた。料金は、茶とクリームケーキとジャムタルトで九ペンス、茶とサンドイッチで一シリングだった。[53]

第二次世界大戦中の一九四〇年にティールームはニュージーランド空軍の歯科部隊に徴用され、プールも一部が閉鎖された。空軍の撤収後、アイヴィー・ドーソンがティールームを再建してまた開店し、一九四六年にコニーとロイのハガート夫妻に引き継がれた。戦争が終わり、誰もがそれを喜び、ティールームは絶頂期を迎えた。テーブルは昔のままで、鉢植えの椰子の木もあり、紺碧色のカーテンもまだ掛かっていた。小さなクロムめっきのティーポットだけでなく、大量の注文に備えて大きな磁器のポットも備えられた。全部で八十ある席が埋まることも多かった。夏には十三人の給仕係が雇われ、もう制服はなかったが白いエプロン姿で働いた。ふたりの料理人が雇われて、プレーン、チョコレート、コーヒーのスポンジケーキや、ラミントン、シュークリーム、チョコレートエクレアをこしらえた。

コニー・ハガートがみずから作るレモンタルトも好評だった。夫とこのティールームを経営していた五年のあいだに、数多くのレモンタルトをこしらえた。[54]

時代は移り変わり、一九六〇年代末には有名だった浴場がかつてない赤字に転落し、一九八二年にティールームとともに閉鎖された。ブルー・バスは朽ち果てた。だが一九九九年、合弁事業者により、芝地に転換された大プールを除いて、かつての輝かしい建物が復元された。ティールームも再開した。訪れた客はまたテラゾ造りの階段、絶景、一九三〇年代の趣を楽しみながらアフタヌーンティーを味わえるようになった。[55]

特別な日には、ダニーディンのサヴォイホテルでも最上級のアフタヌーンティーを楽しめる。最盛期には、サヴォイホテルは街の社交生活の中心地だった。子供の頃にそこでステンドグラスの窓のそばに座り、あらゆる菓子がのったケーキスタンドから、なによりもバタフライケーキに手を伸ばして食べるのがいかに心浮き立つことだったのかを懐かしく憶えている人々は多い。南部遺産保護団体によって、アフタヌーンティーの慣習も復興されている。昔サヴォイホテルで使われていた磁器はもうないものの、銀製のティーポット、ミルク差し、砂糖壺は地下の埃まみれの箱からいくつか見つかり、取り戻された。ひと揃いの食器でピアノの演奏を聴きながら、あらたまったアフタヌーンティーがまた楽しめるようになり、時にはジャズバンドの演奏でティーダンスも行なわれている。[56]

近年のニュージーランドではカフェ文化が隆盛で、紅茶よりコーヒーが好まれている。スコーンとクリーム、キュウリのサンドイッチ、マフィンとカスタードスクエアといった伝統的なクリームティーを提供して一九九〇年代までとても人気の高かった多くのティールームが姿を消した。とはいえ、多くの新たなカフェが、アフガン、アンザックビスケット、キャロットケーキ、ラミントンなどを供するニュ

column

鉄道のティー

ニュージーランドの鉄道は昔からティールーム（鉄道駅に隣接するものは軽食堂《リフレッシュメント・ルーム》と呼ばれる）の揺るぎない支援者だ。最古のリフレッシュメント・ルームは蒸気機関車の全盛期に鉄道駅内に間借りして開かれた。蒸気機関車は給水のため定期的に停車しなければならず、乗客もそこで乗り降りしていた。駅は当初、トイレなど乗客に必要不可欠な設備を提供するところだった。[57] デイヴィッド・バートンは著書『ニュージーランド二百年の食と料理』（一九八二）で、一九六〇年代に茶が供されれば「ケーキとサンドイッチとパイを目当てにティールームに殺到することはなお続いていた」ことを〝鉄筋コンクリート・ティーカップ〟と呼んで回想している。

食堂車は一八九九年に導入された。そこでモーニングティーやアフタヌーンティーがパンとバター、ビスケット、サンドイッチとともに供されたが、費用がかかりすぎることがわかり、一九一七年に廃止された。[58]

ージーランド人の昔ながらのティータイムと呼ぶべきものを復活させている。

◎ハイティー

いまでもニュージーランドでは、一日で最も重きをおく食事は〝ティー〟とも呼ばれるが、近年は夕食と言われることのほうが多い。たいてい夕方にとっていたのが、しだいに遅く食べられるようになってきた。食事の形式や献立は家庭により様々ではあるものの、基本的には英国で〝ハイティー〟として知られるものとおおむね変わらない。各種のミートパイはとりわけ好まれている。ソーセージロールも人気だ。一から手作りする人々もいるだろうが、多くの家庭では半調理済みの材料を上手に活用している（袋入りスープや調理ソースなど）。フィッシュ・アンド・チップス、中華料理、ピザといった持ち帰り料理もますます普及している。それでもケーキはいまでもたいがい家庭で作られている。

南アフリカ

南アフリカは〝虹の国〟とも呼ばれるが、これは色彩の豊かさとともに、植民地化と移民の波に幾度も見舞われた末の民族の多様性を示している。十七世紀にオランダ東インド会社が喜望峰に拠点を置き、先住民と交易を始めた。フランスのカルヴィン派の新教徒や、ドイツ、オランダなどヨーロッパからの入植者たちは農場主として定住した。そうした移民たちとその子孫たちはのちにアフリカーナと呼ばれるようになり、農場や厨房で働かせるため東南アジアから奴隷労働者たちを連れてきた。こうしてやってきた人々がケープマレー人と呼ばれ、子孫とともにケープマレー料理の基礎を築いた。十九世紀の初めには喜望峰は英国に掌握されており、砂糖、バナナ、茶葉、コーヒーの農場で働く年季奉公者たちをインド各地から取り込んだことにより、さらに多様な人種が加わった。また十九世紀後半には、おもにインド西部のグジャラートから、ほとんどが商人や事業家の移民が押し寄せた。このような人々の融合によって、色とりどりの独創的な料理が生みだされた。スパイシーなカレーやケバブにケープマレー人やインド人の影響が見られるのは当然ながら、ヨーロッパからの初期の移民たちが持ち込んだ菓子作りの慣習もティータイムに供される様々な料理に見てとれる。

南アフリカの代表的なレシピを初めて収集したのがヒルダゴンダ・ダキットだ。ヒルダゴンダが作って教会の慈善市に出していた果物の砂糖漬けとチャツネ、さらには〝軽いケーキ〟は評判を呼んでいた。またブール戦争の傷病兵を招いて、茶とスコーンとケーキを振るまいもした。[59]著書『ヒルダの〝あのレシピはどこに？〟』は一八九一年に出版され、何度も版を重ねた。収載された菓子のレシピにも多様性が表れている。多種類のティービスケット、ショートブレッド、〝五時のティー〟のスコーン、オランダやドイツ生まれの数多くのタルトのほか、〝ヒルダの〟ジャンブル（薄いリング形のクッキー）、それにスートクッキー（これはアフリカの伝統的なスパイシーで噛みごたえのあるビスケット。〝ヴァン・デ・リエット夫人のとても古いオランダのレシピ〟とヒルダは表記している）などだ。

もうひとりのヒルダ、ヒルダ・ガーバーが編纂した『ケープマレーの伝統料理』（一九五七）にも、ティータイムのケーキやビスケットが豊富に収載されている。ガーバーはそのうちひとつを除いて、すべてヨーロッパから移住してきた人々が作りはじめたものだと記している。「パフペースト、ショートクラスト、スポンジは、ケープマレー人たちもヨーロッパじゅうの主婦たちと同じようにこしらえています」そのほかのレシピには、大小のアップルタルト（デザートには温かく、ティーには冷たく）、大小のココナッツタルト、ココナッツスクラップと呼ばれるココナッツビスケット（〝scrap《スクラップ》〟は、もともと薄い生地の菓子やカリカリに揚げたり焼いたりしたビスケットをcrepe《クレープ》と呼んでいたのが誤用されたものらしい）、カルダモンビスケット、バタービスケット、シュガービスケットがある。干しブドウパン、干しブドウタルト、スイートポテトケーキも紹介されている。クリームを挟んでシナモンで風味づけした甘いペストリークラスト、ミルクタルトも人気だ。ライトクリームケーキは焼いた二層の生地にジャム、バタークリームかホイップクリームを挟んだもので、マレー人は食べ物を鮮やかに彩るのが好きなので、上部は赤で下部は藤色にして糖衣は緑色にするなど華やかに飾りつける。ドンカークリームとは、暗い色のクリームケーキで、スポンジにココアが加えられている。ジャム、バタークリームかホイップクリームが挟まれていて、たいがい白か鮮やかなピンクの糖衣を添えて、さらにココナッツの粉末がたっぷりかけられる。

ケークシスター（またはケーズシスター）のレシピは三種類書かれている。クッキーを意味するオランダ語クーキェから名づけられた、たっぷりの油で揚げた菓子で、ドーナツにも少し似ている。シロップに浸けて食べると、外側はサクサクとしてしかも粘り気があり、内側はしっとりとしていて甘く、ティータイムにはうってつけのおやつだ。人気が高いのは、編み込み形のアフリカーナ式と、甘味よりも香辛料が利いていてココナッツがまぶされて捩じられたケープマレー式の二種だ。

ヒルダ・ガーバーは、大勢でのティーでは、ティーポットではなく、白いバケツで淹れるのが慣例だと解説している。

ウィット・エンメル（白いバケツ）でのティーの淹れ方

袋に茶葉を入れてバケツに落とし、必要な分量の沸騰水を注ぐ。適量の砂糖を加え、しっかりと色づいて浸出したら、袋を取りだす。適量のすりつぶしたカルダモンシードを加え、お好みで乾燥生姜も少し入れる。ミルクは茶葉の袋を取りだしてから加える。茶をカップに注いで飲む。

南アフリカに定住したインド人たちが、ティータイムを含めて食と文化に多大な影響を与えた。ズレイカ・マヤトが編集した『インドの喜び：女性の文化的集団によるレシピ集』（一九六一）には、〝茶とともに供する菓子〟の項目があり、バナナプーリ（薄く揚げたウエハースでバナナとは無関係）、グーラブ・ジャンブ（インド風ドーナツ）、ミタイ（バルフィ、ミタサモサ、ココナッツパーク、ラドゥー、ラスグラ入りラスマライなどの多種類の甘い菓子）、ナンカタイ（ショートブレッド）、そのほかにもアイスクリームを含め、甘いおやつが数多く紹介されている。〝ビュッフェ・ティー〟向けとされている献立には、食べごたえのある料理が並ぶ。チャナ・チャットプッティのアームリ（タマリンド）ソース添えは、チャナ（ヒヨコマメ）、白豆、トマト、タマネギ、ココナッツと、香辛料のターメリック、クミン、生姜、ニンニクで作られる。ほかにはミンスパイ（サモサ）、魚のコロッケ（香草、ニンニク、トウガラシで風味づけされている）、プーリ（インドの揚げパン）とともに食べる香ばしいパティのようなプーリ・パタスなどもある。南アフリカのパティは通常、ヤムイモの広葉で作られる。ヒヨコマメ粉、香辛料、タマリンドを混ぜ合わせたものを葉の上に広げて筒状に巻く。それを蒸す。冷めたら薄く切り分けて揚げ、プーリと一緒に食べる。ほかに〝ビュッフェ・ティー〟に勧められているのは、アチャール（漬物）、チャツネ、レモン、チェヴダ（ライスフレーク、パフライス、チャナダル、スプリットピー、ピーナッツ、タマネギの薄切り、青トウガラシ、ココナッツ、薄く切ったカシューナッツ、香辛料を合わせたもので、〝ティー・パーティの必需品〟とされている）、各種のミタイ（砂糖菓子）、アイスクリーム、スー

▲南アフリカのヘルツォギー。

ク・ムーク（ココナッツ、アーモンド、コリアンダーシード、ゴマの実、フェンネルで作る料理）。新鮮な果物のジュース、ソフトドリンク、そしてもちろん、茶が供される。

さらに南アフリカの菓子で有名なのがヘルツォギーだ。アプリコットジャムを挟んで、ココナッツのメレンゲをのせた軽いタルト菓子で、一九二四年から三九年まで首相を務めたヘルツウォーク将軍がティータイムに好んで食べたと言われていることから、その名が付けられた。ヘルツウォークはヤン・スマッツ将軍と敵対していたので、スマッツの支持者たちもすぐさまスマッツィーなる小さなタルトを考案した。こちらもアプリコットジャムが挟まれているが、ココナッツのメレンゲではなく、ケーキのようなものがのせられている。

もうひとつ、ティータイムに人気の南アフリカ生まれの菓子が、大手製造会社ベイカーズで作られているテニスビスケットだ。四角形で、サクッと口当たりが軽く、ココナッツ風味がする。当初はテニスラケットの頭部分の模様が大きく型押しされていた。ラケットが残るようにビスケットの外側から齧っていくのが子供たちに流行った食べ方だった。残念ながら、一九五二年にテニスラケットの型押しは取り除かれた。

南アフリカでも、世界各地と同じように、ティーへ出かける慣習が築かれた。ケープタウン、ダーバン、プレトリア、ヨハネスブルクなどの都市では、多くのホテルやティールームで多種多様なアフタヌーンティーやハイティーが供されている。ケープタウンのベルモント・マウント・ネルソン・ホテルでは、ミルクタルトなどの南アフリカ生まれの菓子のほか、スコーン、レモンタルト、キッシュ、サンドイッチが、好みの茶とともに味わえる。ダーバンの〈ジーラ〉ではインド風を好む人々向けに、ボンベイ・チャイやマサラ・チャイとともにローズマカロン、バルフィ・ショートブレッド、シナモン・エクレアのほか、スモークサーモン・ベーグルに、パニールとキュウリとクミンのサンドイッチなど、食べごたえのある料理も提供している。ヨハネスブルクの〈シルヴァー・ティースプーン〉では、ヴィクトリア様式のティーが楽しめるし、〈コンテッサ〉では茶の試飲や、ココナッツスノー、トロピカル・ブリーズ、マサラ・チャイなどのフレーバーティーも含む多種類の茶から好きなものを選んで、ハイティーを味わえる。

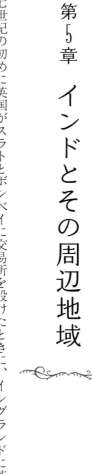

第5章 インドとその周辺地域

十七世紀の初めに英国がスラトとボンベイに交易所を設けたときに、イングランドに茶葉が到着するよりも先にインドの英国人たちのあいだで茶が飲まれるようになった。オランダの商人たちが中国の緑茶をスラトに持ち込んだ際にはまだ飲み薬だと考えられていた。一六三八年にスラトを訪れたホルシュタイン公国の宮廷に仕えていた紳士アルベルト・マンデルスロは、こう記している。「毎日、通常の会合では〝テ〟を飲み、これは胃を洗浄し、不要な体液を排出する薬として、インド諸島ではどこでもふつうに出されるもので……」[1]

一六八九年には、スラトで礼拝堂の牧師を務め、早くから茶を愛飲していたジョン・オヴィントン師がインドの旅行記『一六八九年スラトへの旅』に、インドではオランダの商人たちが「気晴らしに常備しているもので、ティーポットが火にかけられずに空いていることなどめったにないほどである」と記録している。当時ミルクは入れなかったが、砂糖はあらゆる香辛料とともに加えられることもあった。

けれども茶葉は高価で、一七七四年にはもう英国人たちは中国の独占市場を打破する方策を求め、インドで茶葉を栽培できないかと模索していた。そして北東部に茶葉の野生地を発見した。しかもその丘陵地に住む部族は茶葉を漬けたり発酵させたりして、ミヤンやラペッと呼ばれるものをこしらえていた。だが、インドの英国人たちに茶が本格的に飲まれはじめたのは、一八三〇年代にアッサムで茶畑が開発された十九世紀中頃以降のことだ。その後、一八六〇年代に、ヒマラヤ山脈のダージリン地域、南部のニルギリ丘陵、セイロン(現在のスリランカ)にも広がった。それから茶産業がインドに定着し、ようやく上質の茶葉を生産できるようになったのは、一八七〇年代に入ってからだった。

英国インド統治時代

十八世紀後半まで、英国からインドへ渡った女性はごく少なかった。男性優位の社会で、女性たちは補助的な役割を果たしていたにすぎない。当時の英国と統治下の地域間の交流はきわめて盛んだった。驚くほど多くの事業主たちがインドの生活様式や装いを取り入れた。香辛料の利いた地元の料理を食べ、インドの民族衣装をまとって、インドの商人たちと事業提携を結んだ。地元の女性と深い関係を持ち、結婚して子供をもうける人々もいた。

そうした親交は長くは続かなかった。ヴィクトリア時代の厳格な価値観がインドにも流入しただけでなく、ふたつの重大な出来事がすべてを変えた。ひとつは、セポイの反乱、第一次インド独立戦争または大反乱とも呼ばれる一八五七年の暴動だ。一八五八年にはインド統治法が制定され、東インド会社による支配は終わり、ラージ(ヒンディー語で統治を意味する)、すなわちインド統治時代と呼ばれる時代が訪れた。この間には、人種と宗教により厳しく管理された境界を超えて友情や婚姻関係を結ぶことはまれだった。

もうひとつの出来事は、一八六九年のスエズ運河の開通だ。蒸気船で喜望峰をまわって三カ月から四

▲19世紀の精緻な装飾が施されたインドの銀製ティーポット。

カ月かかっていた旅路が、三、四週間にまで短縮された。男性たちが英国に戻りやすくなっただけでなく、妻や子供たちもインドに同行しやすくなった。男性たちの姉妹やおば、独り身の女性たちもインドへ旅することができた。

英国の統治時代の最盛期には、行政官、軍人、事業家として多くの聡明な若者たちがインドへ渡った。英国では結婚適齢期の男たちが減り、若い女性たちも花婿を探そうとあとを追った。その多くは英国の学校を修了した令嬢や、親類や友人に呼び寄せられた娘たちだった。この社会現象は男釣り船団とも呼ばれ、若い女性たちはダンス、ティーダンス、パーティ、ピクニック、アフタヌーンティー、テニス大会、馬術競技などに忙殺される社交生活を楽しんだ。[2] 恋愛も急速に進展しやすく、多くの女性たちが花婿を見つけた（そうした人々は落胆してイングランドへ舞い戻って〝手ぶらで帰った〟などと不幸にも揶揄されずにすんだというわけだ）。ところが、新婚旅行から帰れば、男釣り船団で花婿を射止めた女性たちの生活は一変し、親しくつきあえるヨーロッパ人はごく少ない辺境地へと追いやられることも多かった。彼女たちが期待していたものとはかけ離れた暮らしだ。耐えがたいほどの暑さにたびたび見舞われ、多くの女性たちが退屈して、一日じゅう薄暗い部屋のなかでソファにぐったりと寝そべっていた。健康を取り戻すために英国へ帰らざるをえなかった女性たちも数多くいた。メアリー・フランシス・ビリントンは一八九五年に出版した『インドの女たち』でこう書いている。「暑く、退屈で、使用人たちになんでも頼める環境で、気力を奪われ、だらしなく怠惰になってしまわずにいられるのは相当に強い精神力の持ち主だけで……堕落の最初の兆候は、コルセットをつけなくなることで、その後は皺《しわ》くちゃのゆったりとした茶会服姿《ティーガウン》でだらだらしはじめる」

大勢の家事使用人をかかえ、薄汚れた屋外の厨房と不慣れな食材におののいている新参者の奥様方向けに、煩雑なインドの暮らしに適応する助けとなる家事と料理の本が数多く出版された。そうした本では、社会規範が複雑な現地での来客のもてなし方や、正式な晩餐だけでなくアフタヌーンティーの楽しみ方についても解説していた。多くの若い女性たちがみずから持ち込んだ英国の慣習が人気を呼んで、植民地の暮らしにも浸透していたのだ。

アフタヌーンティーはたいがい〝ティフィン〟より遅く夕方に供された（ティフィンとはインドのいくつかの地域で現地在住の英国人たちによって昼食を指して使われている言葉だが、昼間に、または夜食よりは早く午後にとる軽食を指すこともある）[3]。茶は現代の英国と同じように、ミルクと砂糖を入れて飲まれた（インドの砂糖はココナッツヤシの粗黒砂糖かナツメヤシの砂糖）。香辛料を加えて楽しむ人々もいた。そのほかにも、ベアトリス・ヴィエイラによる〝カッチー・ティー〟のレシピで示されているように、ミルクと砂糖のみならず、アーモンド、サゴ、カルダモンポッド（乾燥させた実）、ローズウォーターなどが加えられることもあった[4]。

ティー・パーティは、贅沢な晩餐会に代わる安上がりな娯楽と考えられていた。夏の社交シーズンには避暑地の庭園でアフタヌーンティー・パーティが開かれ、冬には平地に戻って楽しまれた。卵、鶏肉、トマト、クレソンやキュウリ（たぶんトウガラシを軽くまぶして）の伝統的な英国式のサンドイッチも作られたが、デリー・サンドイッチ（アンチョビとサーディンとチャツネを使ったカレー・サンドイッチとも言えるもの）など、インド料理も融合させた多国籍料理も生みだされた。効率重視のカーネル・ケニー＝ハーバートはサンドイッチについてこう助言している。

青野菜や高級バターをパンに塗り、刻んだサーディン、各種のピクルス、または鶏肉と舌肉、レタスの葉とマヨネーズソースを挟む。

缶詰肉はバター、胡椒、少量のマスタード、ちょっぴりのチャツネで味を調える。

ハムと牛肉のサンドイッチはマスタードでぴりっとさせるとよい。こってりとしたところにはバターがなじむ。

切りとったチーズはしっかりと崩し、新鮮なバターを少しと、調味したマスタードを小さじ一、黒胡椒を少々、塩、アンチョビを加えて、油分を拭きとり、もし濃すぎるようなら、バターは漉し器でいくらか落としてからよく混ぜ合わせ、ネパールペッパーを振りかけてから、パンに塗る。これで、サンドイッチの出来上がり。

……

アンチョビのフィレ（切り身）にオリーブの薄切りをのせ、固ゆでの卵をつぶしたものと混ぜ合わせ、バターを塗り、ネパールペッパーを軽く振りかければ、とても食べやすいサンドイッチになる[5]。

英国統治時代のケーキにもインドの食文化の影響が表れていて興味深い。地元の果物や香辛料を生かしたフルーツケーキは、インド風ジンジャーブレッドとも言うべきもので好まれた。バートリー夫人が著書『インド料理概説』（一九四六）に収載したソーサー・ケーキ（Saucy Kateと表記される）のレシピがまさしくその一例だ。

上質な小麦粉一ポンド（約四百五十四グラム）、粉砂糖三オンス（約八十五グラム）、塩少々、溶かしバター三オンスを混ぜ合わせ、牛乳を入れて生地をこしらえる。ココナッツ二個の白い部分を薄片に切り落とし、大さじ一のアーモンドの薄切り、スモモとカランツを大さじ二ずつ、半ポンド（約二百二十七グラム）の砂糖と、カルダモンの種子六個をつぶしたものを合わせる。生地をごく薄く伸ばし、ブリキの皿に広げ、果物の砂糖漬けを少し振りかけ、これを繰り返して、七層にする。ナイフで二インチ（約五センチ）間隔で十字に切り込みを入れていく。四オンス（約百十三グラム）のバターを表面全体にたっぷり塗る。きつね色になるまで焼く。

英国統治時代のインドではケーキやビスケットを焼くのは簡単なことではなかった。焜炉はきわめて簡素なもので、上質な小麦粉や良質のバター、酵母は不足していた。高品質の缶詰のバターやそのほかの食材はアーミー・アンド・ネイヴィー・ストアから取り寄せなければならないことも多かった。当時の料理書には、ジャガイモ、ホップ、バナナ、大麦、トディー（椰子の樹液）、モワと呼ばれる果実花など多様な材料を使った自家製酵母の作り方があふれている。[6]高地の風土も菓子作りをむずかしくしていた。そのような悪条件をものともせず、女主人や多くの奥様方が熱心に競い合って菓子作りに挑んだ。インドの多くの料理人がケーキ作りの腕前を高めていたのも助けになった。イゾベル・アボットも著書『インドの幕間』（一九六〇）で、次のように書いている。

▲1880年にロンドンの週刊新聞グラフィックに最初に掲載された線画。インドでアフタヌーンティーを楽しむ紳士淑女。

私たちがティー・パーティを開いたときにはいつでもバシールがその手腕をいかんなく発揮して、多彩なケーキ、スコーン、菓子パン、シュークリーム、砂糖菓子を見事に作りだした。

バシールのかまどは、焚火の上に灯油缶を置き、その上に燃えさしをいくつかのせて、温度を調節していた。適温を維持するためには熟練の技が必要だ。パーティが開かれる日には、バシールの厨房で想像を絶する光景が繰り広げられた。生地がだんだんと盛り上がってきて膨らみ、粗野なテーブルの片隅からあふれだし、反対側ではファッジが冷まされていて、テーブルの下で積み重ねられた新聞が羽根ペンのように丸められ、ピンクの糖衣が撥《は》ね飛んで天井に染みの模様を描きだす。それでも、厨房の椅子の上には必ず美しく糖衣で飾りつけられたレイヤー・ケーキが涼しげに鎮座

▲大尉のひとり、G・F・アトキンソンが1959年に著した、インドの〝われわれの駐屯地で〟の社交生活の回顧録にある挿絵『料理人の部屋』。

するのだった。卵の殻が土の床にサンザシの花びらのように砕け散り、材料を混ぜ合わせる器や、洗った皿、乾燥果実、床の真ん中にある大きな水ギセルを避けて通るのは至難の業だった。当初はその乱雑さに驚愕したが、焚火と厨房テーブルと椅子しかないのに、この程度で収まるのならと納得した。じつのところ、焚火はそのつど熾されて消されるので、目を擦《こす》りつつ咳き込む以外に私にできることは何ひとつなかった。[7]

アフタヌーンティーに供されるケーキは、ジムカーナケーキ、ティフィンケーキなど、インド風の名称が付けられていた。ティルフート・ティーケーキ、パンジャブの古都の名称を取ったフィロズプルケーキなど、地名もよく用いられた。フィロズプルケーキには、アーモンド、ピスタチオ、グリーンシトロン（ライム）が使われている。ヌルマハルケーキ（ヌルマハルはこのケーキの発祥の地として知られる）については、食物史家のデイヴィッド・バートンがこのように記述している。「三種のジヤムが詰め込まれ、真ん中にはカスタードがたっぷり挟まれ、卵白と砂糖の糖衣をまとった、呆れるほどに重層的な創造物だ」[8]。

果敢にもこのケーキを試してみたい方のために、E・S・ポインター著『何をどう用いるか』（一九〇四）からレシピをご紹介する。

ヌルマハルケーキ

スポンジケーキを一インチ（約二・五センチ）の厚みで楕円形に、少しずつ小さくして四枚に切り分ける。一番大きなスポンジにアプリコットジャムをたっぷり塗り、そこに二番目に大きいスポンジを重ね、別種のジャムを塗り、さらに小さいスポンジを重ね、またべつのジャムを塗り、一番小さなスポンジを重ねる。上から手で軽く押し、鋭利なナイフで真ん中を刳《く》り貫き、そこに濃厚なカスタードを押し込む。さらに二個ぶんの卵白をしっかりと泡立ててケーキの中心部に入れ、全体にもかけて、真ん中に高く盛り、ふるいにかけた砂糖をたっぷり鏤《ちりば》める。オーブンに入れて糖衣を密着させる。仕上げに、下のほうにも砂糖漬けを少しまわしつける。さらに糖衣をかけたり、まわしつけたり、飾りつけてもよい。

渦巻き形の菓子、クルクル（クラクラとも呼ばれる）もアフタヌーンティーに好んで食べられていた。いろいろな作り方があるが、だいたいセモリナ（または米粉や小麦粉）、ココナッツミルク、卵が使われる。ビー玉くらいに生地を丸めて、バターを付けたフォークを使って転がして形を整える。それをたっぷりの油で揚げてから、砂糖のシロップを塗りつける。

▲1880年代頃にインドで見られた、ハントレー・アンド・パーマーズのビスケットの宣伝用トレーディングカード。インダス川沿いの交易市場で英国人に人気のビスケットが象によって届けられている光景。よく見ると、ビスケットの箱にはそれぞれ、〝ブドワール〟〝クラブ〟〝アルバート〟〝スイス〟と銘柄が書かれている。

そのほかにバートリー夫人が著書に収載しているレシピには、アーモンドと砂糖のシロップ、風味づけのローズウォーターを使い、数滴のコチニールでピンク色に染めて作るダイヤモンド形のアーモンドロック(またはコーディール)がある。もうひとつ、マスパウと呼ばれるアーモンドの砂糖菓子(マジパン)も紹介している。

この時代には工場で製造されるビスケットもすでに入手できた。カーネル・ケニー=ハーバートは『甘い料理』(一八八四)に「ピーク社、フリーン社、ハントレー・アンド・パーマーズ社のおかげで、申しぶんのない良質な缶入りビスケットが難なく手に入る」と記している。だが、できれば手作りのほうが好ましいビスケットもあると続けて、コンヴェントビスケット、ココナッツロックビスケット、ジンジャービスケットなど数多くのビスケットのほか、七種のジンジャーブレッドのレシピも紹介している。[9]

インドに住む多くの英国人の奥様方が頼りにしたのが『インドの家事と料理大全』だ。一八八八年にフローラ・アニー・スティールとグレース・ガーディナーによって書かれたもので、何度も版を重ねた。どちらもインドまで航海した勇気ある女性で、インド高等文官と結婚して、家族で二十年以上も在住し、旅もした。この本は、厨房で働く人々の采配やパーティの催し方など、家事と植民地での生活のあらゆる側面について実用的な助言と指南を与え、インドで暮らす英国人女性たちにとても重宝された。テニスパーティは人気が高く、催す際の〝コツ〟をスティール夫人がいくつか伝授している。

> アフタヌーンティーに招くのならば、テニスパーティのほうが断然お勧めです。予算の限られた大部分の人々にこそふさわしい催しで、軽食の用意についてもコツがいくつかありますが、最近ではインドの何もかもが急速に西洋と同化しているので、なかでも大きな駐屯地には今後ティー、夕食といったものを一人当たり定額でこしらえる会社（スイスなどから）も進出するでしょう。

けれどもその利用についてやりくり上手のスティール夫人は、〝費用よりも手間を省く〟ものだと但し書きを付け、さらなる助言を与えている。

> ティーポットは少なくともふたつ用意し、それぞれに入れる茶葉は小さじ三杯までがよろしいでしょう。濃すぎて、あとから薄めなければならない茶ほど味気なく、無粋なものもございません。角砂糖とクリームは必需品です。牛乳は沸騰させてはいけません。暑い日は広口瓶に入れ、陶製の

> 水瓶に十二時間は浸けておきます。その水に炭酸塩やホウ酸をひとつまみ溶かしておくと、なおよいでしょう。

コーヒーも供された。暑い日には、クラレット（赤ワイン）、ホック（辛口白ワイン）、リンゴ酒など冷たい飲み物や、パンチが人気だった。喉の渇きを癒やすには、クラレットとホックをただ半凍結させただけのグラニートやソルベ、水を注いでこしらえるソーテルヌ（フランス産甘口ワイン）カップもとても好まれた。スティール夫人は次のように指南している。

> あまり濃くこしらえるのは失礼です。それよりも、タンブラーの四分の一量のしっかり冷やしたミルクにひと瓶の炭酸水を注げば、テニスティーにこのうえなくふさわしい飲み物となります。寒い日には、ジンジャー・ワイン、チェリー・ブランデー、ミルク・パンチといったリキュールがお勧めです。

さらに助言は続く。

> 食べ物については、素朴なパンとバターは必ず用意しておきたい定番料理です。ケーキがなくてもたいがいの人は気になさらないはずですが、やはり茶やコーヒーのお供に味わえるものがあると理想的です。黒パンとデヴォンシャー・クリームはとても喜ばれますし、焼きたてのバター付きスコーンに、卵や少しのクリームを添えるのもよいでしょう。テニスパーティ向きのケーキとボンボ

ンは数多あり、原則として選ぶ際の注意点はべたつくものや奇抜なものは避けることです。しっかりとしているように見えたケーキをひと口食べたら、リキュールやクリームがすてきなお召し物に垂れてしまっては残念です。

……

軽食のテーブルはきちんと整え、花で飾りつけましょう。刺繍入りの布と盛りつけ皿の配置を工夫し、たくさんのささやかなごちそうを引き立たせます。お客様の使い勝手を考えて、美しいクロスを掛けた小ぶりのテーブルも必ず周りにいくつか並べておいてください。小規模の駐屯地での一般的なテニスパーティでは、サザーランド（折りたたみ式）テーブルを二脚用意して、茶盆を置いておくとこのうえなく便利で喜ばれます。ひとつにコーヒー、もう片方に茶を用意しておけば、招待主の婦人が、または彼女が席を立っていれば客人たちがみずから、〝キトマトガー〟をわざわざ呼ばずとも、茶やコーヒーを淹れて飲めるというわけです。そうしたテーブルにはパンとバター、ケーキを並べるゆとりも空けておきましょう。

スティール夫人はサンドイッチがお好みではなかったらしく、パーティ指南をこのように締めくくっている。「イングランドではこのところ、アフタヌーンティーであらゆる種類のサンドイッチを供する方式が広がっているようですが、それでは夕食をおろそかにせざるをないので、美食家を自負する方々にはお勧めできません」

▲盆に茶器をのせて運ぶ『キトマトガー（給仕係）のアッバス・カーン』インド、アンバラの絵ハガキ、1905年頃。

column

キトマトガー

〝キトマトガー〟とは、インド在住の英国人がたいがいはイスラム教徒の使用人を指して呼んだ名称だった。使用人たちはみな凝った仕着せをまとっていた。キトマトガーの赤いカマーバンド（飾り腰帯）と高く巻かれたターバンはことに印象的な装いだった。ほとんどが多くの助手を従えていて、アフタヌーンティーやそのほかの食事のテーブルを周到に整えた。キトマトガーは給仕長として、茶、コーヒー、卵料理、ミルク、トースト、バターなどを運んで並べた。昼食とアフタヌーンティー（時間帯は不規則になりがちだった）のあいだは屋敷を離れられず、フローラ・アニー・スティールによれば、使われていない銀器磨きに追われていたという。

力仕事には事欠かなかった。〝キト〟は、いつもより早かろうか遅かろうが来客が到着すれば、すぐに茶を運ぶために近くに待機していなければならない。ベランダの木炭の火鉢にかけられたやかんの湯はつねに沸騰していて、求められれば、五分と経たずに機敏な使用人が盆にトーストやケーキなどを載せて現れる。それでも客の誰もがむだに居坐るわけではないし、ティーを勧められて考えなしに応じる者ばかりではなかった。

ミルドレッド・ワース・ピンカムは著書『インドのバンガロー』（一九二八）で、前庭の芝地に立つマンゴーの木の下で開かれたパーティで、招かれていない客がごちそうに目を引かれる光景を記述している。

なんともそそられる焼き菓子が登場した――ジョアンが目にすることなど夢にも思わなかった創造物だ。万事穏やかに進んでいたところで、給仕長も予期していなかった出来事が起こった。招待主である奥方と客人たちが茶を飲んでいると、巨大なハゲワシがテーブルに舞い降りて、ココナッツの糖衣をまとったおいしそうなタルトをつかんで、遠くの木へ持ち去ったのである。

〝下級武官〟と称する人物は著書『駐屯地に住む人々のための料理』(一八九〇)で、〝プレジデンシー(英国統治時代の三大地域を指す)ケーキ〟と呼ばれたタルトのレシピを紹介している。

大きなココナッツを皮まですりつぶし、一カップの砂糖を少々の水で溶かし、そこにココナッツを加えて、かき混ぜながら煮詰める。これを冷ましてから、卵四個ぶんの黄身を加えてしっかり泡立て、平鍋で薄い生地に焼く。温めても冷やしても、おいしく食べられる。

馬術といったほかの運動競技の催しや、慈善パーティ(二度の世界大戦中は数多く開かれた)でも茶は供され、野外テントではたいがいストロベリー・クリームが呼び物となった。

耐えがたい暑さに見舞われ、競技どころか、身体を動かすのも不快な時期には、多くの人々がより涼しい丘陵の駐屯地へ避暑に訪れた。マハバレシュワルなどでは一日じゅうゴルフをして、ティーにはストロベリー・クリームを味わっていたことが次の詩でも描出されている。

マハバレシュワルの淑女たち

茶のお供はストロベリー
そのうえクリームと砂糖も
惜しみなく加える
ところが、プーナはどうか！　ああ、プーナでは
淑女たちの胸も張り裂けるというものよ
バターが溶けだせば
飛ぶ虫らにケーキを食われてしまう

ピクニック・パーティも人気で、以下にご紹介する十二人ぶんのピクニックティーの献立からもわかるように、とても手が込んでいた。
フードライターのジェニファー・ブレナンは、著書『カレーとガラス玉』（一九九二）で、一九四〇年代にインドで過ごした子供時代の優雅なティータイムを回想している。

　夕陽がベランダの支柱に太い横線を、コンクリートの床に置かれたイグサの敷物に縞模様を描きだす。レースで覆われたティーワゴンの上にのった銀製のティーポットと湯差しも輝いている。庭からは水を撒かれたばかりの草の匂いとカーネーションの濃厚な芳香が漂ってくる……サンドイッチは小さなナプキンを敷いた皿に召使によってきっちりと幾何学的に積み重ねて盛りつけられていた。ケーキとスコーンは銀製の段々式のケーキスタンドにのせられている。母がカップに少しのミルクを注ごうと、ミルク差しにかぶされた網織物を取ると、その布を縁どる小さな青いガラス玉が

涼やかな音を鳴らした。[11]

パット・チャップマンは『英国統治時代のインドの味』（一九九七）で、祖母の料理書から学んだことを紹介している。焼きたてパンを売る男〝ロティワラ〟が現れなかった場合に昔から作られていた食べごたえのあるビスケット、ファンシー・ナンシー（ナンシーが誰なのかは言及されていない）の作り方も示されている。チャップマンによれば、ロティワラとは、焼きたての英国パンとビスケットを入れた大きなブリキの箱を頭にのせて届けていた男たちなのだという。「特別なごちそうとしてことに好ま

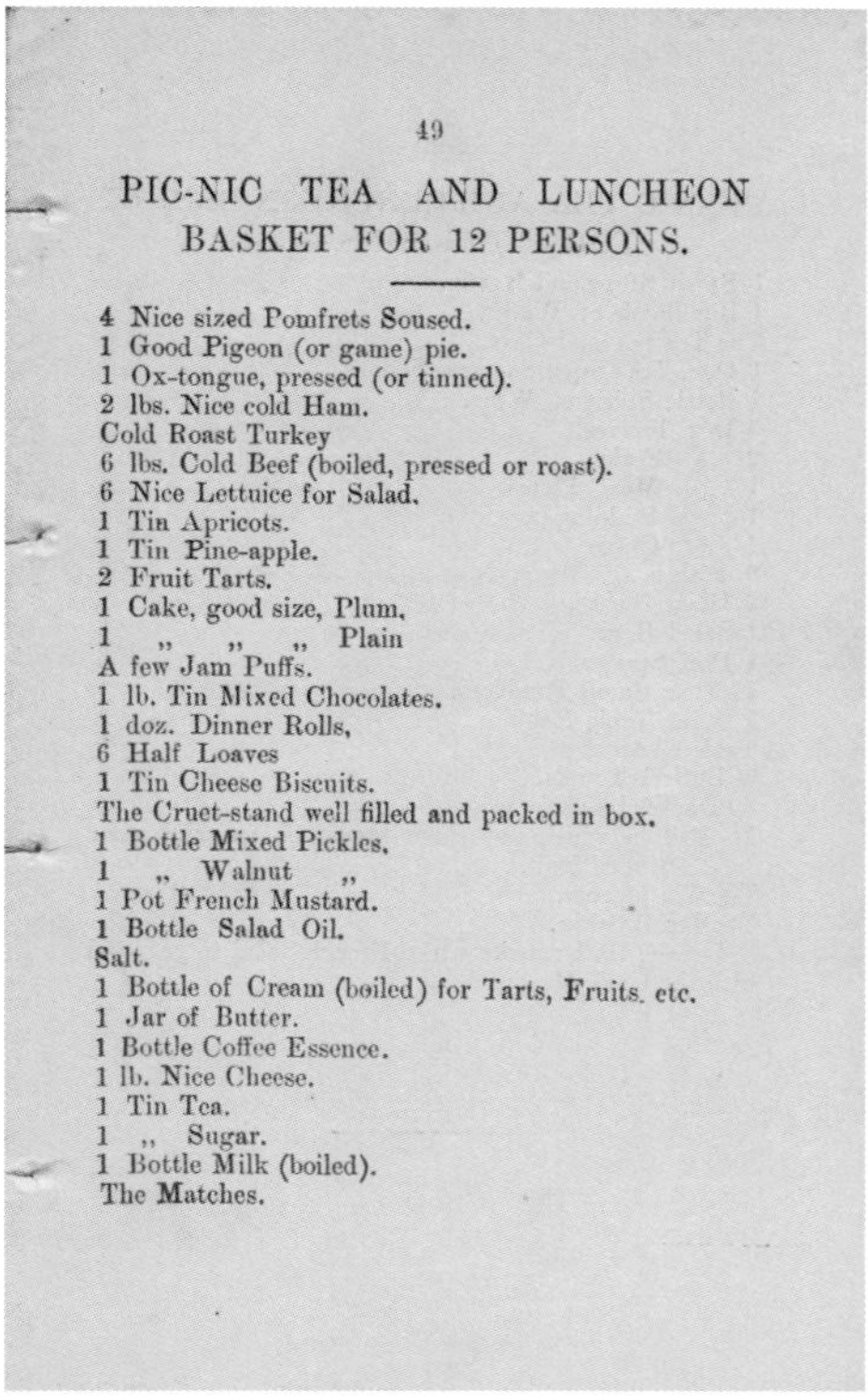

49

PIC-NIC TEA AND LUNCHEON BASKET FOR 12 PERSONS.

4 Nice sized Pomfrets Soused.
1 Good Pigeon (or game) pie.
1 Ox-tongue, pressed (or tinned).
2 lbs. Nice cold Ham.
Cold Roast Turkey
6 lbs. Cold Beef (boiled, pressed or roast).
6 Nice Lettuice for Salad.
1 Tin Apricots.
1 Tin Pine-apple.
2 Fruit Tarts.
1 Cake, good size, Plum.
1 ,, ,, ,, Plain
A few Jam Puffs.
1 lb. Tin Mixed Chocolates.
1 doz. Dinner Rolls.
6 Half Loaves
1 Tin Cheese Biscuits.
The Cruet-stand well filled and packed in box.
1 Bottle Mixed Pickles.
1 ,, Walnut ,,
1 Pot French Mustard.
1 Bottle Salad Oil.
Salt.
1 Bottle of Cream (boiled) for Tarts, Fruits. etc.
1 Jar of Butter.
1 Bottle Coffee Essence.
1 lb. Nice Cheese.
1 Tin Tea.
1 ,, Sugar.
1 Bottle Milk (boiled).
The Matches.

▲コンスタンス・エヴェリン・ゴードンの『食事の書：インド在住英国人の料理』（1904）に収載されているピクニックティー・バスケットの献立。

れた。一日に二回入手できる牛乳は、使うまえに必ず沸騰させ、冷まして、濃厚なクリームをこしらえた。そのクリームは子供たちがティータイムに代わるがわるパンに塗り、ジャムもたっぷりのせて食べた」同じようにジャムやバターを塗り、砂糖をまぶして食べられていたのが、地元のパン、チャパティだ。チャップマンは英国統治時代のインドのアフタヌーンティーに一般に供されていたものとして、ブラウン・ジョージ（バターとともに温かいまま、または冷やして食べられるスパイシーなビスケット）、シナモントーストのレシピも紹介している。[12]

クラブティー

十九世紀の初めには昼夜をおかず気軽に訪ねるといった行動様式は途絶え、酒場やコーヒーハウスも流行らなくなっていた。一八三五年以降の一時期に、アメリカからの船で輸入された氷によって、そうした停滞していた商売が息を吹き返し、コーヒーハウスで供される氷とシェリーのコブラー（果物で風味づけした甘く冷たい飲み物）が大流行した。いっぽうでこの頃に紳士のクラブが次々に作られた。カルカッタ（現在のコルカタ）、ボンベイ、デリーのほか、丘陵の駐屯地でも、十九世紀半ばにイングランドで誕生していたのと同様の会員制のクラブが設けられていたのだ。インドで最初に作られたのが、一八二七年にカルカッタにできた〈ベンガル・クラブ〉だ。二番目に古い歴史を持つのが、マドラスに一八三二年に開設された〈マドラス・クラブ〉、さらに一八三三年にはボンベイに〈バイキュラ・クラブ〉が作られた。中心部から離れた駐屯地に紳士のクラブができはじめたのはインドの大反乱後のことだ。デリーではいくらか遅れて、一九一三年に〈ジムカーナ・クラブ〉が設立された。茶園経営者たちもダージリンに〈ダージリン・クラブ〉、ムンナルに〈ハイ・レンジ・クラブ〉というように、紳士のクラブを開いた。それらは英国人の高官たちが集まる場所で、当初は商人やインド人の入会は認められていなかった。役人たちに安らぎと娯楽を提供し、その家族が楽しめる催しも行なった。社交生活の拠点となっていた。入会資格を持たず、おおやけの参加者名簿には記入されていなかった女性たちがじつは、そうしたクラブから最も恩恵を受けていた。というのも、それまで会合は周辺地域内の円形広間で、晩に開かれるものだったからだ。

アフタヌーンティーは、羽目板張りの部屋や、庇《ひさし》のあるベランダや、手入れの行き届いた芝地で供された。茶とともに出されたのは、クラブ・サンドイッチ、ニンニク、青トウガラシ、粉チーズなどをのせて焼いたトースト、それにもちろん、スパイシーなパコーラー、サモサ、英国風ケーキなど、インド在住英国人たちのごちそうの定番だった。[13]

クラブはおもに競技場（クリケット、長槍で杭を抜く騎馬術、馬術競技、テニスなど）、バー、食堂から構成されていた。スポーツ競技のあとには多くのパーティが開かれた。ジェニファー・ブレナンによれば、「大規模なものや、重要な催しでは、ラホールのネドウ、フィレッティ、ラランから仕出しを頼んでいたが、一般の催しの軽食は、会員たちの負担でそれぞれの家庭が腕を振るって様々な料理が供された」。用意されたのは「ブリッジ大会の小さなサンドイッチからフルーツカップやパンチも揃えた充実したビュッフェまで」多岐に及んだ。[14]〈サルゴーダ・クラブ〉のテニス大会では、濃いインドの茶を使ったパンチも供された。

アングロ・インディアンのティータイム

十九世紀初めから中頃まで〝アングロ・インディアン〟はインド在住の英国人の呼び名だったが、その後、英国人男性とインド人女性のあいだに生まれた、婚外子も含めた子孫を指す呼称となった。そのほとんどが様々な宗派のキリスト教徒で、英語を話し、ヨーロッパ式の装いで、コミュニティ内の相手と結婚した。英国やポルトガルの食事と同様に、周辺地域の調理法が混在した独特な料理文化が生みだされた。第一次全インド料理とも称された。アフタヌーンティーは重要な慣習のひとつで、英国統治時代の英国人奥様方の茶の飲み方を取り入れ、両世界のよいところが上手に生かされていた。シードケーキ、テレグラムケーキ（手早く焼けることからそう呼ばれるようになったらしい）、ココナッツケーキ、トリクル（糖蜜）バン、ティーケーキ、ホットスコーン、レモンケーキ、サンドイッチなどとともに、サモサ、パコーラー、セヴ・ガティア（ヒヨコマメ粉から作る食べごたえのあるおやつ）などスパイシーなインドの菓子も供された。クリスマスはとても重要な祝祭なので、クリスマスケーキ、クルクル、ローズ（ローザ）クッキーなど、特別なケーキやビスケット、繊細で歯ごたえのよい甘い揚げ菓子が作られる。

英国統治時代後のティー

インドの茶を飲む慣習はそこに居住した英国人たちの生活様式と深く結びついているものの、一般の人々に広まるまでには長い時を要した。当初はなにしろ価格が高すぎた。販売のための宣伝活動は行なわれていたが、第一次世界大戦を機にようやくその効果が見えはじめた。工場、炭鉱、綿紡績工場に茶売店ができて、それ以上に重要なのは、労働者たちにお茶休憩が許されたことだった。茶協会がインド鉄道にやかんとカップと袋入りの茶葉を置く小さな事業所を配備し、主要な鉄道駅で販売を始めた。大きな街や都市にも茶を飲める店ができはじめたが、一般に広く飲まれるようになったのは一九五〇年代からだ。現在のインドでは日常的に茶が飲まれている。鉄道駅、バスの停留所、商店街、オフィス街に茶を飲める場所があり、〝チャイワラ〟がだいたいミルクと砂糖が入った茶を淹れて、クラーと呼ばれる〝使い捨て〟の粘土のカップで渡してくれる。

この〝鉄道ティー〟がインドでは最も一般的な茶の飲み方だ。マサラ・チャイは香辛料を利かせた茶で、パンジャブ、ハリヤナなど、インド北部および中部ではとりわけ人気が高い。インド東部（西ベンガルとアッサム）の人々はだいたい香辛料は入れずに茶を飲む。サモサやベルプリなど、屋台で売られているおいしい揚げ物が茶のお供に好まれている。コルカタでティータイムに欠かせないおやつが、〝ムリワラ〟から購入できるジャルムリ（ベンガリベルとも呼ばれる）だ。〝ジャル〟とは〝熱い〟という意味で、〝ムリ〟はこのおいしいおやつに使われているポン菓子を指す。ほかにトマト、キュウリ、ヒヨコマメ、茹でて薄切りにしたジャガイモ、風味づけのコリアンダー、ココナッツチップ、青トウガラシなどの香辛料、塩、からし油、タマリンド水をすべて金属製の鍋に入れて混ぜ合わせ、食べるときまで新聞にくるんでおく。

家庭でも茶は飲まれている。インド在住の英国人には〝小さな朝食〟を意味する〝チョタ・ハズリ〟

と呼ばれる慣習があった。使用人たちは涼しい朝のうちに仕事をしたい雇用主のために、早朝にミルクと砂糖付きの茶と、おそらくは果物やビスケットも運んできた。本格的な朝食は九時か十時に用意された。〝チョタ・ハズリ〟は英国風に〝ベッド・ティー〟と呼称を変えて多くのインド人たちに引き継がれていて、夕方のおやつやアフタヌーンティーも、幅広い地域で子供たちが学校から帰ってきたときや大人が仕事から戻った際に大いに楽しまれている。そうした場では茶（子供たちにはグラスにミルクを入れて）と揚げ菓子の軽食や、英国式のティー・サンドイッチ、パコーラー、サモサなどの食べごたえのある揚げ物、西洋風ケーキや焼き菓子、さらにたいてい屋台で売られているインドの砂糖菓子など、より凝った茶会になることもある。西ベンガル、タミルナードゥ、ウッタルプラデーシュ、グジャラートといった地域でもとりわけ大事にされている慣習だ。

▲コルカタ（旧称カルカッタ）の売店に立つチャイワラ。

西ベンガルには、キュウリのサンドイッチ、ケーキ、さらに食べごたえのあるおやつ、英国式（香辛料を入れない）の茶を用意するアフタヌーンティーに、英国統治時代の名残が見てとれる。ベンガル人

▲ウッタル・プラデーシュ、ヴリンダーヴァンで菓子を売る店。

は甘党で知られ、ティータイムは種類豊富な菓子を楽しむ絶好の機会だ。こしらえるのに手間がかかる菓子はたいがい地元のモイラ（菓子職人）から購入する。サンデシュ、ラスグラ、パントゥア、ラスマライなど、ほとんどの菓子が砂糖と凝乳（チェナー）から作られている。ラディカニーという菓子も小麦粉、砂糖、凝乳を混ぜた生地を小さくしっかり丸めて、温かいシロップに浸けて揚げる。十九世紀半ばに当時の総督夫人、レディ・キャニングの誕生日に腕利きのモイラ、ビーム・チャンドラがこしらえたものだった。[15]

南インドでは、茶は長らくコーヒーに次ぐ二番手の飲み物だったが、アーンドラ・プラデーシュとタミルナードゥでは〝ティフィン〟と呼ばれる軽食で茶を飲むのがとても好まれている。英国統治下のインドで生まれたティフィン――次の食事までのあいだにとる軽食――はインド全域に広まり、なかでもムンバイでは至るところでいつでも（夜でも）楽しまれている。「昼食と夕食の隙間を埋める午後のおやつ、ティフィンなしでは一日を乗りきれない。マドラスの街の至るところで、移動式ワゴン、コーヒー店、菓子店、カフェでコーヒーと紅茶とともに菓子やおいしいおやつが売られている[16]」

タミル人の住まいを訪れると、もてなしとしてティフィンが供される風習がある。大切にされている歓待の儀式なので、断わるのはそのもてなしを不当だと返しているのも同然の無礼にあたる。そのため、訪問の際にはおやつを食べられる程度にお腹を空かせておいて、供されたものを味わわなくてはいけない。供されるのは、南インド名物の米粉と黒レンズマメで作る発酵パンケーキのドーサ（またはゾーサ）、ウプマ（セモリナと豆類から作るおやつ）、ムルック（ヒヨコマメと米粉で作る歯ごたえのある揚げ菓子で、その形状から〝ツイスト〟を意味するタミル語の名称が付いている。グジャラートで人気のチャカリ、またはチャクリなど様々に変化させたものがたくさんある）、さらに当然ながら、つねに好まれるサモサとパコーラーなどだ。とはいえ、招待主にもっと作らなければと感じさせてしまうので、出されたものをすべて完食する必要はない。

グジャラートとマハラシュトラのアフタヌーンティーでは、ファルサンというおいしいおやつも楽しまれている。屋台や店でも味わえるが、家で作られることが多い。いろいろな種類があり、揚げてから冷まして保存しておく場合もあれば、そのまま食べたり蒸したりするものもある。グジャラートを代表する料理ドークラは発酵米とヒヨコマメを蒸して作られる。ほかにも、チェヴダ（英国ではボンベイミ

▲紅茶とともに食べられているインドのおやつ、チヴァーダ（またはチェヴダ）。

ックスと呼ばれる）、ガティア（またはガンティア：香辛料で味つけしたヒヨコマメのペーストをたっぷりの油で揚げた、パリッとしたおやつ）、ファフダ（ヒヨコマメ粉で作る伝統的な歯ごたえのよいスパイシーなおやつ）、カンドヴィ（ヒヨコマメ粉、凝乳、香辛料を合わせてしっかり巻いて作り、ひと口大に切り分けて出される）、ラグダ（いろいろなもので風味づけして揚げたジャガイモのパティ）、ヴァダ（香辛料を利かせた様々な揚げ菓子の通称）、マトリ（ラジャスターンの名物で、香辛料の利いた薄いビスケット）、カークラ（マットビーンまたはモスビーン、小麦粉、油、香辛料で作る薄いクラッカー）、バカルワディ（生地にスパイシーな具を挟んで巻いて揚げたもの）、さらに、よく知られている人気のサモサとバージなどがあり、これらもほんの一部にすぎない。グジャラートは甘い菓子（ミタイ）が豊富なことで知られ、そうしたものがティータイムにも好んで食べられている。バルフィのように牛乳を主原料に使うものや、レンズマメを詰めたプーリやヒヨコマメ粉から作られるハルワのように豆類の菓子もある。

パールシーのティータイム

パールシーとは、八世紀から十世紀にイスラム教徒の侵略者たちによる宗教迫害から逃れるため、ペルシアからインドへ移動してグジャラートに落ち着いたゾロアスター教徒の人々とその子孫たちの呼び名だ。彼らはすぐにインドの暮らしに溶け込み、自分たちの文化と融合させて、ペルシアとインドとインド在住の英国人たちの要素を取り入れた独自の料理を育んできた。

パールシーのティータイムには、グジャラート、マハラシュトラ、ヨーロッパの料理と彼らの伝統料理が絶妙に組み合わさって、甘いものと香辛料の利いたものの両方が食べられている。ムンバイではとりわけ、パールシーの女性たちによるケーキ作りと販売が盛んだ。なかでも濃厚なショートブレッドビスケットのようなナンカタイはティータイムに好んで食べられていて、甘く、スパイシーな熱い紅茶（ガラム・マサラ・チャイ）に浸けて食べられることが多い[17]。

スラト、ナヴサリ、プネはビスケットで有名な街だ。スラトには塩味の利いた軽く薄いビスケット、カーリ・プル・ニ・ビスコットや、クミンで風味づけされていて甘くも塩辛くもできる、カリッとして丸いビスケット、バターサもある。ビークー・マネクショーの『パールシーの食と慣習』（一九九六）によれば、プネを訪れたら、有名なシュローズベリー・ジンジャーとバターのビスケットや、ジャガイモの細切りを揚げたものと乾燥ココナッツとナッツで作られたバタータ・チェヴダ（またはチヴダ）と呼ばれる塩辛いスナックを買って帰らなければもったいないそうだ。圧縮した米から作るチェヴダもある。そのほかに茶のお供に好まれているおやつは、グジャラートとマハラシュトラの代表的なヒヨコマメ粉の菓子、ガティア（ガンティアとも呼ばれる）、さらに、米のポン菓子、レンズマメを揚げたものと刻みタマネギを混ぜた生地を丸めて薄くカリッと揚げたベルプリは、パールシーの誰もがティータイムにとりわけ好んで食べている。バスケットに入れて作る小さな軟らかいチーズ、トプリ・ナ・パニールもパールシーのティータイムの代表的な食べ物だ。

砂糖漬けや甘い焼き菓子はティータイムに頻繁に供される。多くのパールシーが、ティータイムだけでなく一日じゅういつ来客があってももてなせるように甘いものを用意している。インドの砂糖菓子はおおむね作るのに手間がかかり、ハルヴァ（ベンガルではモイラ）と呼ばれる菓子職人が全土にいるので、菓子は家でこしらえるより購入されることのほうが多い。パールシーの代表的な甘い菓子は、アーモンドとカシューナッツでこしらえる、サクッとして歯ごたえのよい小さな丸いマカロンと、ペルシア生まれのバクラヴァと似ているものの、ピーナッツではなく薔薇風味のクリームを詰めてしっかり揚げてから砂糖シロップに浸けて食べるマライ・ナ・カジャだ。

家で作られるティータイムのおやつもある。パトレルはタロイモの葉に熱く甘酸っぱいペーストを詰めて巻き、揚げるか蒸す。酵母かトディー（ヤシの樹液）バターから作るポパジ[18]、バナナを使ったケルヴァイ（カルヴァイ）、セモリナやサツマイモから作るケルケリアなど、様々な種類の揚げ菓子も作られている。ほかにも、チャパットはカリッとしたパンケーキで、バークラはアーモンドとピスタチオを使って、カルダモンとナツメグとキャラウェイシードで軽く風味づけし、たいがいトディーも加えて作る小さな丸いケーキだ。米粉とトディーから作られるサドゥナも名物だ。甘い焼き菓子には、カルダモン風味のメティ・パプディ、レンズマメとナッツを詰めたダル・ニ・ポリ、デーツとアーモンド入りのカジュール・ニ・ガーリがある。ほかに、挽き割り小麦とナッツから作るハイゾ、ココナッツの粉を詰めた団子カマン・ナ・ラーバも、ティータイムの甘いおやつとして食べられている。ココナッツ水を入れてセモリナ粉で作るケーキ、クマも味わわれている。

手軽に食べられる丸菓子のバタタ・ヴァーダは、マッシュポテトに青トウガラシ、生姜、ニンニク、ライム果汁、ターメリック、コリアンダーの葉を合わせ、ベサン粉（ヒヨコマメを挽いた粉末）に絡めてしっかり揚げ、グリーンチャツネや揚げ青トウガラシとともに食べる。ほかにもセモリナ粉で作るおやつ、カルラヴォや、つぶして乾燥させた米で作るチョーラ、ライスクラッカーのサリアもある。

パールシーはグジャラートとマハラシュトラの料理も取り入れている。たとえばバジャは、ジャガイモとホウレンソウなど野菜を使って、衣をつけて揚げ、ミントや甘酸っぱいチャツネを添えて食べるパコーラーだ。サモサもティータイムには人気の一品だが、やはり当然ながら、ボンベイとハイデラバードにはパールシー流の作り方がある。野菜と仔羊の挽肉を詰めるのは同じだが、濃厚なモルネーソースなど、独自のあらゆる材料が加えられている。バタータ・プーリなど、詰め物をしたプーリはパールシーの食事では食べられず、たいがいティータイムのおやつとして楽しまれている。

イラニ（イラン式）・カフェ

十九世紀末から二十世紀の初めにかけて、ゾロアスター教徒移民の第二の波がペルシアからボンベイに押し寄せた。パールシーと同様にペルシアで宗教上の迫害を受けて、よりよい暮らしを求めてやってきたのだ。ペルシアの都市からではなく、ヤズドなど、より小規模の村の人々で裕福ではなかった。パールシーと同じように、イラニと呼ばれ、茶文化を含めて独自の食の伝統を持ち込み、インドの味と融合させた。イラニは商才に長けた人々で、すぐさま小さな露店でボンベイの労働者たちに気晴らしの茶と様々なスナックを売ることに商機を見いだした。露店商たちはのちに店を構え、イラニ・カフェと呼ばれるようになった。たいがい街角に開かれた。というのも、商売敵のヒンドゥー教徒には街角に店を開くのは不吉だとの迷信があったからなのだが、おかげでふたつの通りに面しているので自然光に恵まれ、往来の客の目につきやすいのがかえって大きな強みとなった。大理石の天板のテーブルに、曲げ木の椅子が揃えられているのが特徴だ。壁にはほぼ必ずゾロアスターの肖像画と全身を映せる鏡が掛かっ

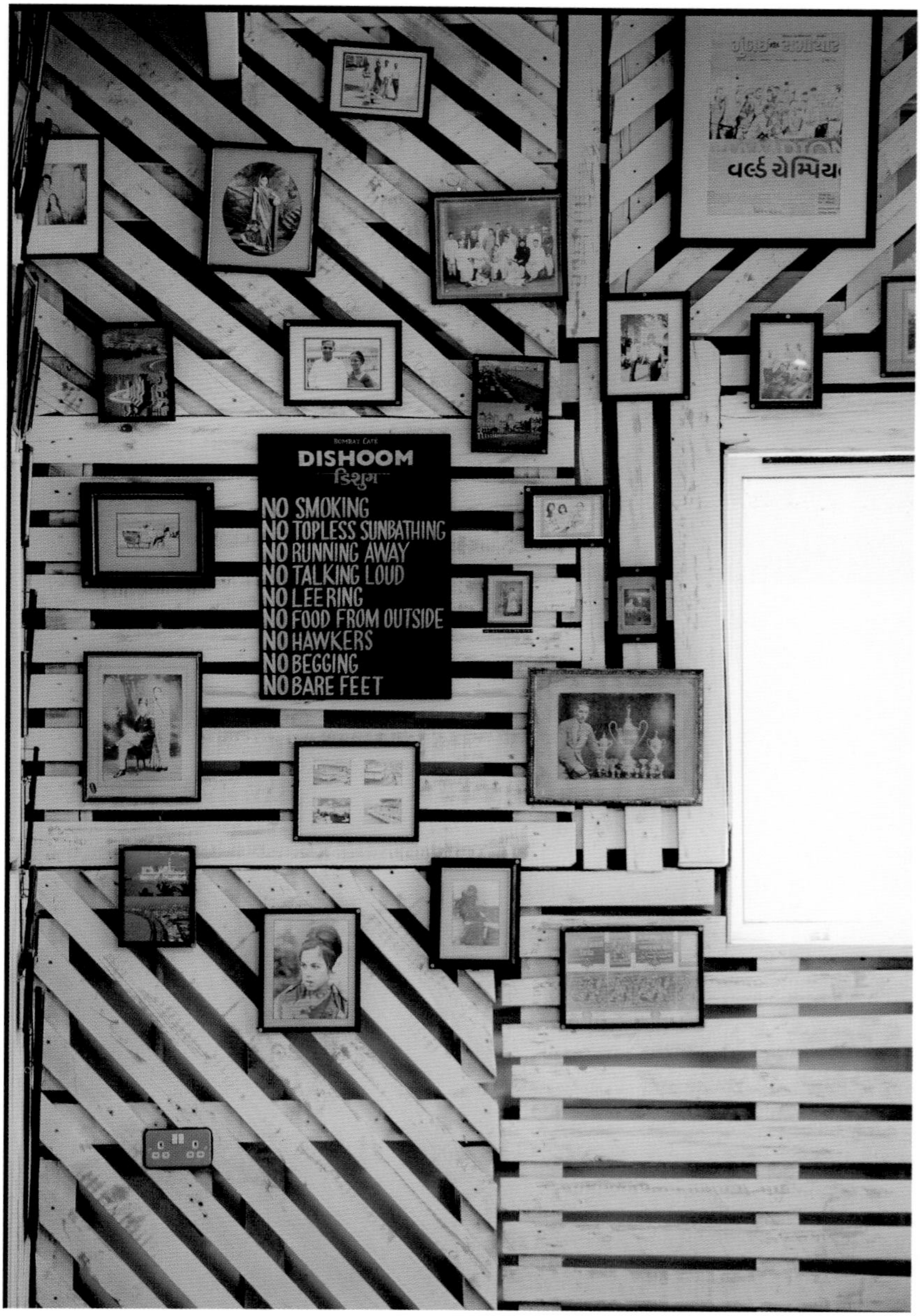

▲ロンドンのイラニ・カフェ〈ディシューム〉の掲示板。

▲サウスムンバイのフォートにある最古のイラニ・カフェ〈キャーニ〉でパーニ・クム・チャイとブルン・マスカを味わう男性。

ている。[19] さらに壁や、奥の手洗い所には、次のような懇切丁寧な〝約束事〟が掲げられているだろう。〝禁煙、諍《いさか》い禁止。大声で話さない。唾吐き禁止。取引、不正行為禁止。賭け事、調髪禁止〟。

メニューはごく簡単なもののみだが、イラニ・カフェは新聞を読んだり世の中の情報を仕入れたりする場でもある。ミルク入りの甘く濃い紅茶、パーニ・クム・チャイ、だいたい茶とともに食べられるブルン・マスカが広く知られている。ブルンやグティ・パオは、外側がパリッと硬いパイ生地でなかが軟らかいムンバイ特有のパンだ。薄く切ってマスカ（バター）をたっぷり塗る。砂糖をまぶす場合もある。そして、茶に浸して食べる。オスマニア、ナンカタイ、カーリなど甘味や塩味のビスケットも、マワなどのケーキとともに供されている。マワとは、コア（濃縮乳）で作るカルダモン風味の小さなバターケーキだ。さらに、香辛料の利いた挽肉で作るキーマなどの辛いスナックや、アコーリ（スパイシーなスクランブルエッグ）といったパールシー料理も広く知られるメニューだ。

イラニ・カフェはボンベイで人気を得て、ハイデラバードにも広まったが、残念ながら、一九五〇年代におよそ三百五十店あったカフェが現在ではわずか二十店ほどとなっている。〈キャーニ〉〈メルワン〉は再開されているようだ。

家の外でのアフタヌーンティー

茶と手軽なおやつを味わうイラニ・カフェとはべつに、インド各地の数多くのホテルやレストランで英国統治時代を彷彿とさせるアフタヌーンティーがいまも楽しまれている。代表的な例をいくつかご紹介しよう。

ヒマラヤ山脈東部の中心に位置する丘陵の行楽地ダージリンは、遠くに雪をまとった山脈を臨み、急斜面と青々とした渓谷に広がる茶樹の風景が絵画のように美しく、〝茶のシャンパン〟とも称されるマスカットワインにも似た繊細な風味の紅茶の原産地だ。その茶葉は一般に世界最上と評されている。ジェフ・クーラーは著書『ダージリン』（二〇一五）で、ウィンダミアホテルとエルジンホテルで供されるアフタヌーンティーについて雄弁に叙述している。ウィンダミアは、一八八〇年代に英国とスコットランドから単身でやってきた茶園経営者がくつろげる宿屋として建てられ、一九三九年にホテルに転換された。アフタヌーンティーは毎日午後四時きっかりから〈デイジーのミュージックルーム〉で供されている。

ウィンダミアのこの伝統は七十五年まえに英国式に倣って始まり、以来、わずかな変更を加えながら引き継がれてきた。レースの襞飾りの付いたエプロンドレスを着て白い手袋をした給仕係が銀製のポットから茶を注ぎ、マカロン、チェリーの砂糖漬け付きのブントケーキ、ふたつに割ってバターとクロテッドクリームが軟らかな表面にたっぷりと塗られたスコーンをのせた皿が運ばれてくる。銀の皿にきちんと重ねて盛りつけられているのは、キュウリとゆで卵やチーズが挟まれ、刃がぎざぎざの長いナイフでパンの耳を切りとられた小さな三角形のサンドイッチだ。

サンドイッチは、もともとクーチ・ベハールの藩王の夏の宮殿として建てられたエルジンホテルのアフタヌーンティーのメニューにもある。クーラーはこちらのホテルについても叙述している。

エッチングとリトグラフ、ビルマ時代に遡るチーク材の家具、オークの羽目板の床に彩られた居心地のよい空間で、赤いソファにはたっぷりとしたクッションが飾られ、冬には暖炉がパチパチと音を立て……エルジンのウェーターはレースの襞飾りはまとっていないがターバンを巻いた揃いの制服姿で、真珠が鏤められている重厚な木製の磨き上げられたサイドテーブルにアフタヌーンティーを準備する。うっすらと古色蒼然の光沢をまとったモノグラム入りのカップとソーサーと銀食器が並ぶなかに、優美な菓子皿が三本の金枠で固定されて環状の持ち手の付いた重たい茶盆（エドワード朝時代にはキュレートと呼ばれた）がウェーターによっておろされる。

さらにこう続けている。

ウィンダミアではスプーンすら不要なしっとりとしたスコーンとクロテッドクリームが供されるのに対し、エルジンでは選りすぐりの甘い菓子と料理に、タマネギと野菜やゆで卵で作られた揚げたてのパコーラー（フリッター）が付き、さらに、マーガレッツホープ、バラスン、プッタボン（トゥクバー）など、茶園ごとの上質なダージリン茶が揃えられていて、絶妙に香辛料が利いた芳しい極上のマサラ・チャイを味わえる。

コルカタ（旧称カルカッタ）はインドの文化と知の中心地とされている。対照的な側面を併せ持つ都市でもある。貧困にあえぐ人々がいるいっぽうで、裕福なベンガル人の上流層は英国統治時代の名残である紳士のクラブに通い、名店〈フルーリーズ〉のようなティールームに〝ティー〟へ出かける。〈フルーリーズ〉は一九二七年にJ・フルーリーズ夫妻によって創業され、すぐに幅広い年代の人々が集う人気の場所となった。豊かな英国人と余裕のあるインド人にとっては唯一のティールームだったので、スイスの伝統菓子と国際色豊かな菓子で名を馳せた。〈フルーリーズ〉は最近改装され、一九三〇年代の様式と装飾を取り戻し、異国情緒豊かなケーキ、クリームたっぷりの焼き菓子、スイスのチョコレートがなおメニューに揃えられている。同時に、シュークリームとパティ、マサラ・エッグ・スクランブルとベイクドビーンズをのせたトーストに刻んだトウガラシとタマネギの付け合わせでさらに辛味を加えるなど、東洋と西洋の融合が表れた料理も提供されている。茶も同様に、ダージリン、緑茶、アールグレイ、マサラ・ティー、レモンティー、アイスレモンティーなど西洋と東洋のものが混在している。[20]

かたや〈ドリーズ〉は、学生や買い物客に人気のこぢんまりとして古風なコルカタの象徴とも言える茶店で、茶箱がテーブルの天板に使われていて、チーク材の羽目板や籐椅子がある。食べ物も豊富で、シャリマティーとカシミールのカフワといった〝ドリーズのお勧め茶〟など、幅広い種類のホットティーとアイスティーを揃えている。[21] 食べ物も、キュウリやチーズなどのあっさりしたサンドイッチや、もっと凝ったクラブ・サンドイッチもある。どちらの場合にもパンをトーストすることができる。茶とともに甘いものを好む人々にはチョコレートケーキやオレンジケーキに、アイスクリームを付けることも可能だ。

ジャンムー・カシミール

インド北部からパキスタンに至るジャンムー・カシミールは、雪を頂く山脈と穏やかな湖の景色が美しい、紛争の絶えない地域でもあり、その茶文化は広く知られている。カシミールの人々は一日の始まりに茶を飲み、午後四時頃の食事でもまた飲む。カシミールには三種類の茶の飲み方がある。カフワは、ボンベイ・チャイ（かつてはボンベイから仕入れられていたが、いまはムンバイから届けられている）と呼ばれる緑茶から作られる人気の飲み方だ。サモワールで湯を沸かして茶を淹れるのが慣わしで〝コー〟と呼ばれる小さな金属のカップに注ぐ。砂糖や蜂蜜で甘みを、カルダモンと刻みアーモンドで風味を加える。カフワは結婚式と祝祭に供され、薔薇の花びらや地元のクロッカスの花から採れるサフランを鏤める。ダバル（ダブル、つまり二倍の意）チャイも緑茶から作られ、同じように砂糖で甘味を、カルダモンとアーモンドで風味をつけるが、ミルクも加える。シーア・チャイ（グラビ・チャイまたはヌーン・チャイとも呼ばれる）もまた人気だ。緑茶または烏龍茶を火にかけて浸出させ、塩、重曹、ミルクを加えると、濃厚で泡立った鮮やかなピンク色の飲み物になる。カルダモンで風味づけし、好みでピスタチオなどのナッツを添えてもよい。冬のあいだは多くの売店で購入できる。

茶とともに、あらゆる種類の平たい丸いパンがたいていパン屋（カンドゥール）で購入され、味わわれている。バカルカニ（ナンのような丸いパンだが生地を重ねてゴマがまぶされ、パリッとしている）や、クルチャ（表面にケシの実をのせた軽いパン）はちぎって、茶に浸して食べる。ドーナツ形で下側の皮がカリッとして軟らかくふくらんだクチョールも茶に浸して食べるパンだ。表面にゴマやケシの実が振りかけられている。なるべく温かいほうが望ましく、バターやジャムを塗ればさらにおいしい[22]。ゾット（ギルダとも呼ばれるロティの一種）や、パン種を入れないラヴァサなど日常的に食べられているパンでもバターやジャムを塗れば、牛乳と砂糖を混ぜてサフランで風味づけしてパン種を発酵させた薄いパンのシールマール（クリッペとも呼ばれる）と同じように、ティータイムにぴったりのスナックになる。シールマールはサフランを浸出させた温かい牛乳をちょっぴり塗りつけてほんのり焼き色をつけ、ゴマを振りかけてもいい。砂糖がたっぷり使われていて口のなかで溶けるカタイなど甘いクルチャもある。

▲カシミールのヌーン・チャイ（〝ピンクティー〟）はグラビ・チャイとも呼ばれる。

パキスタン

パキスタンでは緑茶と紅茶のどちらも広く好まれている。もともと英国統治時代に伝来して広まった紅茶は、たいがいミルクと砂糖も入れて飲む。地域ごとに好まれている風味や飲み方は様々だ。ムハージル（インドとパキスタンの分離独立の際にインドからパキスタンのスインド州に移住してきたイスラム教徒）の料理がしっかりと引き継がれているカラチでは、マサラ・チャイの人気が根強い。パンジャブでは、〝ミルクと茶葉〟と訳されるドゥード・パティ・チャイが好まれている。茶とミルクに砂糖を加えて沸かしたものが茶店で売られている。パシュトゥーン族が住む地域とバルーチスターンでは緑茶をカフワ、またはサブズチャイと呼び、チトラールの北部とギルギット地方では、バター入りの塩辛いチベット式の茶が多く飲まれている。朝食で、昼間の休憩時、晩に家でというように、一日のいつでも茶を飲む。ティータイムのおやつもインドとよく似ていて、ケーキ、甘いものも塩味のものも、あらゆる種類のビスケット（クルチャ）だけでなく、パコーラー、サモサ、スパイシーなポテトスティックのほか、たまにパーン（ビンロウの種子、時にはタバコも加えてキンマの葉で包んだ清涼剤で、噛んで吐きだすか飲み込む）も食べられている。

ハイティーはホテルやレストランで手軽なおやつも含めたビュッフェ式の食事として広く供され、クラブ・サンドイッチは国じゅうの多くのレストランの呼び物となっている。ラホール（二十世紀中頃に茶文化がとりわけ活況を呈した都市のひとつ）の〈パーク・ティー・ハウス〉はおそらく、ティータイムに供されるものよりむしろ、著名な芸術家や文学者たちが常連に名を連ねていることのほうでよく知られているかもしれない。

バングラデシュ

バングラデシュは茶の主要な生産国だ。だが、二〇〇二年には世界有数の輸出国だったものの、現在では国内需要の増加と生産量の停滞により、どの茶についても輸出しづらい状況だ。バングラデシュの茶産業の歴史は、一八四〇年にヨーロッパの貿易商たちが港湾都市チッタゴンに茶園を開拓した頃に遡る。商業栽培は一八五〇年代中頃に、シレットにマルニチェラ茶園が開かれたのが始まりで、シレット地域は茶栽培の中心地として栄えた。

バングラデシュの人々は茶を飲む民族だ。国のどこでも見られる小さな茶屋台で、たいがいはおやつとともに味わわれている。茶にはコンデンスミルクと砂糖を入れるのが一般的だ。スリーマンガルホテルの屋外にある〈ニルカンサ・ティー・キャビン〉では、有名な七層の茶が供されている。作り方は非公開だが、三種の紅茶と緑茶が使われているのは間違いない。そのほかの層は、コンデンスミルクとシナモンやクローブなどの香辛料、ちょっぴりのレモンと少しのアサフェティダ（阿魏）から生みだされている。

ティータイムには甘い菓子が特に人気だ。首都ダッカは西ベンガルに近く、コルカタと同じように、サンデシュ、ロソガラ、ピッチャスなどの小さなケーキを米粉やコアと呼ばれる濃縮乳、ジャッガリー（ココナッツヤシの樹液から採る粗黒砂糖）を材料に揚げたり蒸したりしてこしらえる菓子職人たち、モイラがいることで知られている。

スリランカ

スリランカ（旧称セイロン）はインド半島からわずか五十キロほどの熱帯の島国で、上質な茶の代名詞でもあるセイロン茶を生産している。しかしけれども一八六九年にコーヒー農園がコーヒーさび病菌（Hemileia vastatrix）に襲われてその産業が壊滅するまで、国の主な農産物はコーヒーだった。コーヒー栽培のため一八五二年に島にやってきていた冒険心に富むスコットランド人、ジェイムズ・テーラーがルールコンデラ農園の所有者たちから白羽の矢を立てられ、一八六七年に十九エーカーの土地に茶種を植えつける実験に挑んだ。テーラーの開拓精神とたゆまぬ努力が国家的な茶産業の成功に大きく貢献した。

一八七〇年代から八〇年代に茶産業は急速に拡大し、英国の大企業の関心を引き、小さな茶園の多くが譲渡された。一八九〇年には、かのトーマス・リプトンが四農園を買収した。貧しいアイルランド移民の息子でグラスゴーの貧民街で育ったリプトンは食料品とともに茶葉も売り、事業家として大成功を収めた。スリランカでは、茶葉を梱包して仲買人を通さずに安価でヨーロッパやアメリカ合衆国へ出荷した。リプトンこそ、茶葉を鮮やかな色の袋に詰めて、〝茶農園から直接ティーポットへ〟といった気の利いた宣伝文句を付けて売りだした最初の人物だった。

スリランカでは、クリスマスや誕生日などの集まりや祝い事には必ず茶とともに、地元のケーキとポルトガル、オランダ、英国の伝統を引き継ぐ甘い菓子で来客をもてなす（スリランカはポルトガル、オランダ、英国から相次いで植民地統治され、料理にはすべての国の痕跡が見てとれる）。レシピは代々受け継がれている。ケーキ、タルト、ビスケット（クッキー）など、小麦粉と砂糖と卵で作られる焼き菓子にはヨーロッパの影響が表れているし、ココナッツ、米、椰子の葉を使う郷土菓子には植民地時代以前の伝統が受け継がれている。[23]

おそらくスリランカで最も人気のあるケーキは伝統的に誕生日に味わわれているラブケーキだろう。この変わった名称の由来については定かでない。わかっているのは十五世紀にポルトガル人によって伝えられたものらしいということだけだ。昔ながらの作り方では、プフル・ドーシと呼ばれるカボチャの砂糖煮のようなものが使われ、これはポルトガルのつぶした果実の砂糖漬け、ドース・デ・チラを取り入れたものであるのはまず間違いない。スリランカ人はこの異国の菓子にヨーロッパのレモンの風味と、東方の香辛料、カシューナッツ、薔薇水を融合させた。濃厚で甘いケーキなので、小さな四角に切り分けて食べるのがお勧めだ。スリランカでは誕生日は盛大に祝われていて、ラブケーキのほかにも、パティと呼ばれる肉を詰めたカレー味の焼き菓子のごちそうがパーティには欠かせな

◀1930年頃の〈サンデー・ティールーム〉の献立表。英国海軍婦人部隊の隊員キャロル・ウィルソンが1944年にセイロンにやってきて両親へ送った手紙には、このティールームのことが熱心に綴られていた。「ここにはパイナップル、バナナ、スイカなどから作られた麗しいフルーツサラダがあるのです。ライム、オレンジ、パッションフルーツといったフルーツのすてきな飲み物には大きな氷が入っています。すばらしく〝みずみずしい〟のです！」

い。焼き菓子にはココナッツミルクを入れて独自の改良を加えている。だいたいどこの茶専門店でも焼きたての熱々で売られていて人気のおやつが、カレー味の肉を詰めた酵母パン、マス・パーンだ。パンケーキやクレープのスリランカ版とも言えるホッパーは、英国人の茶園経営者たちから人気の一品だった。米粉、ココナッツミルク、砂糖、塩、酵母でこしらえ、ホッパーはティータイムのお供にジャムを塗って広く食べられていた。

ほかにも濃厚なケーキとして、伝統的なクリスマスケーキのボロ・デ・ココ（香辛料を利かせたココナッツケーキ）、クリスマスと新年に昔から供されているオランダ風酵母ケーキのブリューダー、さらに、オランダとポルトガルの入植者の子孫〝バーガー〟たちに深く愛されているレイヤーケーキ、ボーロ・フォリヤードもある。ビビッカンは、セモリナ粉、米粉、糖蜜、ココナッツ、干しブドウ、香辛料で作られるフルーツケーキの一種だ。また、パイナップルやメロンジャムといった甘い具にカシューナッツと干しブドウを混ぜてしっかり揚げた焼き菓子をフォゲッテという。ティータイムに食べられる菓子はたいがい米や米粉から作り、アティラサなど、香辛料を利かせてカリッとしっかり揚げた甘い菓子にはココナッツとジャッガリーが使われている。カル・ドドルにもココナッツとジャッガリー、アースミには蜂蜜が使われ、糖蜜と黒胡椒から作るアガラは田舎のティータイムで人気の高い菓子だ。

スリランカは植民地時代の歴史が長い国でありながら、茶を飲みに出かける慣習の普及はわりあい遅く、現在でも店を訪れている客はおもに旅行者だ。アフタヌーンティーやハイティーを提供している店は数多くあり、当然ながら、豊富な種類の茶と多彩な食べ物が取り揃えられている。アジアで最古のホテルのひとつでいまなお植民地時代の旧世界の趣を保っている、コロンボのゴール・フェイス・ホテルでは、西洋式のサンドイッチとスコーンとクリームがラブケーキやホッパーとともに供されている。

第6章 茶の道《ティーロード》と絹の道《シルクロード》

茶を飲む慣習は唐朝時代（六一八—九〇七）にアジア地域の交易が活発化し、茶葉の取引が大きな利益を生む商いに発展したのをきっかけに中国から広まった。その経路はおもにふたつ存在した。ひとつは古来の〝茶馬道〟で、中国南西部からチベット、ビルマ、その先へと通じていた。北部の華やかな都、長安（現在の西安）から出発し、中央アジア、中東、地中海沿岸へ至る輸送路はシルクロードと呼ばれた。それからだいぶ遅れて十七世紀に開かれたのが、シベリア経由でロシアに至るティーロードだ。

茶葉はほとんど磚《たん》茶（茶葉が四角く押し固められ、たいがい表面に意匠が刻み込まれている）の形態で輸送された。茶葉よりもかさばらず、品質を保ちやすく、持ち運びに便利で陸路でも壊れにくいため、十九世紀までアジアの交易では磚茶が好まれた。振

◀磚茶は様々な形状や大きさで作られた。このように片面に装飾模様や図柄が施され、反対の面に割るための目印が付いているものもあり、飲む茶としても貨幣代わりにも用いられた。

動や悪天候から守るためにヤク（チベットやカシミールの野牛）の皮にくるまれていた。交易地域内で広く浸透していたことから、磚茶は通貨代わりにも使われた。この茶はほとんどどんな物とでも交換することができた。

交易路沿いの各地に濃い茶を飲む慣習が根づき、一日のどの時間に茶を飲んでもそれがティータイムにはなるものの、西洋で見られたようなおやつや主要な食事とともに味わう形式とは異なっている。交易路ごとに独自のティータイムの慣習が築かれ、チベットでは茶を攪拌して〝スープ〟のようなものをこしらえるし、ビルマ（現在のミャンマー）にはラペッと呼ばれる独特な茶の漬物があり、アフガニスタンはチャイー・ディガー（アフタヌーンティー）とクイマク・チャイ（クロテッドクリーム付きティー）の文化を持ち、茶好きのロシアではサモワールがなにより大事にされている。

茶馬道

茶馬道、〝チャマダオ〟は南のシルクロードとも呼ばれ、一本道ではなく、山岳地と密林を縦横に走る踏み分け道が継ぎ合わされた交易路だった。一本は雲南、もう一本は四川が起点の主要な二本の道はどちらも、チベット自治区の区都ラサを通ってネパールとインドへ通じていた。ほかにも中国とビルマを結び、インド、ラオス、ヴェトナムへと至る道、北京へ北上する経路もあった。唐朝から宋朝の時代にそうした経路での交易が栄え、二十世紀まで続いたが、馬が軍事に活用されなくなり、道が舗装されてより効率的な輸送手段が得られるにつれ、しだいに衰退した。けれども今日では、歴史あるこの道が、観光事業を推進するための重要なものとして新たに見直されている。その名も〝チャマグダオ〟、すなわち茶馬古道と呼ばれている。

茶と馬は最も重要な交易物だった。気候が荒れやすく厳冬を越えなければならないチベットでは茶葉を栽培できないため、商人たちは長く険しい道のりを中国まで仕入れに向かった。中国のほうも北部や西部の敵対する部族と戦うため、チベットの逞しい馬を必要としていた。

茶がチベットに伝わったのは、西暦六四〇年に中国の皇女、文成公主がチベットの王ソンツェンガンポに請われて輿入れしたのがきっかけと言われている。チベットの人々は、おもに肉と乳製品を食べ、気候の厳しさから育ちにくい野菜はあまり口にできなかったので喜んでこの新たな栽培物を食事に取り入れた。中国式を踏襲するのではなく、チベットの人々は栄養価を高めるための独自の使い方を考案した――スープと呼ぶほうが望ましいかもしれないバター茶だ（ボージャまたはポーチャ）。チベットと国境を接するインド北部地方のラダックでは、似た方式のグルグルチャと呼ばれるバター茶が飲まれている。

バター茶には幾通りも作り方があり、ほとんど磚茶が使われている。固まりを割って火にかけ、侵襲している黴《かび》や害虫を殺菌する。それから水に入れて沸騰させ、濃厚な液体が浸出したら木製か竹材の茶用の攪拌器に漉して入れる。野牛乳、バター、塩を加え、しっかりとかき混ぜる。準備が整ったら、ティーポットに入れ替え、木製の茶椀に注ぐ。飲むときには表面に浮かんでいるバターは端へ吹いて液体だけを飲み、最後に残しておいたバターにツァンパ（焙煎粉、だいたい大麦）を混ぜて食べる。リンジン・ドージェはこう説明する。「誰もが午前中に少なくとも三、四杯の茶は必要だと考えています。そして私たちは必ず飲むまえに、その聖なるものへ祈りの言葉を捧げるのです」[1]

チベットでは修道士も含め、誰もが茶を飲む。修道院もとりわけ茶が消費される場所のひとつだ。祈りを唱えたり、祈禱書を朗唱したりしているあいだに、会衆者たちは目の前にある低いテーブルに置かれたそれぞれの茶椀に大きな真鍮か銅の湯差しから茶を注ぐ。一日に四十杯が注がれるのもごくふつうのことで、来訪者は茶椀を空にするのは許されず、もうじゅうぶんであるときには手で茶椀を覆うのが作法とされている。

　チベット、ラダック、ブータンといった地域ではいまも茶の儀式は健在だ。茶を水で沸騰させて攪拌するのは同じだが、木製の茶椀ではなく、現代ではセラミックやガラスの容器が使われ、魔法瓶で保温できるようになったので、火鉢とティーポットは姿を消した。インドに亡命して暮らすチベット人たちも——特に若い世代は——インドのチャイ（茶にミルクを入れて、たいがい砂糖も加える）を飲むが、祝い事ではなおバター茶が好まれている。[2]

▲おもにあらたまった儀式で使われた緻密な装飾の施されたチベットのティーポット。華やかな銀の装飾と竜を精巧に象った把手が付いていて、19世紀にカシミールかラダックで作られたものだろう。

　茶馬道には中国からミャンマー（旧称ビルマ）へ至る経路もあり、ここは茶が飲むだけでなく食べられている数少ない国のひとつだ。めずらしい発酵茶葉ラペッが、とりわけこってりした食事のあとには口のなかをさっぱりさせるために温かい茶とともに供される慣習が広く知られている。ミャンマーの国民的な伝統食として重要な文化の一端を担うもので、民謡でも歌われている。

茶の葉で、ラペッ

肉なら、チキンでチェッ
果物は、マンゴーのタイェッ[3]

歴史家たちによれば、発酵茶葉の歴史はビルマ族の古代パガン王朝時代（一〇四四―一二八七）まで遡る。東アジア系のビルマ族の人々は九世紀初めにイラワディ川上流の渓谷に居を定めた。古代から人々は弔事や祝いごとで互いを招きあってきた。ジャーナリストのスー・アーノルドは、ビルマ人の母が伝統的な催しの招待状を送る際に、ニンニクと塩で風味づけした乾燥茶葉の粉末でこしらえた小さな塊、ラペッをジャスミンの葉でくるんでクローブでしっかり留めて歓迎のしるしに付けていたと回想している[4]。ビルマ族の昔話では、花婿となる男性が茶葉を漬けたラペッのサラダ料理を持って婚約のために花嫁の家へ向かう。ただし花嫁はこの捧げ物を拒むこともできた。通夜でも婚姻でも、ただのティーでも、ラペッはおいしく食べられるものというだけでなく、刺激剤でもあるのだ。

▲現代のミャンマーで使われている漆塗りのラペッ入れ。真ん中に茶葉の漬物のラペッ、その周りにほかの伝統的な付け合わせが盛りつけられている。

ラペッは茶の若葉を蒸して、陶器か大きな竹筒に押し込めて作られる。それらはなるべくなら適度な湿気と温度を保てる川床の近くの地中に埋めておく。食べ頃になったら、たいがい少々の塩とゴマ油を揉み込んで軟らかくなるまで味を調える。ラペッはあらゆる付け合わせで彩られ、必ず専用の漆塗りの箱（宮廷用に優美な細工を施されたものもあった）に入れて供されるのが伝統となっている。箱のなかはいくつかに区分けされていて、ラペッ、乾燥小エビ、ニンニクのスライスを揚げたもの、煎りゴマ、カリッと揚げたソラマメのペギー、煎りピーナッツ、乾燥豆をカリカリに揚げたペロンと塩が入っている。[5]

ラペッは三本の指先で、ほかの二、三種類の付け合わせと一緒につまんで食べる。噛んでいるあいだに指を拭き、お茶を飲む。指を洗う鉢は最後に出される。付け合わせとラペッを混ぜてラペットウッと呼ぶサラダにして供されることもある。様々に変化をつけたものが生みだされ、使われる材料も地域により異なっている。完熟トマト、千切りキャベツ、パパイヤの葉のみじん切り、ゆで卵、ゆでトウモロコシなどが加えられることもある。塩ではなく、魚醬、ゴマ油、落花生油で味つけして、ライムやレモンを搾り、トウガラシをちょっぴり加える場合もある。白いご飯と一緒に食べるのを好む人々もいる。

ラペットウッはとりわけ女性に人気で、ミャンマーの人々が茶を飲んでおやつをつまむだけでなく友人たちとの語らいにも利用する数多くの茶店のメニューに加えられている。低いテーブルとプラスチックの椅子が置かれた茶店はもともと男性たちだけが政治や世情を語りあい、論議する場所だったが、いまでは女性たちにも頻繁に利用されている。緑茶も紅茶もあり、濃厚な茶にコンデンスミルクを加えて作る〝甘茶《スイートティー》〟も人気だ。〝甘め〟〝少し甘めで濃いめ〟〝甘く濃く〟、さらに〝カヤックパドウン（とても甘く濃く）〟も選べる。甘い茶は、元来インドからの移民が始めた屋台でも売られている。茶店で茶とともに食べられているおやつも幅広い。中国の蒸しパン、揚げ麺、プーリ、パラータ、サモサなどのインドのパン、スープ、なかでも、ぴりっとする魚のだしに細いビーフンが入っていて、揚げ物などがのせられたモヒンガは国を代表する郷土料理だ。

ヴェトナムへ旅行すると、いまではコーヒーを飲む人々を見かけることのほうが多いかもしれないが、茶を飲む慣習も古くからあり、いまでもこの国の文化にしっかりと根づいている。茶は何世紀にもわたって飲まれてきたが、国内で生産されるようになったのは一八八〇年代にフランスからの入植者が最初の茶園を開いてからだ。ヴェトナムの人々はあっさりとして繊細な風味の茶を好む傾向にある。緑茶が好まれ、風味づけをせずに飲まれている。いっぽうで蓮茶（伝統的な作り方では蓮の花のなかに緑茶の葉を封じ込める）、ジャスミン茶、菊茶など花の香りの茶も人気が高い。

日本のように茶を淹れる儀式が高尚な伝統文化とまではなっていないが、茶を用意して供し、飲むことにきわめて重要な社会的意義があると考えられている。祝いごとには大切な儀式だ。婚約披露宴では、花嫁の親族に数種の食べ物とともに茶が供される慣わしがあり、たいがい贈り物として美しい袋に入れてクワソン（丸い漆器）に収められる。婚礼と葬儀でも同じように供される。茶をともに飲むことは、友人や親族を結びつけ、故人の親族に哀悼の意を伝える手段だと信じられているのだ。商談の始まりにも茶が供される。日常生活に欠かせないもので、家では一日を通して茶が飲まれている。

茶が飲める店も普及していて、中国式や日本式からヴェトナム古来のものまでその形式は様々だ。大勢で利用できるように大きなテーブルとたくさんの椅子を備えた典型的な南アジア式の店が多く、昔ながらの緑茶から、香りづけされた茶、ハーブティー、魅惑的な輸入茶まで種類豊富に取り揃えられている。茶は屋台でもケーキや甘いものとともに広く売られている。

バスターミナル、鉄道駅、学校、会社などのそばの道沿いに出されたクアンコックと呼ばれる屋台でも多くの人々が温かい茶やアイスティー（たいがいピーナッツキャンディー付きで）を楽しんでいる。また、主要な都市に見られる紅茶店を意味するクアンホンチャでは、花びらと砂糖と蜂蜜やミルク、それに砕いた氷から作るティー・カクテルといったものも提供している。この飲み物は茶が混ぜられて泡立っている。茶店で友人と会ってチャー・チャイン（新鮮なレモン入りティー）を飲みながら、たまにヒマワリの種を炒ったものもつまんでというのが、若者たちに人気の新たな行動様式だ。チャー・チャインはとても人気で、〝ぶらぶらする〟という意味の俗語としても使われている。

シルクロードと中央アジア

シルクロードとは、山脈や砂漠を縫って網の目のように張りめぐらされ、中国と東アジアとマレー諸島、中央アジア、インド、中東、地中海沿岸地域を結んでいた重要な交易路の名称だ。その名のとおり、絹《シルク》が最も重要な交易品だったが、翡翠《ひすい》、青金石《ラピスラズリ》など、ほかにも貴重な品々が輸送されていた。動物、野菜、果物、香辛料、茶も交易品だった。茶を飲む流儀を含め、料理の慣習もやりとりされていた。

そうした貴重な交易品を積んだ大規模な隊商の出発点は、東の端の壮麗な首都、長安（現在の西安）だった。交易品はたいがい〝砂漠の船〟とも呼ばれたフタコブラクダの背に積んで運ばれた。疲れた商人たちや旅人が茶を飲んで元気を取り戻すための休息所として隊商宿が各地に設けられていた。隊商の目的地はまずカシュガルなどの大きな都市で、さらにカシミールやアフガニスタンへと至り、サマルカンド、バクダッド、コンスタンティノープル（現在のイスタンブール）といった伝説に彩られた古都へ向かった。

とはいえ、中央アジアの西部地域までは茶は普及せず、アフガニスタン北部の古都バルフが西の交易の終着点だったようだ。さらに西のイランと中東ではカフア（コーヒー）のほうが好まれている。茶を飲む慣習が取り入れられたのはだいぶのちのことで、ほかの経路からだった。

シルクロード沿いの多くの地域に茶を飲む慣習は息づいている。茶は頻繁に飲まれ、来客のもてなしや商談で重要な役割を果たしている。一般に茶は角砂糖とともに供され、その砂糖を舌にのせて茶を飲む。喫茶店（チャイハナ）は、茶を飲みながらくつろいだり、政治について語りあったりする男性たちに人気の場所だ（男性の領域で、女性は家で茶を飲む）。だいたいつねにサモワールで湯が沸かされていて、個々のティーポットで茶を淹れ、小さな中国式の磁器の茶碗やグラスに注がれる。この地域の多くの場所で、ロシアのガードナー・ファクトリー製の、ことに花柄の磁器のティーポットと茶碗が使われている。この工房は一七六六年に英国人のフランシス・ガードナーによってモスクワに近いヴェルビルキに建てられた。

カシュガルはシルクロードの多くの道が交わる場所で、交易の拠点となっていた。商人や貿易商はここで休息をとり、取引を行ない、栄養補給をして、また険しい道のりへと旅立っていった。ここはまたウイグル族が住む地域の中心に位置している。

◀〝チャイハナ〟で茶とパンとリンゴを味わうウズベク人男性たちを表した古風だが現代の置物。旅行者のみやげ物として作られ、1990年代にウズベキスタンのフェルガナで売られていた。

ウイグル族は、はるか昔にシルクロード沿いに住み着いたトルコ系の人々で、現在はおもに新疆《しんきょう》自治区と呼ばれる地域に定住している。緑茶も紅茶も飲み、その飲み方も様々だ。大きな茶碗に淹れた茶に、塩とミルクを入れたり、クリームやサワークリームを入れたりしてさらにバターを加える。紅茶は、カルダモン、シナモン、時にはサフラン、薔薇の花びらなどで風味づけして飲まれることが多い。フェルガナ盆地のウイグル族の人々は緑茶好きだ。食前にドライフルーツ、ナッツ、ブラックニゲラシード（ブラッククミン）を振りかけたナン（パン）といった手軽なおやつとともに茶が供される。こってりとした食事のあとには甘いものと一緒に茶が飲まれている。

英国領事の妻として一八九〇年から一九一八年までカシュガルに住んでいたレディ・マッカートニーは、著書『中国領トルキスタンの英国人女性』（初版一九三一）で、その暮らしを愛着を込めて表現豊かに綴った。チャイハナについては次のように書いている。

▶大きなサモワールがあり、ティーポットがずらりと並ぶアフガニスタンのチャイハナが描かれたハガキ、1970年頃。

もちろん、なくてはならない茶店、いわばチャイハナはあちこちにあり、そこで人々は茶を飲みながら、おとぎ話のようにとてもやさしい音色を響かせる首の長いマンドリンみたいな楽器が一、二台と小さな太鼓とで奏でられる幻想的な民族音楽に耳を傾けていた。さらには物語を話して聞かせることを職業にしている人もいて……『アラビアン・ナイト』の恋物語も最初はこんなふうに話されていたのではないだろうか。

中央アジアの中心に位置し、シルクロードの交差点でもあるアフガニスタンでは、チャイハナが人々の暮らしのなかでとても重要な役割を担っている。埃まみれの長い旅路で疲れた人々が軽食をとれるように、国じゅうどこにでも、奥地のほうですら、チャイハナが設けられている。地元の人々（男性たち）にとってはニュースや噂話をやりとりする場でもある。アフガニスタンのチャイハナの規模や供される飲食はきわめて幅広い。いたって簡素に緑茶と紅茶のみを出すところ以外にも、とても広い場所に、クッションを置いて絨毯に座らせる従来の方式ではなく、テーブルと椅子を設えた店もある。いずれにしろ概して賑やかな空間で、アフガニスタンとインドの録音された音楽が流されている。茶は必ずあって、個別のティーポットと小さなグラスや茶碗、かす入れを備えているところが多い。客に供されるときにはまず小さなガラスのコップを温かい茶ですすぐ。次にたいてい砂糖をそのグラスに入れる（追加料金をとられても、みなだいたいたっぷり入れる）。それから茶を注ぐ。最初の一杯はとても甘いが、注ぎ足すにつれ甘味はやわらぎ、最後はとても苦くなる。砂糖をまぶしたアーモンド（ノクル）などの甘いものと一緒に茶を飲むことが多く、大きなチャイハナでは卵焼き、ケバブ、ピラフ、スープなどとナンというように、よりしっかりとした料理を出すところもある。

家庭でもチャイハナと同じように、茶はミルクを入れず、けれどもたいがい甘くして、時にはカルダモンで風味づけして味わう。朝食時に、昼食後と夕食後に、さらにはチャイー・ディガーと呼ばれるアフタヌーンティーでおやつや軽食をとる際にも、茶は一日を通して飲まれている。裕福な家庭では、午後のティータイムが特別な日や来客のある時にはことにいっそう豪華なものとなる。

来客には必ず茶が供され、小さなグラス（イステカーン）や把手のない小ぶりの磁器の深皿ピアーラに注がれる。都市部では西洋式のカップが使われることもある。最初の一杯にはたいがい大量の砂糖が入れられる——砂糖の量が敬意のしるしだ。アフガニスタンの風習では一杯目は甘い茶チャイ・シューニーを飲み、二杯目に砂糖を入れずに飲むことをチャイ・タークと言う。

招待主は茶をどんどん注ぎ足すので、来客はも

▲アフガニスタンの真鍮のサモワール（ロシア製）、ガードナー・ファクトリー製のティーポット、小さな磁器に注がれた茶と小皿に盛られたノクル（砂糖をまぶしたアーモンド）。

うじゅうぶんだと思ったらグラスやカップをひっくり返さなくてはいけない。そうしないといつまでも注がれつづける。ティーポットを個々に用意されることもあり、その場合には来客が自分で適量を注いで飲むことができる。小さなかす入れも用意される。

甘いもの（シューニー）と塩気のあるおやつがたいてい茶とともに供される。アーモンドやピスタチオ、ヒヨコマメに砂糖をまぶしたノクルは昔ながらの菓子だ。ノクルィバドミ（砂糖漬けアーモンド）が最も人気がある。クルミとアーモンドなどのミックスナッツや、青や赤の干しブドウなどのドライフルーツも供される。ケーキやビスケット（クルチャ）も茶とともに食べられているが、オーブンのある家庭は少ないため、自家製の菓子はほとんど見かけない。〝口のなかで溶ける〟という意味のサクッとしたアブフェダンドンなど、あらゆる種類の菓子が市場《バザール》で売られている。それでも家庭で作られる揚げビスケットや焼き菓子もあり、なかでも特別なときに作られるのが、サクっと軽い焼き菓子のゴーシ・フィール（象の耳）だ。粉砂糖を軽くまぶした薄い天ぷらのような焼き菓子、クルチェ・パンジェレも人気が高い。

来客が茶を飲んでおやつを齧っているあいだに、家庭の女たちは忙しく料理を用意する。アフタヌーンティーには具を詰めた揚げもの、ボラニが供される。一般的に詰められる具はガンダナ（ニラの一種）や、茹でてつぶしたジャガイモとネギだ。ほかにも、パコーラー、サンボサ（香辛料の利いた挽肉を詰めて揚げたもの。ハルワやドライフルーツを詰めれば甘くもできる）もティータイムに好まれる食べごたえのある菓子だ。シャミケバブや、ケバブェデギー（仔羊肉を鍋でタマネギ、ヨーグルト、香辛料とともに肉汁が出て軟らかくなるまで煮る）もよく作られている。そうしたしっかりと味つけされた料理は自家製のチャツネと焼きたてのナン、さらにはタマネギとひと切れのレモン、レタスや香草も添えて供される。

イスラム教のラマダンの終了を祝うイド・アル＝フィトルや春分の三月二十一日に新年を祝って催されるノウルーズなど特別な日には、客を招いて茶が供される。定番の菓子が米粉のビスケット、クルチェ・ノウロジー（クルチェ・ビリニとも呼ばれる）だ。バクラヴァ、キャトラマ（揚げたパイ菓子）、カジョール（ドーナツにも少し似ている揚げ菓子）などの甘い焼き菓子やケーキも並ぶ。シーア・ペイラ（牛乳と砂糖で作られる濃厚な砂糖菓子）は赤ん坊の誕生を祝う際に茶とともに供されることが多い。生まれて四十日めの祝祭にはロート（丸く平たい甘いパン）が作られる風習もある。婚約のパーティ（シューニー・コリー。甘い食事）もティータイムに開かれることが多い。甘いもの、ビスケット、砂糖菓子がお茶とともに供され、アブレイシャム・ケバブ（〝絹のケバブ〟の意）と呼ばれる風変わりな砂糖菓子が作られることもある。〝絹〟のようになめらかに溶いた卵を熱い油で煮詰めてから丸め、シロップと細かく砕いたピスタチオを振りかける。

そのような催しではクイマク・チャイ（クイマクは中東のカイマクに似たクロテッドクリームの一種）もよく飲まれている。緑茶を空気に晒して重曹を加えることで濃い紅色に変化する。さらにミルクと砂糖を加えると紫がかったピンク色となる。濃く深みのある味わいだ。クイマクをその表面に浮かべる。

故ザーヒルシャー国王（在位一九三三―七三）は、アフガニスタン国内の有力者や国外からの要人を宮殿でアフタヌーンティーを催して歓待した。華やかな環境に身をおきながら、きわめて倹しい食生活を送っていたと言われている。ライラ・ヌーアは宮殿で国王の長女ビルキス王女とお茶を楽しんだことを回想している。賓客はまずなによりクイマク・チャイを供された。この濃厚な茶のあと、ケバブ、ボラニ、ショア・パニール（ミントを添えた塩気の強い白チーズ）などの辛味のあるスナックがナンとチャツネを添えて出された。さらに、あっさりしたスポンジケーキ、ロート、クルチャ・ナマキ（塩味のビスケット）、クルチェ・ジャワリ（挽き割りトウモロコシで作るビスケットというよりパンに近いもの）など多種類のビスケットも並べられた。本物のごちそうのクリームロール（ホイップクリームを詰めて粉砂糖と細かく砕いたピスタチオをまぶしたパイ菓子）も登場し、もちろん、さらに茶も供された。[6]

ティーロード

一六八九年、ロシアと中国のあいだでネルチンスク条約が締結され、ティーロードと呼ばれる輸送路（グレート・ティー・ルート、シベリアルートとも呼ばれる）が開通した。中国北部の張家口を起点にモンゴル、ゴビ砂漠を越え、さらに西へシベリアの針葉樹林も突っ切り、国際色豊かなロシア帝国の中心部に至る道だ。一年以上かかる長く険しい行程だったが、すぐにラクダの隊商が毛皮などの商品を中国へ運んで絹や薬用植物（ことにルバーブ）や茶を持ち帰ってくる主要な交易路となった。

一六一六年に外交の使節としてモンゴルへ出向いて戻ったチュメネッツというコサック騎兵によって中国茶の試供品が初めてロシアに持ち込まれたと伝えられている。この人物は滞在先で「温めたミルクとバターに何かわからない葉が入ったものを飲んだ」と報告した。二年後の一六一八年、中国の大使からモスクワにあるロシア宮廷に茶箱がいくつか贈られた。一六三八年にはモンゴルの君主がロシアの大使ワシーリー・スタルコフを通して貴重な品として、二百袋の茶葉をミハイル・フョドロヴィチへ贈っ

▲ロシアでは茶は金属の持ち手の付いたグラスに注ぎ、角砂糖とチョコレートとともに供される。

た。宮廷で好評を博したものの、当時のロシアでは中国と茶についてほとんど知られていなかった。

ロシアの茶葉の輸入量はしだいに増えていく。十八世紀、それもエカテリーナ二世の治世（一七六二―九六）にはことにロシアの貴族たちに茶が流行したが、一般に広がったのは十九世紀に入ってからだった。ロシアでも独自の茶の飲み方が育まれ、なにより重要なのはサモワールを使うことだ。

子供たちは昔もいまも受け皿で茶を飲むことが許されている。むしろ唇のやけどを防ぐためにそうするように言われている。現在はレストランとカフェではたいがいグラスで供されるが、家ではカップが使われている。[7] おおやけの催しでも茶は飲まれていた。バレリーナのタマラ・カルサーヴィナは一八九六年に昼の公演について書いた文章のなかで、サンクトペテルブルクでの寒い日に茶を飲めるありがたみを記している。「楽屋口の外に巨大なサモワールが蒸気を上げていて……幕間にはいくつかの休憩室で茶と軽食が供され、給仕係は鷲の紋章が付いた晴れやかな赤い仕着せをまとっていた」[8]

ロシアではおもに紅茶が飲まれていて、なかでもジョージアとアゼルバイジャンの山の斜面で最上種が栽培されている。

売られているのはほとんど袋詰めした茶葉だが、プリトーチニ・チャイ、すなわち磚茶《たんちゃ》もたまに見かける。茶は一日の区切りに飲まれ、まずは朝一番にパンとバターと、時にはチーズとともに味わわれている。一日の締めくくりにも、夕食後や〝晩のティー〟と呼ばれるその日最後の食事とともに茶を飲む。

ロシア人は茶にレモン（時にはリンゴ）の薄切りを添えることが多い。ミルクを加えるのはまれだ。けれども、濃い紅茶を砂糖で甘味づけして飲むのはとても好まれている。そのほうが茶葉の香りが引き立つからだという。角砂糖を噛みながら茶を飲む人々もいる。茶が染みとおった砂糖が口のなかで溶ける。プーシキンは「グラスを満たした茶と口のなかの砂糖は愉悦《エクスタシー》だ」と書いた。甘味好きのロシア人には、茶を飲むなら少なくともジャムは欠かせない。たいがい果実の形が残っているほど濃厚なジャムがロゼツキと呼ばれるジャム用の小ぶりのクリスタルガラスの平皿に入れて出される。小さなスプーンでそのまま食べてもいいし、茶に入れてかき混ぜれば、果物の風味が広がる。

ティー・テーブルにはさらに、素朴なビスケットにジャムが塗られ、その上にメレンゲやナッツをあしらったロシアのティー・ビスケットなども並ぶ。有名なロシアの軍司令官の名を取ったスヴォーロフは、濃厚なジャムを二枚のビスケットで挟んで全体に粉砂糖をまぶしたものだ。アーモンドリング、クリスプ・ヘーゼルナッツ・ラスクといった、パリッ

▲19世紀にアフガニスタンからロシアに伝わったと思われるサモワール。

として歯ごたえのよいビスケットもある。砂糖とナッツを詰めた、小さな角（ロガリキ）という名のクルミ入りクロワッサンなどの焼き菓子も並ぶ。ほかにもティータイムにはバンズ、ケーキ、トルテ、タルトも好まれ、干しブドウパン、茹でて作る甘いパンのブブリキ、レモンケーキ、アップルケーキ、チーズカード、ヴァトルーシュカというカテージチーズの小さなタルト、アプリコットタルト、ケシの実の繊細なトルテ、濃厚なロシア流キャラメルトルテが食べられている。ほのかにリンゴ風味のふんわりとしたメレンゲ菓子のパスチラ、アーモンドキャラメルなども甘味好きなロシア人に茶とともに楽しまれている。[9]

column

サモワール

サモワールはロシア特有のものと思われがちだが、中央アジア諸国、イラン、アフガニスタン、カシミール、トルコ、そのほかのスラブ系諸国でも使われている。その起源については諸説ある。東アジア生まれだと信じる人々は、もともと中国と韓国で食べ物を温めるために使われていた容器だったと主張する。ほかにも、中国で真鍮の木炭焜炉にかけられていたティーポットや、形状の似ているモンゴルの火壺がサモワールになったとする説もある。

サモワールとは、ロシア語では〝自動湯沸かし器〟を意味し、伝統的に真鍮（銀製や金で作られたものもある）で作られてきた持ち運びできる給湯器だ。エカテリーナ二世が真冬にサンクトペテルブルクからモスクワへ三頭立て馬車《トロイカ》で向かう際に、クロテンとキツネの毛皮にくるまって縮こまり寒さに耐えていたので、そのお身体を温めるため華やかな装飾が施された銀のサモワールでつねに湯が沸かされていたという。[10]

とはいえ、サモワールは裕福な家庭でのみ使われていたものではなかった。ごく倹しい小作人の小屋にすらサモワールは備えられていた――ただし真鍮であったはずもない。製造業の拠点として精巧なサモワールの製造でも国じゅうに名を馳せていた都市トゥーラで作られたものではなく、ブリキのものだったのだろう。現在でもロシアではサモワールが使われているが、ほとんどはもう木炭を使う湯沸かしから電気式のものに取って代わられている。シベリア横断鉄道では、旅客が自分で茶を淹れられるように自由に使えるサモワールが設置されている。鉄道駅でも大きなやかんから茶を淹れるための湯（キータトク）を提供している。

茶を愛するロシア人たちは便利なサモワールを手放せなくなり、十八世紀の終わりには日用品として取り入れられ、ロシアの暮らしに欠かせないものとなった。来客を温かい茶でもてなせるようにいつでも湯が沸かされていた。ドストエフスキーからトルストイまで、多くのロシアの偉大な作家たちがサモワールによって生みだされた温かな親交について書き残している。

誤解されがちだが、サモワールで茶を淹れるわけではない。茶を淹れるための湯を沸かして、保温するためのものだ。サモワールに注がれた水が、中央の通風筒を通して燻《いぶ》された松笠や木炭によって温められる。湯が沸くとサモワールはテーブルに運ばれる。お茶は小さなティーポットでべつに淹れられ、その濃く浸出した茶、ザヴァルカをサモワールの上部に置いて保温する。茶を飲むときには濃い浸出液を少しだけカップかグラスに注ぎ、そこにサモワールの装飾の施された蛇口から湯を足して薄める。こうして好みの濃さの茶が飲めるというわけだ。

サモワールはロシアのもてなしになくてはならないものとなり、つねにテーブルの上座で女主人の傍らに置かれ、そこから女性たちの磁器のカップや男性たちのグラスに茶が注がれた。熱い茶を持ちやすいように、グラスは金属や、美しい銀細工の施されたポツタカンニキと呼ばれるホルダーに入れられた。独自のポツタカンニキに紋様を施す貴族も多く、金製のものや宝石で飾られたものもあった。

戸外でも茶は飲まれている。食物学者ダラ・ゴールドスタインによれば、ほとんどの都市や町にティールームがある（そしてそのほとんどが代わり映えのしない〈サモワール〉や〈ロシアン・ティー〉という店名だ）。おおむねどこも、鮮やかな色彩の天井で、刺繍入りのテーブルクロスを掛けた昔ながらの室内装飾だ。そこにはだいたい一メートル近くも高さのある大きなサモワールが一、二台は鎮座している。サモワールの上に掛かっているのはロシアの農婦のにこやかな丸顔を象《かたど》った保温カバーだ。その裏手では本物のふっくらとして恰幅のよい女性たちが茶を用意している。席に腰をおろせば、茶を飲みながら、テーブルに陳列された様々な甘い菓子のなかから好きな物を選ぶことができる。[11]

サモワールと茶を飲む慣習は、イラン、中東、トルコに広まったが、多くの地ではいまなおコーヒーのほうが好まれている。イランでは十六世紀にコーヒーが伝わってから何世紀にもわたり、おもにコーヒーハウスで愛飲されていた。茶も十九世紀初めには上流階級に楽しまれていたが、贅沢品で、特別な来客をもてなすためのものだった。茶が一般に広く飲まれるようになったのは二十世紀に入ってからだ。コーヒー店はイランの多くの政権によって幾度となく退廃と政治批判の温床との疑いをかけられてきた。一九二〇年代には前国王《シャー》の父がコーヒー店を一掃することを決め、人々に茶を飲むよう働きかけた。国内の茶産業を支援し、中国から新たな茶株を輸入しただけでなく、五十家族を招いて茶生産を監督させた。狙いは叶えられた。コーヒーはおもに弔事の飲み物に追いやられ、茶が国民に最も飲まれるもの

▲コンスタン・コローヴィン画『ティー・テーブルで』1888年、カンヴァス、油彩。家族と友人たちがティー・テーブルを囲んで、世間話を楽しんでいる。テーブルにはサモワール、ホルダーに収められたティー・グラス、ジャム、果物、ロシア人たちが熱い茶を飲むときによく使う皿も見てとれる。

▲1906年頃のハガキ。ロシアの村人たちのなかで、ふたりの女性が受け皿に茶を注いで飲み、みなで若い男性のアコーディオン演奏を聴いている。

として定着した。

朝食で、食後に、食間に、就寝まえにも茶を飲む。市場《バザール》、店、会社で供されている。茶がなくては、重要な商談は始まらない。エステカンと呼ばれる小さなグラスに注ぎ、ミルクや砂糖は入れずに飲むが、角砂糖を舌にのせて、茶を飲むこともある。けれども砂糖を使わない代わりに、砂糖菓子、甘い焼き菓子、砂糖漬けアーモンド、ドライフルーツ、果物のシロップが茶とともに口にされることも多い。来客にはまず必ず茶が出されるし、あらたまった席ではシナモンや薔薇の花びらで風味づけして供されることもある。[12]

トルコはコーヒーを飲む国という印象が強いが、トルコ人にも茶はとてもよく飲まれている。十二世紀にはアナトリアに茶が伝わっていたと考えられている。だが、トルコの文献で茶について言及された最も古い記述は、オスマン帝国時代の著名な紀行作家エヴリヤ・チェレビにより一六三一年に、イスタンブールの税関事務所を訪れた帝国の官吏に使用人がイエメンのコーヒー、サレブ、茶といった飲み物を出すと書かれたものだ。[13] 茶がオスマントルコの日常生活に大切なものとなったのは十九世紀のことだった。大のコーヒー好きだった皇帝アブデュルハミト二世（在位一八七六―一九〇九）が茶に強い関心を示し、その経済への影響力に着目した。茶種と苗木をロシアから買い入れ、それも元は中国茶だったのだが、モスクワ茶として知られるようになった。茶の栽培は紆余曲折を経ながらも、ついには自給自足できるま

◀イランの画家イスマイール・ジャライル画『サモワールを囲む女性たち』1860－75年頃。カンヴァス、油彩。イスラム教の婦人部屋《ハーレム》の女性たちが音楽を奏でながら茶を飲んでいる。絨毯の上には様々な果物とともに、茶を淹れるためのサモワールとティーポットがある。深皿には角砂糖か砂糖漬けのアーモンドらしきものも見てとれる。

◀ボリス・クストーディエフ画『茶を飲む商人の妻』1918年、カンヴァス、油彩。着飾った商人の妻が果物、ケシの実のロールケーキ、ドライフルーツとアーモンドを豊富に使った酵母パンの一種、クリーチからなる豪勢な食事を楽しんでいる。女性は茶を受け皿に注いで冷ましてから飲んでおり、光り輝くサモワール、優美な磁器のカップに豊かさが表れている。

▲美しい装飾のティー・グラスと砂糖漬けのアーモンド。

でに至った。ほとんどすべての茶葉が黒海沿岸のリゼで生産されている。

　サモワールもロシアからトルコに伝わり、現在でも多くのティーハウス、ティーガーデン、さらには家庭でもサモワールを使って茶が用意されている。サモワールを持っていない人々はやかん（チャイダンリク）で湯を沸かし、茶葉を入れたティーポット（ダムリク）に注いでから、やかんの上にポットを置いて浸出させる。好みにより、薄めか濃くして飲む。透きとおるような深みのある赤色でしっかりと風味の出た茶がトルコ人には一般に最良とされている。ティーポットからチューリップ形のグラス（インゼベリ：細い腰の意）か、時には磁器のカップにほんのちょっぴり茶を注ぎ、好みの濃さに応じてやかんから注ぐ湯の量を調節する。熱い茶でやけどしないようにたいがいグラスの縁を持つ。好みで砂糖で甘味づけし、薄切りのレモンを添えることもあるが、ミルクはけっして入れない。本物の茶好きはサモワールでつねに湯が沸かされている茶店に茶を飲みに行く。トルコの社交生活に欠くことのできないティーガーデンは数多くあるが、食べ物はほとんど提供されてい

▲伝統的なチューリップ形のグラスで供されたトルコの茶と甘く濃厚なバクラヴァ。

ない。イスタンブールにはボスポラス海峡やマルマラ海の美しい景色を眺めながら茶を飲める場所が多くある。

けれども家庭では、午後に茶とともに香辛料の利いた菓子や甘いものがよく食べられている。料理記者のアイラ・アルガーは〝午後の特定の時間〟に食べられている〝ティータイムのごちそうやお気に入り〟を数多く紹介している。それによれば、アフタヌーンティーに食べごたえのあるものをとる人々もいるいっぽうで、甘いケーキやビスケットを軽くつまむ程度の人々もいる。両方を食べることも多く、その場合に供されるのは、チーズと肉を詰めたポガーチャというパンに、チーズロール（カイサールペイリニ・コレク）、ゴマとキャラウェイのスティック（スサミ・チュレクトル・ジュブク）、ヘーゼルナッツのヨーグルトケーキ（フィンディンクリ・ケク）、アプリコットクッキー（マルメラトリ・メシディエ）、アーモンドクロワッサン（バデムリ・クラビエ）、シュガークッキーなどだ。[14] ほかにも茶とともに食べられる砂糖菓子に、バクラヴァ、ロクム（トルコの歓び）、カダユフなどがある。

第7章 中国、日本、韓国、台湾

中国、日本、韓国、台湾は、茶を飲む文化に富む国々で、独特の流儀と伝統が育まれてきた。中国では茶をめぐる物語と飲まれてきた歴史が数千年まえにも遡り、家の外の店で茶を飲む慣習も唐朝時代（六一八―九〇六）には始まっていて、飲茶や点心という楽しみ方へ発展した。日本は独自の細やかな茶の湯という儀式や、茶懐石という食事の形式を築いた。韓国と台湾もそれぞれに茶の飲み方とティータイムの慣習を作りだした。台湾の人々の茶への愛着は、〝バブルティー（タピオカ入り茶）〟を世界じゅうに大流行させた。

中国

中国は飲茶と点心という独特のティータイムの慣習を発展させた。飲茶とは、小さな磁器のカップに注いだ茶とともに、点心と呼ばれるひと口大の美味な軽食をとる風習だ。点心を英語で表すのは困難で、〝心に触れる〟や〝心の灯火《ともしび》〟など様々に訳されている。ほかにも〝心を温めるもの〟や〝心を打つ〟、詩的に〝心の歓び〟というように、ともかく心（と胃）が欲したときにそこに響いたり、食欲を満足させたりするものとされている。飲茶と点心はつねに切り離せないものなので、ほとんど同義語のように用いられている。

そもそも、このような食事の形式はどのように始まったのだろう？

神話によれば、農業の始祖、人身牛頭の皇帝、神農の時代から茶が飲まれはじめた。茶の木から舞い落ちた葉が、ちょうど皇帝が湯を沸かしていた壺に入り、その浸出液を味見してみたところ、おいしかったので、「茶は身体に力をみなぎらせ、心を満たし、決断力を与える」と宣言した。

おそらく茶葉が最初に栽培され、飲まれた地は四川だろう。歴代の王朝は様々な茶の飲み方を生みだした。当初は生の茶葉をそのままただ水に入れて沸かしていた。その後、蒸すようになり、固形に圧縮された。

八世紀に茶は中国人を虜にし、重要な交易品となったので、茶商人たちが詩人で学者の陸羽《りくう》に茶についての初めての論文『茶経《ちゃきょう》』の執筆を依頼した。この書物には、どのような道具とどのくらいの水を使ってどのように茶を淹れて飲むかという実用的な詳しい知識だけでなく、茶がいかに多様なものであるかといった詩的な叙述もある。「茶はモンゴル人の深靴のように縮んで皺くちゃになる」そして茶ができたときの様相についてもこう書いている。「湯が沸いて、煮出されてくると魚の目のように見えるが、音も手掛かりとなる。端のほうからぶくぶくと賑やかにさざめき立って、無数の玉が繋がっているように見える」[1]

この時代に良質な茶が生みだされ、上流階級、学者、僧侶たちのあいだで心身を力づけるものとして飲まれはじめた。同時に、戸外で茶を出す店ができるとともに、飲茶と点心を楽しむ風習も築かれた。

◎飲茶と点心

茶店は唐朝時代の古代シルクロード沿いに次々と誕生した。疲れた旅人たちに休息と軽食を提供する場所だった。西安（旧称は長安で、唐朝時代の中国の首都）は当時のシルクロードの東端に位置し、ここから大規模な隊商が茶葉をはじめ、絹や翡翠やそのほかの貴重な交易品を積んで出発した。

点心が料理法として確立されるまでには数世紀を要した。中国の茶店では昔から茶とともに軽食が供されていたわけではなく、茶が飲まれはじめた頃には、太りすぎてしまうので食べ物は一緒にとるべきではないと唱えられてすらいた。けれども、消化を促す茶の作用が知られるにつれ、茶店で茶とともに食べ物も供されるようになった。一説には食べ物も口にされるようになったきっかけは、ある茶店の女性店主がひとりの客のためにつまみをこしらえたところ、とてもおいしかったため、それを目当てにたちまち客が集まり、近隣の茶店も、よりおいしいもので客を引き込もうと競って独自の料理を作りはじめたことだったとも言われている。

長安を代表する料理にそうした軽食の歴史が見てとれる。ワンタンはスー家が考案し、街角で売っていた。長安には大きな市場が二カ所あり、そこで「かまどから香ばしい匂いが漂ってくる」ゴマの実の菓子が売られていた。イー家は餅米を竹の皮で包んだものを売っていたし、サクランボが入った焼き菓子など、いろいろな菓子が並んでいた。長安では至るところで、揚げたり蒸したりした菓子を呼び売りする商人の姿が見られた。酵母を使わない円形や楕円形の平たいパンの一種、シャオピン（焼餅）は定番のおやつで、具を詰めたり、煎りゴマが鏤められたりするものもある。こうして、ちょっとしたおやつを食べながら茶を飲む慣習ははるか昔から築かれてきたのだ。[2]

▲〝毛首席〟こと毛沢東の肖像画の下で茶会をする村の協同組合の人々。

中国の歴史のなかで最も芸術が開花し、東部の杭州が南栄の首都だった宋朝時代（九六〇—一二七九）に、茶を飲む文化が定着し、茶店が普及した。幅広い種類の食べ物が供された。カニやエビなど様々な具を入れるパオズ（包子：膨らし粉を使った蒸しパン）、春巻き、焼餅、月餅は宋朝時代に生まれた[3]。茶店はその後も繁盛しつづけたが、つねに茶とともに菓子が食べられていたわけではなかった。多くの茶店は芸術文化の拠点や社交の場となり、政治を語りあう人々もいただろうし、もちろん茶が飲まれていた。壁には書道作品や絵画が掛けられた。茶店は誰にでも開放され、労働者、職人、学者、芸術家が一日の仕事の疲れを癒やすために訪れた。杭州の茶店は学術的な空気に満ちていたし、四川の省都である成都の茶店では民謡が歌われ、クアイバン（快板：竹の鳴子に合わせて韻文を唱える）が興じられることで名を馳せた[4]。ほかにも演劇やチェスがとりわけ盛んな店もあれば、娼婦が客待ちをする場として知られたところもある。一九四〇年代まで茶店は四川の社交生活の中心を担っていた。一部の店では四川の秘密結社のメンバーたちが足繁く通い、ティーカップを複雑な暗号に用いてもいたという。一九四九年に共産主義者が政治の実権を握ると、ほとんどの人々は仕事や生活の基盤を築くのに忙しくなり、茶店の客は減少した。文化大革命のさなかには〝反体制派〟と見なされ、ほとんどが閉店させられた。

一九七〇年代後半以降、世情がより緩やかに回帰し、昔ながらの伝統を見直す気運も生まれたことで、茶店がまた中国で活気を取り戻しはじめたが、昔とはそこに求められていることが異なり、現代的な店がほとんどだ。

中国全土で飲茶は楽しまれているが、とりわけ香港と広東省の南部の名物とされ、人気が高い。飲茶では、茶もさることながら、ともに供される食べ物（点心）に重きがおかれている。飲茶を出す茶店は一八四〇年代に香港で見られはじめたが、隆盛となったのは英国当局が一八九七年に中国人への夜間外出禁止令を解除してからだった。一九二〇年代から四〇年代にかけて、香港じゅうに次々とそうした店ができて、戦後の経済成長に重要な社会的貢献を果たした。当時、茶店は、共同の炊事場しかないか、台所すらない狭い場所にひしめきあって暮らしていた家族に、安く便利に食べ物を提供する場所だった。来客をもてなしたり、商談をしたりする場としても使われた。[5]

もちろん一日のどの時間にも菓子類をつまみはするが、点心は西洋の前菜とは異なり、主要な食事のまえにはまず食べない。香港では夜勤者たちを元気づけるために早朝五時から茶店が開いている。仕事に向かう途中に軽い朝食をとるために立ち寄る人々もいる。朝から茶店に行き、昼まで商談をする人々の合言葉は「ポット一杯の茶と点心ふたつ」だ。それでもやはり昔から最も忙しいのは午前十一時頃から午後二時の〝茶昼食〟とも呼ばれる時間帯だ。工員、会社員、主婦、学生たちが、さっと軽食をとったり、のんびりと昼食を味わったりするために茶店を訪れる。点心は午後五時以降は出されない。日曜日には家族で、または六人、八人、十二人といった大勢で昼食に飲茶を楽しもうと大きなレストランに

◀上海の老街にある豫園の茶館〈湖心亭〉はジグザグの橋（九曲橋）が架けられていることで名高い。中国最古の茶館とも言われ、エリザベス２世をはじめとする貴人やビル・クリントンら国外の要人たちが訪問したことでも知られている。多くの著名人や一般の観光客がその歴史や芳しい茶に誘われて訪れている。

行き、賑わう店内でゆったりとした円卓を囲む。

十九世紀に広東と香港が貿易港として栄えるにつれ、茶店は大型商業施設のようなレストランや複数階建ての〝茶楼〟に発展した。そうした賑やかな店内の通路を、給仕係（たいがい若い女性）が加熱器で保温された多彩な点心をワゴンにのせて行き来した。点心にはあらゆる種類がある。ほとんどは蒸したり揚げたりしたもので、香辛料の利いたものも甘いものもある。ワゴンごとに種類の異なる点心を運んでいる。有名な料理人で料理作家でもあるケン・ホンが代表的な点心の食べ方を紹介している。

点心を楽しむのに欠かせないのが茶だ。そして騒がしく、のんびりとして気さくな茶店では、人々のやりとりを眺めるのもまた楽しい。友人たちとテーブルを囲み、給仕係が望まれた茶を運んでくる。茶選びは適当にとはいかない。中国の茶には五千年の歴史があり、おのずと敬意をもって臨むべきものとなる……鉄観音茶、龍井《ロンジン》茶、白牡丹《はくぼたん》茶、そのほかにも独特の風味、濃さ、香りを持つ茶が数多あり、熟慮して選ぶ。

茶を選択したら、お次は点心を食す段取りだ。給仕係が美味なあらゆるものをワゴンにのせて案内しながら客席をまわるので、好みのものを指し示せば、テーブルに置いてもらえる。ゆっくりと時間をかけて味わう。慌てる必要はない。商談や世間話は茶店を訪れるおもな理由のひとつにすぎない。しかも場所の賑やかさからして、声を張りあげなければ会話は成立しないだろう。そうして供された料理も飲み物もたいらげたあとには、完璧な記憶力を有する給仕係がテーブルに供したもののすべてを復唱する。魔法のように思われる精算には、隣席間で皿の移動がないか鋭敏な目を走らせつつ、テーブルの空の皿を数えているという裏技があるのだ！[6]

現在では茶店やレストランでワゴンはさほど使われていない。客がメニューから点心を選んで注文すると、料理がテーブルに運ばれてくる。たいがい小さくて、一皿に通常は三、四個ずつ盛られていて、仲間内で分け合って多くの種類を楽しめるのが点心の醍醐味だ。

料理人が点心をこしらえる技術を身につけるには何年もかかる。団子類にしてもほとんどが手が込んでいる労作で、手先の器用さも必要だ。点心の種類は数えきれないほどあり、レストランのメニュー数は優に数十は超える。つねに新たな材料を組み合わせたものも登場していて、こちらの提供数は限られている。

たいがい可愛らしい形で小さな竹製のかごに入れられている蒸し料理のひとつが、シュウマイ（標準中国語ではシャオマイ）だ。薄く丸い皮に豚肉、小エビ、またはその両方に、タケノコ、キノコ、ネギを細かく刻んで少しだけ混ぜて包み、上部を少しあけておく。蝦餃（ハーガオ：蒸し餃子）には、小麦粉とトウモロコシの澱粉からこしらえた薄く透きとおるような皮が使われる。そのなかに小エビを詰めて、幾重にも繊細なひだを寄せて端を結んで三日月形にこしらえるので、エビ餃子とも呼ばれる。鶏肉

▲広東省東莞市のレストランでワゴンから供される点心。

パンのガイ・バオ・ジャイは鶏肉と広東のソーセージをパン生地に詰めて上部を捩じって留めたもので、もっと厚いパン生地にたっぷりの具を詰めるのが定番の中国北部生まれの大きなパオズ（包子）の一種だ。広東省のパオズは広州の茶店でおやつとして売られていたのが始まりで、その後、香港でも見られるようになった。言い伝えによれば、パオズは千八百年まえの三国時代に偉大な戦略家、諸葛亮によって考案されたという。諸葛亮率いる軍勢が、四十九人の頭を捧げて水の悪霊を鎮めなければ渡れない激流の河に差しかかったときのことだった。部下たちの命を犠牲にしたくなかった諸葛亮は肉詰めの団子を人の頭のようにこしらえさせて蒸し、河の霊に捧げた。霊は鎮められ、河の水の流れは穏やかになって、軍勢は向こう岸へ渡ることができた。[7]

叉焼包（チャーシューパオ）も小麦粉の皮に叉焼（焼き豚）を詰める蒸しパンだ。腸粉も蒸し料理で、その名のとおり、米粉を蒸した細長い生地に肉や小エビが巻き込まれ、ぬるぬるとして、どことなく腸のように見える。そのなめらかな舌触りが人気の理由だ。甘い醤油を垂らしてから切って供される。

焼き餃子（標準中国語でグオティエ：鍋貼）は中国北部式の

団子料理だ。小麦粉からこしらえた薄い円形の皮に挽肉、キャベツを詰めて、襞を寄せて上部を留め、蒸し焼きにする。皮の底の部分が焼けて鍋に貼りつくことから名づけられた。これについては広東の伝統的な点心料理とは認めていない人々もいる。

団子料理はたいてい甘酸っぱいソースなどに浸けて食べられる。ほかの蒸し料理には、豚肉を小さな角切りにして黒豆豉（ブラックビーンズソース）やプラムソース（蘇梅醬）で風味づけしたスペアリブや、牛肉のミートボールにタンジェリン（オレンジの一種）で風味づけしたものもある。牛の胃袋や鶏の脚など、風味よりも歯ごたえから好んで味わわれている点心料理もある。

春巻き、里芋のコロッケ、咸水角（ハムスイコー：揚げ餅餃子）といった揚げ物も人気の点心だ。咸水角はもち米粉の生地に少し甘味をつけ、肉や干しエビや野菜を緩くまとめて肉汁にさっと漬けたものをくるむ。いくぶん縦長の楕円形にまとめて上部を軽くとがらせ、うっすら焼き色がついてふっくらするまで揚げる。

鴨などの肉の炉焼き料理も好まれている。広東料理ではたいがい鴨の一羽の半分か四分の一の量で供される。鴨の炉焼きには数多くの調理法があるが、いずれにしてもたいてい皮はパリッとして肉はピンク色に仕上げられている。供されるまえに適当な大きさに切り分けられるが、骨は付けたままにして、全形がわかるように盛りつけられる。肉汁を含んで塩気のある鴨肉の味が引き立つように甘いプラムソ

▲竹製の器に盛りつけられた様々な点心。

▲月餅と茶。

ースが使われることが多い。

〝不死鳥の鉤爪〟とも呼ばれる鶏の足（フンザオ）も中国で人気の料理だが、西洋人にもなじみやすい味かもしれない。鉤爪を剝がして、油で揚げ、黒豆鼓で軟らかくなるまで蒸し煮にする。

大根、里芋、ヒシの実で作る〝ケーキ〟も点心のメニューに含まれている。ラディッシュケーキ（カブを意味するターナップケーキとも呼ばれる）は、白いラディッシュ（大根またはムーリ）をすりおろして干しエビと豚肉の腸詰めを混ぜ合わせ、蒸してから薄切りにして少量の油で揚げる。カリッとしたヒシの実から作るケーキは透きとおるように白い。

甘い点心には英国やポルトガルの影響を受けて生みだされたと見られるマンゴープリンやカスタードタルトもあるが、甘味づけした餅米の生地を丸めてゴマを絡ませて揚げた芝麻球（胡麻団子）などは中国式の菓子だ。中国では旧正月のごちそうとして人気が高い。

また、月餅は本来、満月の中秋節を祝って焼かれている菓子で、その種類は多彩だ。広東の月餅は厚い練りされている。

生地に小豆や蓮の実からこしらえる甘く濃いあんを詰める。伝統的な月餅には表面に幸運の象徴が刻印されている。

点心を食べる際には伝統的に箸が使われている。箸で食べやすいように少量ずつ盛りつけられているのも点心の特徴だ。料理とともに茶を飲むことも欠かせない。給仕係はまず飲みたい茶を尋ねる。複数の種類が用意されている。龍井などの緑茶、鉄観音などの烏龍茶、素朴な風味のプーアール茶、菊や薔薇やジャスミンなどの芳香茶。飲茶のレストランで最も人気があるのはおそらくジャスミン茶だろう。

茶店やレストランでの茶の飲み方には慣わしや作法がある。なによりもほかの人々に注いでから自分のティーカップを満たすのが最も礼儀正しい作法だ。広東では茶を注いでくれた人に独身なら人差し指を曲げて軽くテーブルに打ちつけ、既婚なら人差し指と中指で軽く打って、感謝を示すのが一般的な流儀だ。このお辞儀を表すしぐさには、指で〝叩頭（頭をさげる）〟という意味が込められている。お忍びで旅をしていた乾隆帝に敬意を示すために使われた方法を再現したとされている。言い伝えによれば、乾隆帝は華南を訪れた際、従者たちと茶店に入り、身分を隠すため、従者たちからすれば畏れ多くも、みずからみなに茶を注いだ。従者たちは恐縮しつつも頭をさげて皇帝の正体をおおやけにするわけにはいかなかった。仕方なく、従者のひとりが三本の指でテーブルを打ち（一本の指でお辞儀を、残りの二本の指はひれ伏した両腕を示していた）、賢明な皇帝もその意味を了解した。以来、それが倣いとなった。幾度となく茶が注がれる食事のあいだには感謝を示す方法としても理に適っている。茶を注がれた人が騒がしい店内で、しかも食べ物が口に入っているかもしれない状態で礼を伝えるのに比べて、時間の節約になる。それ以上茶を注いでほしくない場合には、指で〝払う〟しぐさをするか、さりげなくもう不要であることを伝える。ティーポットの蓋ははずしておくか、いつでも注ぎ足せることを示すために少し開けておく。

◎茶餐廳《ちゃさんちょう》（チャーチャーンテン）

飲茶は中国ならではのもので、供される茶も中国伝統の飲み物だが、一九五〇年代以降、香港ではまたべつの方式の茶食堂が広まった。香港の西洋式の料理は当初、贅沢品と見なされ、高級レストランでしか供されず、地元住民が口にすることはほとんどなかった。第二次世界大戦後、香港はますます国際色豊かな都市となり、西洋の影響を受けた中産階級が味わう料理の幅も広がった。茶餐廳と呼ばれる茶食堂ができはじめ、なかでも香港、マカオ、台湾、広東省の一部地域では人気となった。一時的な滞在者たちのあらゆる出身地の調理法が融合し、様々な料理が生みだされた。〝安価な西洋料理〟とも見なされ、〝醬油洋食〟と呼ばれることもあった。香港の慌ただしい生活様式に似て、速く効率的に料理が提供される方式で、午前七時から午後十一時まで営業している。

客が席につくとまず茶が運ばれる（たいがい安価な紅茶から作られる〝クリアティー〟と呼ばれる薄い茶）。飲用なのだが、その茶を使って食べるまえに食器をすすぐ客もいる。そうした店で人気の茶は、英国に統治されていた時代に生みだされた香港流ミルクティーだ。紅茶をミルクと砂糖とともに飲む英国のアフタヌーンティーの伝統が香港でも広く取り入れられた。ただし香港ではたいてい複数の紅茶がブレンドされていて（配合はほぼ企業秘密とされている）、通常のミルクではなく無糖練乳と砂糖を客が自分で最後に加える。ミルクなしで供される中国茶と区別するためにミルクティーと呼ばれている。大きなティー・ソック（茶漉し）を使って淹れるので、〝シルクソック〟や〝シルクストッキング〟ミルクティーとも呼ばれる。ティー・ソックを使うと茶がよりなめらかになると言われ、時間をかけて茶を淹れると茶漉しが濃い褐色に染まり、シルクのストッキングのように見えるというわけだ（もともと実際にシルクのストッキングが茶漉しに使われていたとの説もある）。ほかにも飲み方は幅広く、無糖練乳ではなくコンデンスミルクと砂糖を加えて、より濃厚でなめらかな味わいにする方式もある。その場合にはチャチャウ（食茶）とも呼ばれる。冷たいミルクティーも飲まれているが、氷は使わない。氷が溶けて薄まるのを避けるために、グラスを冷たい水に浸けておき、そのようにして飲むものを〝アイス・バス・ミルクティー〟と呼ぶ。

コーヒーと茶を合わせた香港生まれのユァンヨン（陰陽のインヨンとも）も飲まれている。漢方医学では、元来コーヒーは〝温〟で茶が〝冷〟なので、両者をあわせて飲むのは最良の組み合わせなのだという。ほかにも、レモンティー、コーヒー、ソフトドリンクが供されている。

茶餐廳を訪れる客は幅広い種類の料理から好きな物を選ぶことができる。メニューは四方の壁に書きつけられ、鏡に刻みつけられ、テーブルの上にもプラスチックのケースに入って置かれている。ふつうのトースト（といってもコンデンスミルク、ピーナッツバター、ジャム、バターなどが付く）やフレンチトーストから、マカロニやスパゲッティ、エッグタルトまで幅広い。フレンチトーストだけでも〝香港流〟の様々な種類がある。一般的なのが、シロップをたっぷりかけて揚げたピーナッツバター・サンドイッチだ。ほかにも牛肉のサテ（串焼き料理）の薄切りを詰めたものや、ココナッツジャムを二枚のパンに挟んで揚げた甘い〝カヤ〟もある。クラブ・サンドイッチなどそのほかの香港のサンドイッチもほとんどが、耳を切りとって軽くトーストした白いパンに卵やツナやハムなどの肉といった様々な具を挟んだものだ。炒飯と麵類（即席麵も含む）、スープのメニューも挙げればきりがない。茶餐廳には定食があるのも特徴だ。朝食、昼食、アフタヌーンティー、夕食と、一日を通してあらゆる定食が用意されている。それ以外にも、〝栄養満点定食〟、〝定番定食〟、すぐに食べられる〝ファスト定食〟、料理人もしくは支配人お勧めの〝特製定食〟もある。どの定食の内容もおおむねスープと主食の料理と飲み物となっている。メニューの名称には詩を愛する広東人らしさが表れている。たとえば、鶏の足の料理は〝不死鳥の鉤爪〟だし、パイナップルパンは見た目がどことなく似ているからそう名づけられているがパイナップルは使われておらず、パリッと甘い菓子をのせて焼いたパンだ。

土地に限りがある香港では概して賃料が高く、近年では茶餐廳が減り、レストランチェーン店に取って代わられている。

日本

茶を飲むこととその流儀は日本の生活様式のなかで重要な役割を果たしている。日本人は特別なティータイムを過ごす方式として、茶の湯と茶道という独自の文化を築いてきた。

茶を飲む儀式は禅僧によって日本の文化のなかで格別な役割を与えられ、八世紀から九世紀に仏教哲学を広める手段に用いられて発展した。僧侶たちは達磨《だるま》像を前にして同じ鉢から抹茶を飲んだ。十五世紀に珠光という僧侶が茶道を創案し、最初の大家となった。珠光は茶を用意して飲む儀式と謙虚さと静穏という精神的な意義を結びつけた。自然世界を称え、感謝を捧げる情緒的な行為だった。十六世紀に禅の茶道家、千利休（一五二二―九一）がその道義を実践的な儀式に確立した。複雑なものではなく、調和と敬意、清廉と静穏に重きをおいていた。茶道の心髄は、茶を作り供する作業に集中して、精神の充足を探求することにある。弟子から茶道で最も重要なことは何かと問われ、次の七か条を守ることだと答えている。

茶は服のよきように点《た》て
炭は湯の沸くように
花は野にあるように
夏は涼しく、冬は暖かに
刻限は早めに
雨の用意をして
相客に心せよ

茶道は、造園、生け花、建築、書道、絵画、漆工芸、陶芸など日本のあらゆる芸術に影響を与えた。茶室は伝統的な日本の庭園のなかに建てられた。徹底して質素で家具はなく、座布団があるだけだ。ふすまで仕切られ、出入口の扉の高さはわずか一メートル足らずで、腰をかがめて通り抜けなければならず、茶の前では誰もが平等であることを思い知らされる。季節の花が飾られ、時候を

▲京都の銀閣寺。

▲葛飾北斎『若水の福茶（新茶）』木版画、1816年。ふたりの女性が茶を飲んでいる様子が描かれている。ひとりの女性が茶瓶を持ち、子供がそばにいる。その年に初めて収穫された茶は新茶と呼ばれ、みずみずしい香りが漂う。日本茶は収穫時期によって3種に選別される。一番茶、二番茶、三番茶だ。

▲安藤（歌川）広重『向島の図　茶屋　平岩』木版画、1835 − 37年。茶屋の店先で、男性ふたりが、桜見物から戻ってきた３人の女性たちの気を引こうとしている。

称える詩が吟じられる。供されるのは、旬のものをさらに季節を感じられるように形作った菓子だ。秋なら栗のような練り物、春にはタケノコを象った餅が供される。

十五世紀に第八代将軍、足利義政によって建てられた銀閣寺に最古の茶室が設けられた。義政は隠居後の晩年にここで茶の湯の儀式を行なっていた。

茶を点てる儀式には二種類ある。ひとつは、形式ばらずに茶を飲む茶会で、たいがい一時間以内に終わる。抹茶とともに薄茶も淹れられ、茶の苦みをやわらげる甘い和菓子とともに味わわれる。

もうひとつが正式な儀式の茶事で、四時間にも及ぶ。空腹時に濃い抹茶——浸出させるのではなく翡翠色になるまで竹の茶筅《ちゃせん》で泡立てられる——を飲むのは望ましくないので、食事が供されてから行なわれる。この食事を茶懐石という[8]。

庭の山道を模した曲がりくねった小径を通って茶室に入り、まず茶懐石が供される。あらゆる種類の温かい料理が運ばれてくる。ご飯、味噌汁、酢漬けの魚や野菜、刺身。亭主によって酒が注がれてから、煮物が供される。

▲男性４人が会し、茶が点てられている。

酒、醤油、卵黄、生姜、味噌といった調味料により様々な煮物が作られ、これは野菜と魚の代表的な調理法でもある。そのあとに出されるのが魚などの焼き物だ。さらにご飯と吸い物が〝箸を清める〟ために供される。そして陸と海の両方の恵みを象徴する八寸。最後に香の物が、湯桶《ゆとう》（把手のないティーポットのような漆器の湯入れ）とともに出てくる[9]。食後に、亭主が全員に甘い生菓子を振るまう。

茶懐石のあと、招待客たちは庭園に出る。このあいだに亭主は食事の後片づけをして、本題の儀式、茶の湯の用意をする。礼儀作法はきわめて複雑で緻密だ。茶を点てる道具（茶箱と呼ばれる箱に収められている）と茶碗は、茶室の装飾とともに侘《わ》びの美学（閑寂の美しさ）によって念入りに選び抜かれ、配されている。

亭主は必要な道具をひとつひとつ丁寧に用いる。床の中央に掘り下げられた炭炉に釜を置いて湯を沸かす。準備が調ったら、客人たちはまた抹茶を飲むため茶室に招き入れられる。まずは抹茶を練って、濃茶と呼ばれる濃厚なペースト状のものが作られる。亭主は飲まずに、客人ひとりひとりに同じ器で茶を用意しては洗ってまた注いでいく。客人は両手でその器を持って、磁器の絵柄を亭主のほうに向けなければいけない。苦く濃い茶はすべて飲みきる。茶室の設え、道具類などの美しさを称える言葉を添えるのが作法とされている。締めくくりに亭主が客人のめいめいに、生菓子と、べつの器で抹茶に湯を加えて泡立たせた薄茶を供する。抹茶は茶入れと呼ばれる漆塗りの茶箱か茶筒に収められていて、茶杓と呼ばれる特製の匙《さじ》で茶碗にすくって移される。そこに湯を加え、茶筅を手早く動かして、淡い緑色の液体の表面を軽く泡立たせる。

　茶事を行なえるようになるまでには長期の稽古が必要だ。茶道の師は生徒に免状を出すまでに何年も教授しなければならない。

　茶事はいまなお行なわれているが、現代の日本の生活様式においてはあきらかに難点がある。茶事を行なうには、ある程度の空間と道具類を有し、しかも庭園内に位置する静かな茶室が必要だ。とはいえ、ごくふつうの家庭の女性でも、専用の部屋を確保できるなら、茶会を開くことは可能だ。桜のお花見、遠方からの友人の訪問時、お月見といった祝い事の三、四週間まえに招待状を出して開かれている。[10]

▲安達（松斎）吟光、明治時代の茶事を描いた木版画、1890 年。茶会に出席した精美な着物姿の女性たち。

▲ヘレン・ハイド、木版画、1914年頃。東京の桜の下でのティータイム。

column

和菓子

日本の甘い菓子を和菓子と呼ぶ。茶会で味わわれるだけでなく、いつでも緑茶とともに楽しまれている。

和菓子とは、甘いものである〝菓子〟に日本のものを意味する〝和〟が付いた言葉だ。日本ではもともとその言葉どおり、果物とナッツなどの堅果がおやつに食べられていた。干し柿、栗の実、カヤの実も含まれる。弥生時代（紀元前三世紀から紀元後三世紀頃）から食間に食べられていたが、一五〇〇年代には茶会で〝甘いもの〟として供されるようになった。

日本の菓子類は国外と貿易を開始したのをきっかけに大きく進化した。ポルトガルとスペインとの貿易で新たな材料とレシピがもたらされると、和菓子も変化していく。ポルトガル人から砂糖とその使い方を学び、伝統的な菓子に甘味をつけることが広まった。

和菓子は古代の皇都、京都でとりわけ技巧を凝らしたものに形作られた。日本の美と文化の真髄を表している。その形状、色彩、模様は日本文学、絵画、織物から着想が得られている。たいがい自然から呼び起こされるものが表現されていて、文字どおり眼福を与えてくれる。ほのかな香り、舌触り、見た目、食べたときの音までもが称賛されている。古典の散文や詩から風流な名称が付けられていて、花や動物など、自然界のあらゆる姿を表しているものもある。

和菓子には多様な材料（おもに日本の伝統食に欠かせない様々な豆類と穀類だが）と調理法（蒸したり焼いたり揚げたり）が用いられている。繊細で芳しく、舌触りは軟らかいものから、しっとりとしていたり、サクッと歯ごたえがあったりと様々だ。菓子職人によって色彩や形状を変えて、多様なものが生みだされ、いまも進化しつづけている。

和菓子の種類には生菓子、半生菓子、干菓子がある。生菓子は文字どおり生の、概して〝しっとり〟とした菓子だ。精糖のほか、製粉米粉、澱粉質の豆類から作るあんが使われ、砂糖が軟らかい舌触りを生みだしている。繊細で美しい形状の生菓子は手作りで、日本の四季の自然が表現されている。二月なら梅花、三月に桃の花、四月は桜を主題とした菓子が作られる。秋には美しい山吹色の葉や、菊の花と柿、冬には寒梅が表現される。

　半生菓子はその名のとおり、半分だけ生で、いくらかしっとりとしていて、干菓子は米粉、砂糖、澱粉の練り物から作られる〝乾いた〟甘い菓子だ。練り物が圧縮して固められている。どれも茶会によく供されるが、キャンディー類も含めた乾いた甘い菓子全般を干菓子とも呼ぶ。

　そうした和菓子の芸術的な美しさを鑑賞するのも、茶事ではとりわけ菓子を味わう際の大切な要素だ。

▲多彩な和菓子

◎喫茶店

　現在でも茶屋の伝統を継ぐ昔ながらの喫茶店（文字どおり茶を飲む店）に通う日本人は多いが、若い世代には時代遅れで寂れていると感じる向きもあり、精彩を欠いている。

　二十世紀の初めから一九七〇年代中頃の趣を感じさせる店が多い。風雅だったり、懐古趣味であったり、いくらかみすぼらしく見えたりもするが、いずれにしても魅力がある。日本文化の一部で、緑茶や紅茶だけでなく、コーヒーも飲める場所だ。メニューは、ありきたりの耳まで軟らかい白い食パンを薄切りにして作った昔ながらのサンドイッチなどとともに、西洋の影響を受けた日本料理が並ぶ。その一例が、揚げた豚肉を挟んで甘辛いソースをかけたカツサンドだ。ナポリタン、オムライス、カレーライスなどの軽食も提供している。何世代にもわたって日本で広く愛されている西洋風のデザートも多く、十六世紀にポルトガル人によってもたらされた甘いスポンジケーキ、カステラもそのひとつだ。日本には当時オーブンがなく、似たものを仕立てて菓子を作ったので、蒸しケーキのような風味になった。プリンも人気だ。

喫茶店が少なくなるにつれ、カフェが増えている。両者には明瞭な違いがある。カフェは最新の風潮を取り入れた洒落た装飾の現代的な空間と見なされていて、流行りのメニューで若い世代の客を引きつけている。喫茶店では昔ながらのフィルターで漉したコーヒーが出されるが、カフェではエスプレッソやカプチーノなど、より新しい時代のコーヒーのメニューが揃えられている。茶についても近年は烏龍茶や紅茶が多く飲まれるようになり、ほとんどがフランスから輸入されているセンティッドティーやフレーバーティーもフレンチティーとして人気を集めている。

現在の日本では多様な茶が飲まれている。多くは緑茶だが、セイロンやインドから輸入された紅茶も一流ホテルやレストランで広く供されている。ブレンド用の茶葉を栽培しているコーンウォールのトレゴスナン茶園など、英国からも輸入されている。紅茶は西洋風のティーカップで、緑茶は日本式の湯呑みで、粉茶なら茶碗で飲まれている。

韓国

韓国にも茶を飲む奥深い文化がある。善徳女王の治世（六三二―六四七）に中国の唐朝からすでに緑茶（ノクチャ）はもたらされていたが、興徳王の時代（八二六―八三六）に王使キム・テヨンが中国から茶の木の種子を持ち帰った。王は茶の木の種子を智異山の暖かな斜面に植えつけるよう命じ、以来、いまでもこの地域が韓国の茶栽培の中心地となっている。

当初、茶は、王族、兵士、高位の僧侶など特権階級の人々のあいだで瞑想の助けに飲まれるものだった。薬効が認められて珍重され、特別なときに備えて蓄えられたり、大切な客人に供されたりもした。贈り物や、心身を律するものであるとも考えられていた。この時代に早くも茶をたしなむ奥義、〝茶道〟が築かれていたのだ。茶を飲むことは、悟りを開くとまでは至らないまでも、内なるものを目覚めさせて高みへ導く、神聖な精神的行為だと見なされた。僧侶たちは日に三度、重要な儀式として仏陀に茶を捧げた。寺院を訪れた人々はワインではなく茶を供された。寺院の近隣にはチャチョン（茶村）が次々に誕生し、僧侶たちによって大量に消費される茶を供給した。

茶は国家の儀式に欠かせないものとなった。茶に関わるいっさいを取り仕切る特別室、タバン（茶房）が設置され、王族の結婚式、葬儀、戴冠式、外交式典など重要な国家行事での茶会も執り行なった。

王族は茶を飲む手順を凝った儀式に仕立てた。宮廷でもそのほかの場所でも、儀礼で茶を飲む際には手の込んだ作法が重んじられたが、厳かな茶事であっても王や皇太子が席につけば、茶とともに音楽が奏でられた。宮廷の人々がティー・パーティや詩の朗読会を開くために、宮廷内に天幕を張った休憩所やあずまやが設けられた。

▲1910年に韓国ソウルのナクトン聖堂の軒先で茶を飲む韓国と西洋の女性たち。西洋の女性たちは福音伝道協会の宣教師。

そのほかの貴族や官吏といった人々は眺めのよい場所でパーティのように集うなど、よりくつろいで茶を楽しむ方法を見いだした。音楽が流れ、ダンスをして、詩を朗読し、ワインも飲んだ。茶の賛歌を作る伝統もこの頃に始まった[11]。茶を飲む礼儀作法は茶礼（タドやダドと呼ばれる）という慣わしとして確立された。湯を沸かす火鉢、器、匙、急須などの道具も生みだされた。茶の種類が増えて品質も向上し、水の味わいも極められた。礼儀作法も大切だが、茶礼で肝要なのは水と茶の調和だ。韓国の茶の大家、草衣禅師《チョイソンサ》（一七八六―一八六六）はこう記している。「丁寧に淹れ、乾いたところに保管し、清らかに浸出させる。茶礼に欠かせないのは丁寧に、乾いたところで、清らかに、なのである[12]」茶礼では通常、茶の苦みをまぎらわせるためダシク（茶食）と呼ばれる菓子が供される。茶食にはおもに米粉や緑豆の澱粉など植物性の粉類と蜂蜜が使われている。木製や陶材の型に押し込んで丸く刳り貫き、花模様や、長寿、富裕、健康、平和といった文字が刻みつけられている。花の抽出物など自然の材料を使って、赤、緑、黄色、白、黒色でそれぞれ自然の五要素が表現されている。ダシクを黄色に染める松の花粉は高価な着色料だ。[13]

韓国では茶葉を使わない〝茶〟も好まれている。朝鮮人参や生姜で作られる薬草茶、ナツメ、シトロン、プラム、マルメロなど果実から作られる果実茶、麦茶（ポリチャ）など穀物から生みだされた飲み物の三種だ。オミジャ茶（オミジャは五味の意味で、甘味、酢味、苦味、塩味、辛味を表している）はモクレン科の植物の果実から作る果実茶で、温かいものだけでなく冷たくして飲まれてもいる。どれも人気の理由は健康によい作用があるとされていることだ。煎った大麦と湯で作られる麦茶は温かいままでも冷やしても、食事に定番の飲み物だ。

近年の韓国ではコーヒー文化も浸透してきたが、ソウルの北村（プッチョン）韓屋村、仁寺洞（インサドン）などにある数多くの茶店では現在でもそうした様々な茶を飲むことができる。蒸しカボチャケーキ、豆のスープなど、茶とともに注文できる軽食も豊富だ。仁寺洞にあるタウォン（茶院）は韓国の伝統家屋〝ハノク〟のなかで営業している昔ながらの名高い店だ。餅菓子のトック、もち米粉を油で揚げた甘いユグァなどの伝統菓子と多種類の〝茶〟が味わえる。

台湾

台湾（旧称　美麗島）は世界でもきわめて人気の高い茶の産出国だが、なかでも風味と香りが格別な烏龍茶が特産品だ。台湾を代表する貴重な銘茶が〝東方美人〟で、この名称はエリザベス二世が自国の茶商から献上された見本に授けたものと伝えられている。台湾のシャンパンとも呼ばれ、その濃く赤みがかった金色と、ふくよかでなめらかな味わいが専門家たちから高い評価を受けている。そのほかにも、インペリアル烏龍、グランド烏龍ファンシー、凍頂烏龍、軽く発酵させて薔薇やジャスミンで香りづけした包種茶（プーチョン）も銘茶として知られている。

十六世紀に初めて台湾に上陸したヨーロッパ人はポルトガルの船乗りたちだった。その島の美しさに魅せられ、船乗りたちは美しい島を意味する〝イスラ・フォルモサ〟と呼んだ。地理的な条件、山岳地が広がっていること、亜熱帯気候からしても台湾はもともと、茶の栽培に理想的な島だったが、一八五〇年代の中頃にようやく、中国福建省からの入植者たちが種子を持ち込み、大規模な茶栽培が始まった。そうして栽培方法と製法だけでなく、茶の文化もこの島にもたらされた。

茶を愛する台湾の人々の飲む作法と茶店には豊かな文化がある。茶は台湾社会の仕組みの一端を担っている。商談、結婚披露宴、葬儀に欠かせないものだ。「どうぞ、お茶を飲んでいってください」これが来客を歓迎する一般的な挨拶だ。政府は茶の博物館を建て、茶の品評会を開き、茶祭りも催している。台湾の人々も独自の茶の儀礼を築いてきた。中国や日本と同じように、茶をじっくりと味わえるように静かな環境で行なわれる。儀礼では各段階ごとに丁重に手順を踏まなければいけない。一九七〇年代には芳香を楽しむためのカップが生みだされた。茶の香りが引き立つように特徴的な円筒形に作られている。飲むための小さなカップと組み合わせて使われる。台湾の烏龍茶の芳しい香りを楽しめるように考案された手法だ。

香りを楽しむカップ、飲むためのカップ、茶器（蓋碗と呼ばれる蓋付きの器で急須にも茶碗にもなる）は熱湯で温める。茶を淹れ、しばし浸出させる。それから香りを楽しむカップに注ぎ、飲むためのカップをひっくり返し、ふたつのカップがキノコのように見える格好に蓋をする。ふたつのカップを片手の親指と中指で持ち、すばやくひっくり返して、茶を飲むためのカップに入れ替える。香りを楽しむカップをはずし、少し空気に晒して匂いを嗅いで香りを楽しんでから、もう片方のカップから茶を飲む。

最近ではこのような手順はさほど見られなくなり、多くの人は茶を淹れたら、急須か蓋碗の蓋の香りを嗅ぐだけだ。[14] 台湾には人々がせわしなく暮らす街の喧騒を断ち切れるように設えられた数多くの茶屋があり、平穏な雰囲気のなかでくつろいで茶が味わわれている。たいがい魚が泳ぐ大きな池のある中庭

▲台湾台中にある茶店〈無為草堂〉。〝自然にまかせる〟という意味の店名で、昔ながらの茶店の趣を残している。養魚池を囲む造りの木造2階建て。

を臨む建物で、街路に面した窓はない。そこで人々は上質な烏龍茶の杯を重ねながら、のんびりとおしゃべりをして、たまには池の魚を眺めもするのだろう。茶店は文化施設でもあり、伝統芸術の活性化にも役立てられている。書道や絵画の展示がよく見られ、伝統音楽のコンサートを開いている茶店もある。

台北にある〈紫藤盧〉は上質な茶と歴史と郷愁の趣の揃った名高い茶店だ。その魅惑的な木造家屋はもともと日本統治下の一九二〇年に海軍の兵舎として建てられた。一九八一年に茶店に改築され、反体制派たちの会合場所に使われた。以来、芸術家や作家に愛されてきた。一九三〇年代の装飾様式の店内では、選りすぐりの烏龍茶のほか、緑茶や、希少なプーアール茶の品種も楽しめる。茶菓子には、緑豆のケーキ、ココナッツボール、鳳眼（鳳凰《ほうおう》の目：砂糖ともち米で作るケーキ）、梅を茶に浸け込んだ茶梅などが取り揃えられている。

台湾人の茶好きが高じて生みだされた〝バブルティー〟は大変な人気を呼び、北米やフィリピンなど中国系の人口が多い地域だけでなく、英国を含む世界各地で流行した。元来は一九八〇年代に子供たちが学校帰りに屋台で買うのを楽しみにしている飲み物だった。遊び心のあるひとりの屋台主の女性が、常連客を喜ばせようとアイスミルクティーに数種の果実を加え、しっかり振って混ぜ合わせた。すると表面が泡立った。子供たちはこの新たな甘いアイスティーの味を気に入り、ほかの屋台主たちも追随した。そのうち誰かがこの茶に真珠の粒のようなタピオカを加えることを思いついた。そうするとカップの底に粒が沈んで、そこにも泡を生みだした。バブルティーはたいがい透明なプラスチックのカップか容器に入れ、粒が通る太さで軟らかく、かつ強く吸える耐久性のあるストローをさして売られている。しかも、子供たちにとってはたまにそのストローから粒を吹いて、標的や誰かに当てる遊びもできるおまけ付きだ。バブルティーは様々な名で呼ばれ、なかには〝ボバ〟、〝キューキュー（中国語で嚙みごた

▲色彩も風味も種類豊富なバブルティー。

えを意味する擬態語)〟、西洋での〝ブーブー〟など風変わりな呼称もある。

さらに、バブルティーは紅茶、緑茶、白茶とあらゆる種類の茶で作られている。風味づけも、マンゴー、ストロベリー、ライチ、ココナッツなど果実のほか、チョコレート、大麦、アーモンド、生姜、薔薇なども使われている。コーヒーで作られるものも登場した。香港では紅茶とコーヒーを半分ずつ混ぜたバブルティーも生みだされた。ミルクは好みで加えられる。乳製品を避けたい人向けの代用乳を用意しているカフェもある。

バブルティーは台湾発祥の飲み物だが、インドのサフランやカルダモン、イランの薔薇水、メキシコのハイビスカスの花など、あらゆる地域の風味が取り入れられ、融合したことにより、ますます人気が広まっている。現在ではタピオカの粒ではなく、ゼリーを小さな立方体や星形や細長いかけらにして入れているものも出てきた。茶やコーヒーが入っていないものすらある。様々に風味づけした冷たいソーダ水のようなものに、タピオカの粒が加えられている。そうしたものは一般に〝スノー・バブル〟と呼ばれている。いまやバブルティーの種類は数かぎりなくあり、今後もきっと世界じゅうで味わわれつづけていくことだろう。

第8章 そのほかの世界各地のティータイム

世界各地の茶の飲み方とティータイムの過ごし方は、その準備の手順と同様に多彩だ。東洋から伝来した茶は、各地の風土になじんで、あらゆる飲み方や流儀が創造された。ティータイムの慣習は、ともに味わわれる食べ物も、その味わい方も、きわめて幅広い。本章では、ここまでの章で取り上げた地域以外のアフリカ、インドネシア、南米のティータイム事情を探訪する。

モロッコと北アフリカ

北アフリカには茶の産出国はなく、モロッコで茶が飲まれてきた歴史については様々な説がある。そのうちの一説は、ジョン・グリフィスが著書『世界を変えた飲み物』(二〇〇七)に記述しているように、一八五四年に中国で緑茶を積んだ英国船が北欧とバルト諸国を目指したものの入港を許可されず、船荷を降ろせなかったことがきっかけだった。やむなくほかの市場を探してモロッコの港にたどり着き、どうにかそこで茶を売ることができたので、この地でも茶が飲まれるようになったとされている。何世紀ものあいだハーブティーを飲んでいたモロッコの人々は緑茶をいたく気に入り、その茶(たいがいは平水珠茶と呼ばれる中国緑茶）にミントの葉――すでにハーブティーに使っていた土着の香草――で風味づけして、砂糖をたっぷり加えるという独自の爽快な飲み物を作りだした。使われるのはスペアミント（学名Mentha viridis）で、これ以外の種類では適さないと考えている人々も多い。

ミントティーはモロッコの言葉でシャイビルナナと呼ばれ、食後や一日を通していつでも飲まれ、作り方は手順が定められていて一種の技芸だと見なされている。作り手はおもに一家の主人が担い、装飾の凝った銀製のティーポットに緑茶を入れて作るのが伝統だ。ポットにサトウキビの棒砂糖の塊を入れて甘味づけし、ひと握りのミントを加え、そこに沸騰した湯を注ぎ、浸出するまでしばし待つ。この茶を高く掲げたポットから、美しい装飾の施された盆に並べた色鮮やかな小さいグラスへ表面に泡（ケシユクーシャ）が立つように注ぐのが腕の見せどころとなる。グラスで三杯飲むのが慣わしだ。茶の浸出時間によってそれぞれのグラスの風味が異なることが、有名なマグレブ地方のことわざで表現されている。

一杯目は人生のように穏やかで
二杯目は愛のように濃く
三杯目は死のように苦い

アーモンドとシナモンを詰めたガゼル・ホーン、アーモンドを使った小さな丸いビスケット、ゴリバなど、甘い焼き菓子が茶とともによく食べられている。デーツが詰められた菓子も人気だ。

ミントを入れて浸出させた茶を飲む風習は、モロッコからアルジェリア、チュニジア、リビア、さら

▲華やかな装飾のグラスで供されるモロッコのミントティーと焼き菓子とデーツ。

にはサハラ砂漠のベルベル人やトゥアレグ族の遊牧民にも広まった。紅茶も濃く淹れて甘味づけしてミルクは入れずに飲み、時にはミントを加えて淹れられることもある。エジプトでは茶はシャイと呼ばれ、伝来の遅かった緑茶はあまり飲まれていない。紅茶のほうが好まれ、濃くして甘味づけし、ミルクは入れないが、風味づけにミントが使われることも多い。カフェでは香草や薬草のハーブティーもよく飲まれている。

暑さのなかで爽やかさを感じさせてくれるミントティーはイラクなどのほかのアラブ諸国でも人気で、饗宴の締めくくりに供されることが多い。ペルシア湾岸諸国では、水差しのような瓶にサフランとともに浸出させた薄くまろやかな茶を入れて、訪れた客にまず振るまう風習もある。地域によって好みは様々で、シナモンや乾燥ライムなど、いろいろな香辛料やハーブが茶の風味づけに用いられている。

column

パタゴニアのティータイム

南アメリカの南端のアルゼンチンとチリにまたがる地域、パタゴニアにも、ウェールズのティータイムの風習が見てとれる。一八六五年、百五十三人のウェールズの男女と子供が茶の輸送帆船《ティークリッパー》ミモザ号に乗船し、リヴァプールから八千マイルの旅に出た。この人々は文化と宗教による迫害から逃れ、独自の信仰を守り、ウェールズ語を話し、民族性を維持できる新天地を求めていた。

八週間後、パタゴニア北東部のヌエボ湾岸に上陸した。そこは期待していたような緑生い茂る肥沃な土地ではなく、不毛な荒涼とした原っぱだった。酷寒の冬、洪水、不作、水不足、食糧不足、風露をしのげる森林もない苦境と向き合わされた。それでも移民たちは粘り強くチュブト川の渓谷地帯に居住地を築き、小規模の集団で用水路を整備して生き抜いた。それからおよそ百五十年後の現在、パタゴニアのこの一帯にはウェールズ系を称する人々が五万人以上もいる。ウェールズの伝統的なティールームが軒を連ねる町ガイマンは観光名所となっている。そうした茶店〝カーサ・デ・テ〟では、ナッツ、砂糖漬けの果物、糖蜜、香辛料、アルコールで作る濃厚なフルーツケーキ、トルタガレサ（トルタネグラとも呼ばれる）とともに最高級のアフタヌーンティーが供されている。パタゴニア・クリームタルト、パタゴニア・キャロットプディングなどもティータイムのごちそうだ。さらに、甘辛いスコーンのバラブリス、熱いバター付きトースト、自家製ジャム、果物の砂糖煮とともに、もちろん、完璧に淹れられた茶も味わえる。

東アフリカ

エチオピアはコーヒーを生産し、コーヒーを多く飲む国だが、一日を通して茶も飲まれている。ともによく食べられているのが、香辛料の利いた全粒小麦粉のパンや揚げ菓子だ。ケニアでは茶がおもな輸出品のひとつで、そのほとんどが英国へ出荷されている。英国の植民地時代からティータイムの慣習は引き継がれているものの、流儀はインド式で、茶をチャイと呼び、ミルクと砂糖を入れ、シナモンやカルダモンや生姜などの香辛料を風味づけに加えることもある。ウガンダでは茶は国民的な飲み物で、主要な輸出品でもある。茶の飲み方には英国、東インド諸島、アラブ諸国の影響が見てとれる。裕福なウガンダ人は英国式にミルクと砂糖を入れ、磁器の受け皿付きのカップで茶を飲む。東インド諸島の文化を受け継ぐ人々はたっぷりのミルクと砂糖も加えてチャイを作る。アラブ諸国のように紅茶に砂糖を多く入れて飲む人々もいる。お茶請けには、サモサ、ピーナッツ、パンなどが食べられている。

インドネシア

インドネシアの多くの地域で茶が栽培されていて、芳しく軽いのがその品種の特徴だ。最上質のものは日本、北米、ヨーロッパに輸出され、おもにブレンド茶やティーバッグに用いられている。

茶はこの国の代表的な飲み物で、飲み方の流儀は地域によって異なる。砂糖を入れずに茶を（苦い茶という意味で、テ・パイットやテ・タワールと呼ぶ）飲む人々もいるが、砂糖の生産地であるジャワでは砂糖入りのテ・マニスが飲まれている。ミルクやコンデンスミルクを加えたものはテ・ススと呼ぶ。陶製などのカップやグラスで飲む。特定の時間に飲むわけではなく、一日を通して味わわれている。多くのレストランでは席につくと無料で茶が運ばれてくる。衛生上の問題から水の代わりにもなっていて、飲料用の水質がよくない地域もあるため、沸騰水で茶を淹れている。人通りの多い街なかでは、鉄道駅やバスターミナルなどの屋台で売られる甘く芳しい温かい茶や砂糖で甘くしたアイスティー（テ・エス）が暑さをやわらげてくれる。家庭では午後四時半頃におやつとともに茶が飲まれることが多い。ライスケーキが人気で、バナナを使ったナガサリ、すりつぶしたココナッツを小さな団子にまぶしたオンデオンデなど、たくさんの種類がある。ピサンゴレンという揚げバナナや、サゴ粉を丸めてパーム糖シロップを絡めた甘い菓子オンゴルオンゴル、甘いココナッツを詰めてパンダンというタコノキ科の植物で緑色にするクレープのようなダダールグルンもお茶請けに人気だ。

南アメリカ

南米大陸の多くの国がいまなお茶を生産しているが、国民にはあまり飲まれていない。世界最大のコーヒー生産国であるブラジルではおもにコーヒーが飲まれている。けれども一九七〇年代初めから中流層では茶を飲む人々も増えてきた。大都市では茶店（カサ・デ・チャ）が次々にできていて、女性たちが友人と茶を飲みながらケーキやビスケットやチョコレートやパンを味わっている。サラダ、サンドイッチといった軽食を出す店もある。ミルクと砂糖は入れる人もいれば、入れない人もいる。アイスティーも緑茶と同じように好まれている。

かたやアンデス山脈の反対側のチリでは、ティータイムの文化がしっかりと根づいている。オンセと呼ばれるティータイムの慣習は一八〇〇年代に英国人たちが硝石の採掘のためチリにやってきて以来、受け継がれている。一世紀を超えてなお、たいてい午後四時から八時のあいだのどこかで〝オンセ〟が広く楽しまれている。茶とビスケットやひと切れのケーキといった簡単なもので済ませる人もいれば、トーストしたマラケタ（チリの伝統的なパンで、パン・バティド（ホイップパン）やパン・フランセ（フランスパン）と呼ばれることもある）や、柔らかいロールパンにバターを塗り、つぶしたアボカド、ジャム、チーズ、マンハール（ドゥルセ・デ・レチェなどのミルクキャラメル）を挟んで焼いたものなど、たっぷり軽食をとる人もいて、形式は様々だ。しっかりと揚げた菓子やパンはソパイピーヤと呼ばれ、アボカド、チーズ、マンハールなどから作られる多彩なソースや、チャンカカという甘いソースをかけて食べられる。チレニートスはチリの伝統的な薄焼き菓子で、マンハールなどのキャラメルが挟まれ、粉砂糖がまぶされていて、甘いもの好きのチリ人たちに好まれている。

オンセは戸外でも楽しまれている。街や都市に増えているカフェでは人々が友人たちと集い、おしゃべりをしたり世情を論じあったりしながら、茶を飲むひと時をともに過ごしている。

訳者あとがき

ティータイムという言葉から一般に広く連想されるのは、芳しいお茶はもちろん、美しい食器、おいしい焼き菓子、束の間のくつろいだひと時などでしょうか。日本古来のお茶を飲む光景と言えば、まず和菓子と緑茶が思い浮かびますし、現代では必ずどこかの高級ホテルやレストランで季節ごとに趣向を凝らしたアフタヌーンティーが催されていて、映画やドラマや絵画でも〝ティー〟の場面はなじみ深く欠かせないものとなっていることからもわかるように、お茶を飲む文化は世界じゅうで育まれてきました。本書は、その起源を茶葉の誕生にまで遡り、普及の歴史を一から簡潔に振り返りつつ、世界各地でそれぞれに築かれてきたティータイムの慣習を旅のように読んでめぐっていただける一冊です。

当然ながら、各国、各地域で独自のお茶の文化が育まれるまでの過程には、交易の歴史、戦争、政情、植民地支配、移民の流入、文学、芸術、土着の食文化、あらゆる娯楽の流行が複雑に絡み合っていました。本書では、それらの結びつきをわかりやすく繙《ひもと》きながら、文学のなかに見られるティータイムにも焦点を当てています。たとえば、ジェーン・オースティンの『マンスフィールド・パーク』でお茶の用意を待ち焦がれるファニー・プライス、『不思議の国のアリス』の〝いかれ帽子屋のお茶会〟、プルーストの『失われた時を求めて』で遠い記憶を呼び起こさせるマドレーヌ、L・M・モンゴメリの出身地プリンス・エドワード島でアンが嬉々として並べる薔薇の蕾の枝木模様の入った茶器などなど。そうしたよく知られた本のなかの風景も、地域ごとに茶が伝来して広まった背景と合わせて眺めてみると、また新鮮な感慨が湧いてきます。

ヨーロッパの貴族や富裕層のかしこまったお茶会のエピソードばかりでなく、ごくふつうの家庭でお茶が飲まれていた風景も、人々の日記や回想を引用して鮮やかに描きだしています。十八世紀にかのモーツァルトの父親も美味なお茶とバター付きのパンを楽しみに訪れていたロンドンのティーガーデン（一シリング六ペンスの入場料は現代の日本円に換算して二千三百円ほど）や、エドワード朝時代に華やかさを極めたティーガウンなど、何かと優雅な印象を持たれがちな〝ティー〟ですが、農村部では昔から収穫期に大勢の働き手たちに振るまわれる活力の源の食事でしたし、弔いの席では故人を偲び、人々の哀しみを癒やすものでもあったのです。芸術の世界に目を転じれば、フランスでは画家のモネがジヴェルニーの名高い庭で同じ印象派の画家たちとお気に入りの紅茶を味わい、パリに暮らしたココ・シャネルには足繁く通うティールームに鏡のそばの指定席が確保されていました。

時代が進み、英国、アメリカ合衆国、オーストラリアなどでは、じつはティールームが女性の自立と参政権運動にきわめて重要な役割を果たしたことも見逃せません。家で菓子を焼き、お茶を淹れていた女性たちが戸外で堂々と集う場所を得て、みずから選択する自由を勝ちとるために動きだしたのです。ティータイムはけっしてくつろぐだけではなく、歴史を変えるほどの力を与えてくれたものであったことがおわかりいただけるでしょう。

そして現代では、世界的にエスプレッソを主体とした飲み物のカフェが増え、台湾発祥のタピオカティーが大流行するなどしたいっぽうで、古き良き茶店文化を残そうとする動きも世界各地で静かに広がっています。著者が本書で紹介しているインドのイラニ・カフェも存続が危惧されている昔ながらの茶店文化のひとつ。ちょうど今年、そのイラニ・カフェを題材としたＮｅｔｆｌｉｘ映画『マスカ～夢と幸せの味～』の配信も始まりました。マスカとはバターを意味する言葉です。独特な趣あるイラニ・カフェの映像がたっぷり眺められるので、本書でご興味を持たれた方は機会があれば、ぜひご覧になってみてください。

著者ヘレン・サベリは英国ヨークシャー出身で、現在の外務・英連邦・開発省に入り、アフガニスタンの首都カブールにある英国大使館で働いていたときにアフガニスタン人のエンジニアと結婚し、一九八〇年まで現地に在住していたとのこと。英国に戻ってから、戦争や国外移住により失われかねないアフガニスタンの食文化を記録しようと思い立ったのをきっかけに、フードライター、食物史研究家の道を歩みはじめました。本書でも、その豊かな経験と知見により、茶文化の解説のみならず、世界各地の多彩な菓子の紹介やレシピがふんだんに盛り込まれ、様々な時代から選び抜かれた美しい写真や絵も、読者の目を楽しませてくれます。

そして、緑茶を飲んできた歴史の長い日本に暮らすわたしたちも、もうすっかり世界各地の人々と同じくらい紅茶に慣れ親しんでいることに改めて気づかされます。茶の知識については日本でも、お茶のすべてを網羅したとされるウィリアム・Ｈ・ユーカースの大著『オール・アバウト・ティー』が、お茶を愛し、その奥深い文化を伝達しようと尽くされた偉大な先人の方々により、早くからあらゆる形態で翻訳、出版されており、そうした数々の名著の愛読者のひとりとして、深い敬意と感謝の念に堪えません。本書もユーカースが著した茶の歴史の要点をしっかりと押さえつつ、ティータイムという新たな切り口から、時代ごとの、そして現在に至る、お茶をめぐる多様な世界へ視野を広げています。

わたしのようにお茶関連の本ならもう山積みだという場合でも、本書を加えるにあたってご心配は無用です。すでに蓄えられた知識の整理にきっと役立てられるだけでなく、著者が数多く鏤《ちりば》めた〝小ネタ〟からまた愉快な発見も得られるに違いありません。ティータイムがこれまで以上に大切な時間となっている方々のくつろぎのお供に、楽しく読んでいただけましたら幸いです。

村山美雪

二〇二一年十月

索引

原注

1章　英国

1 Sam Twining, *My Cup of Tea: The Story of the World's Most Popular Beverage* (London, 2002), p. 18.

2 ティーポイはもともとペルシア語とヒンディー語で“３”を意味する言葉で、三脚の小さなテーブルを示していた。いつしか茶のティーと関連づけられ、脚付きの茶箱を表す用語として使われるようになった。

3 William H. Ukers, *The Romance of Tea: An Outline History of Tea and Tea-drinking Through Sixteen Hundred Years* (London, 1936), p. 8o.

4 Kim Wilson, Tea with Jane Austen (London, 2004). p. 44.

5 よく売られていたのはまったく茶ではなく、木の葉、それもほとんどはリンボクの葉で、それを茹で、焼き、巻いて、乾かし、中国の緑茶のように着色したものだった。スムーチと呼ばれた。

6 Edward Bramah, *Tea and Coffee* (London, 1972), p. 132.

7 John Griffiths, *Tea: The Drink That Changed the World* (London, 2007), p. 359.

8 Jane Pettigrew, *A Social History of Tea* (London, 2001), P. 102.

9 英国のマフィンはアメリカのマフィンと異なり、型に入れて“ふっくら”と焼きあげられ(酵母菌よりもベーキングパウダーが膨らまし剤として使われる)、とても軽い。ブルーベリーなどの果実がよく加えられる。

10 詳細な歴史については Bee Wilson, *Sandwich: A Global History* (London, 2010) を参照。

11 Pettigrew, *A Social History of Tea*, p. 120.

12 Laura Mason, 'Everything Stops for Tea, in *Luncheon, Nuncheon and Other Meals: Eating with the Victorians*, ed. C. Anne Wilson (Stroud, 1994), p. 72.

13 Dorothy Hartley, *Food in England* (London, 1954), p. 281.

14 Alan Davidson, *North Atlantic Seafood* (Totnes, 2003), P. 466.

15 Mason, 'Everything Stops for Tea, pp. 77-9.

16 Catherine Brown, *Broths to Bannocks: Cooking in Scotland 1690 to the Present Day* (London, 1990), p. 69.

17 S. Minwel Tibbott, *Domestic Life in Wales* (Cardiff, 2002), P. 10.

18 ケンブリック・ティーは子供たちに用意されていた。活力を与えるだけでなく、ティータイムに参加することで大人の気分を味わわせる意図もあったのだろう。年配者たちにもよく供されていた。ケンブリック・ティーという呼称は、牛乳を入れた茶と同じように白く薄いケンブリック生地と、フランスの紡績の町カンブレーに由来している。19世紀後半から20世紀初めにはこの飲み方が広く親しまれていた。ホワイト・ティーとも呼ばれた。フランスではテ・ド・カンブレーは熱い茶とクリーム、沸騰水でこしらえ、砂糖を加えて楽しまれている。

19 Pettigrew, *A Social History of Tea*, p. 105. からの引用。
20 Peter Brears, *A Taste of Leeds* (Derby, 1998), P-53.
21 Peter Brears, 'Of Funeral Biscuits in *Petits Propos Culinaires*, 18 (1984), p. 1o, J. Nicholson, *Folk Lore of East Yorkshire* (London, 1988), p. 8. からの引用
22 食物史家ジリアン・ライリーとの私信より。
23 'Were Cream Teas "Invented" in Tavistock?', *BBC News*, 17 January 2004.
24 'The Tea Rooms of London, www. edwardianpromenade.com, 28 December 2009.
25 ウィリアム・クーパーの『The Task』(1784) より引用されたこの言葉はのちに、19世紀半ばの禁酒運動の際に茶をアルコールに代わるものとして推進する宣伝文句に使われた。
26 Perilla Kinchin, *Taking Tea with Mackintosh: The Story of Miss Cranston's Tea Rooms* (Fullbridge Maldon, 1998), p. 68.
27 Catherine Brown, *Feeding Scotland* (Edinburgh, 1996), P. 55.
28 同上 p. 56.
29 Susan Cohen, *Where to Take Tea* (London, 2003), p. 41.
30 Elizabeth Crawford, 'WALKS/Suffrage Stories: Suffragettes and Tea Rooms: The Criterion Restaurant, Kate Frye, and the Actresses Franchise League/ http:// womanandhersphere.com, s September 2012.
31 Beatrice Crozier, *The Tango and How to Dance It* (London, 1914), Cohen, *Where to Take Tea*, p. 28. からの引用。
32 Elizabeth Casciani, *Oh, How We Danced!: History of Ballroom Dancing in Scotland* (Edinburgh, 1994),Hamish Whyte and Catherine Brown, *A Scottish Feast: Anthology of Food in Scottish Writing* (Argyll, 1996). P. 33. からの引用。
33 Cohen, *Where to Take Tea*, p. 36.
34 Fiona Robinson, "Teatime in the Trenches, www. ghostsof 1914.com, 27 October 2011
35 "Wartime Children's Mcals, www. thcoldfoodie.com, 18 June 2015
36 Pettigrew, *A Social History of Tea*, p. 148. からの引用。
37 同上 p. 149.

2章 ヨーロッパ

1 Dawn L. Campbell, *The Tea Book* (Gretna, LA, 1995). p. 155.
2 Gaitri Pagrach-Chandra, *Windmills in My Oven: A Book of Dutch Baking* (Totnes, 2002), p. 113.
3 N. Hudson Moore, *Delftware: Dutch and English* (New York, 1908), p. 16.
4 Campbell, *The Tea Book*, p. 155.
5 Pagrach-Chandra, *Windmills in My Oven*, p. 113.
6 Campbell, *The Tea Book*.p. 157.
7 *The Book of Tea* (Paris, nd), p. 146.
8 www.lieder.net のヘインの詩の英訳。accessed 26 June 2016.
9 Nick Hall, *The Tea Industry* (Cambridge, 2000), p. 63.
10 William H. Ukers, *The Romance of Tea* (London, 1936). p. 65.
11 同上 p.66.
12 同上 p. 67.
13 ロンドンの〈ウォレス・コレクション〉は世界の博物館で最も見事なセーヴル磁器のコレ

クションを所蔵している。

14 Carole Manchester, *French Tea: The Pleasures of the Table* (New York, 1993), pp. 12–13.

15 *The Book of Tea*, p. 190.

16 Claire Joyes, *Monet's Cookery Notebooks* (London, 1989). translation of Les Carnets de cuisine de Monet (Paris, 1989). p. 102.

17 CK・スコット・モンクリーフとテレンス・キルマーティンによるプレイヤード叢書の翻訳より（New YORK,n.d.）, pp.48-51

18 *The Times*, 13 February 1935. p. 14.

19 Michael Krondl, *Sweet Invention: A History of Dessert*（Chicago, IL, 2011),pp.245-5

20 Annie Perrier-Robert, *Book of Tea, English edn* (London, 2004), p.69. からの引用。

21 Manchester, *French Tea*, PP. 53-4.

22 ハートソン・ダウドのスライゴー生まれの祖母のレシピ箱より、ブリジェット・ハガティ著『ティータイムの思い出』に引用されたもの。www.irishcultureandcustoms.com, accessed 28 June 2017

24 Tony Farmar, *The Legendary Lofty Clattery Cafe: Bewleys of Ireland* (Dublin, 1988), p. 13.

25 同上 p. 15.

26 同上 p. 22.

27 同上 p. 28.

28 Haggerty, 'Memories of Tea Time!

29 Myrtle Allen, *The Ballymaloe Cookbook* (Dublin, 1987). P. 168.

30 同上 p. 146.

31 Monica Sheridan, *The Art of Irish Cooking* (New York, 1965), p. 120.

32 Florence Irwin, *The Cookin' Woman: Irish Country Recipes* (Belfast, 1949), p. 5.

33 Regina Sexton, *A Little History of Irish Food* (Dublin, 1998), p. 84.

34 Susette Goldsmith, T*ea: A Potted History of Tea in New Zealand*（Auckland, 2006). pp. 45-7.

35 Campbell, *The Tea Book*, pp. 158-60.

3章　アメリカ合衆国

1 Jane Pettigrew and Bruce Richardson, *A Social History of Tea* (Danville, KY, 2014). pp. 51.76.

2. 同上 p. 47.

3 *The Cliffside Inn: Tea and Breakfast Cookbook* (Newport, 2000), p. 15.

4 Susan Williams, *Savory Suppers and Fashionable Feasts: Dining in Victorian America* (Knoxville, TN, 1996). pp. 187-8. からの引用。

5 Marion Harland, *Breakfast, Luncheon and Tea* (New York, 1886). PP. 360-61.

6 Williams, *Savory Suppers and Fashionable Feasts,* p. 127.

7 同上 pp. 127-8, Eliza Leslie, *The Ladies Guide to True Politeness and Perfect Manners; or, Miss Leslie's Behaviour Book* (Philadelphia, PA, 1864), pp. 41-2. より。

8 Harland, Breakfast, *Luncheon and Tea*, p. 362.

9 Mrs T. J. Crowen, *Mrs Crowen's American Lady's Cookery Book* (New York, 1847), pp. 401–2.

10 Williams, Savory Suppers and Fashionable Feasts, PP. 186-7. からの引用。

11 Harland, Breakfast, *Luncheon and Tea*, pp. 356-8

12 *The Cliffside Inn*, pp. 22–3.

13 同上 p. 21.

14 Lucy G. Allen, *Table Service* (Boston, MA, 1920), pp. 74, 75.

15 John Drury, *Dining in Chicago* (New York, 1931), pp. 147. 186.

16 Jan Whitaker, T*ea at the Blue Lantern Inn: A Social History of the Tea Room Craze in America* (New York, 2002), p. 146.

17 Mildred Huff Coleman, *The Frances Virginia Tea Room Cookbook* (Atlanta, GA, 1981), PP. 5-7, 94.

18 スマイラックス（サルサパリラ）は棘のある蔓性植物。若い茎はサラダにしたり茹でたりして食べられる。サルサパリラとして流通しているのは主に根を乾燥させたもので、ルートビア、ソフトドリンク、アイスクリーム、キャンディー、焼き菓子などに幅広く風味づけとして使われている。

19 Whitaker, *Tea at the Blue Lantern Inn*, pp. 172-3.

20 同上 p. 173.

21 同上

22 Drury, *Dining in Chicago* (New York, 1931), pp. 228-9.

23 Whitaker, *Tea at the Blue Lantern Inn*, pp. 169-71. 24 同上 p. 182.

4章　カナダ、オーストラリア、ニュージーランド、南アフリカ

1 Hudson's Bay archives, A.24/2, p. 76, Frances Hoffman, *Steeped in Tradition: A Celebration of Tea* (Ontario, 1997). p. 11 からの引用。

2. 同上 pp. 11-12.

3 同上 p. 12.

4 同上 p. 13, Charles Francis Hall, *Arctic Researches and Life Among the Esquimaux* (New York, 1866), PP. 161–2. から引用。

5 ノリーン・ハワードとの私信より。

6 ゲイル・ボウエンとの私信より。

7 ノリーン・ハワードとの私信より。

8 Thomas Lymer Papers, Archives of Ontario, MU 4573 F1o3s, in Hoffman, *Steeped in Tradition*, pp. 62-3.

9 同上 p. 63.

10 同上 p. 64.

11 こちらを参照。'Queen Elizabeth Cake: A Uniquely Canadian Cake www.cooksinfo.com, accessed 28 June 2017

12 この茶はエンプレス・ブレンドで、マーチーズの販売店から缶入りのものが購入されていた。現在ではマーチーズ・アフタヌーンティー・ブレンドとして箱入りで売られている。

13 Lee Jolliffe, ed., *Tea and Tourism* (Clevedon, 2007).P.239.

14 Ibid.

15 流刑地を探すため 1787 年５月 13 日に英国を出航し、ヨーロッパ人として初めてオーストラリアに上陸した 11 の船は“ファースト・フリート（第一船団）”と名づけられた。1788 年１月半ばにボタニー湾岸に到着。海軍船２艇、軍需物資輸送船３艇、囚人輸送船６艇の構成で、1000 人以上の囚人、海軍兵士、船員が乗り込み、大量の船荷を積んでいた。

16 Jacqueline Newling, "A Universal Comfort: Tea in the Sydney Penal Settlement *Locale*, 1 (2011), p. 19. localejournal.org/issues.

17 Nicholas Martland, "Milk and Two Sugars: Why Australians Switched from Chinese to Indian Tea, http://britishlibrary.typepad.co.uk/untoldlives, 23 January 2012.

18 G. Earnest, *Two Years Adrift: The Story of a Rolling Stone* (Brighton, 1870), p.5o, *Eat History: Food and*

Drink in Australia and Beyond, ed. Sofia Erikkson, Madeleine Hastic and Tom Roberts (Cambridge, 2014), P. 113. からの引用。

19 Francis Lancelott は Barbara Santich, *Bold Palates* (Kent Town, 2012), p. 156. からの引用。

20 こちらを参照。 http://trove.nla.gov.au, accessed 29 September 2017.

21 Barbara Santich, 'Sponges, Lamingtons, and Anzacs' *Journal of Gastronomy*, IV/2 (Summer 1988), pp. 97-9.

22 皮肉にもラミントン卿は自分の名を付けられたデザート用のケーキを苦手としていて、「あんなけったいなふわふわしてわけのわからんビスケット」だと言っていたと伝えられている。

23 Santich, 'Sponges, Lamingtons, and Anzacs', p. 99.

24 Santich, *Bold Palates*, pp. 206-8.

25 Janet Clarkson, Anzac Biscuits: A Brief History www.theoldfoodic.com, 25 April 2014.

26 Victoria Heywood, *Possum Pie, Beetroot Beer and Lamingtons: Australian Family Recipes 1868 to 1950* (Victoria, 2011), p. 233.

27 オーストラリアのドライフルーツ産業界を代表して、合同広報委員会より無償で配布されている。

28 Hal Porter, T*he Watcher on the cast-iron Balcony: An Australian Autobiography* (London, 1963), Santich Sponges, Lamingtons, and Anzacs, p. 99. からの引用。

29 Michael Symons, *One Continuous Picnic: A Gastronomic History of Australia* (Victoria, 1984), p. 64.

30 Santich, *Bold Palates,* pp. 100, 107.

31 同上 p. 104;quoted from Agnes Littlejohn, The Silver Road, and Other Stories (Sydney, 1915).

32 *Bold Palates*, p. 101.

33 Symons, *One Continuous Picnic*, p. 83.

34 同上 p. 84.

35 Susette Goldsmith, T*ea: A Potted History of Tea in New Zealand* (Auckland, 2006), pp. 15-17.

36 同上 p. 53.

37 同上 PP. 57-9.

38 G.R.M. Devereux, *Etiquette for Women: A* Book *of Modern Modes and Manners, revd cdn* (London, 1920), p. 32, Helen Leach, *The Pavlova Story: A Slice of New Zealand's Culinary History* (Dunedin, 2008), p. 66. からの引用。

39 Leach, *The Pavlova Story*, p. 87.

40 Goldsmith, *Tea: A Potted History of Tea in New Zealand,* P-75.

41 同上 p.71.

42 Leach, *The Pavlova Story* (Dunedin, 2008), p. 67.

43 Tony Simpson, *A Distant Feast: The Origins of New Zealand's Cuisine* (Auckland, 1999), p. 137. Julie Park, ed., *Ladies a Plate: Change and Continuity in the Lives of New Zealand Women* (Auckland, 1991), from the chapter"Women and Food, p. 145. からの引用。

44 Jock Philips, Nicholas Boyack and E. P. Malone, eds, The Great Adventure: New Zealand Soldiers Describe the First World War (Wellington, 1988), p. 97.

45 Leach, *The Pavlova Story*, p.88.

46 ベル・ティーはニュージーランドの老舗の製茶企業で、1898年にノーマン・ハーパー・ベルが創業し、ベル・ティーが商標登録された。1936年の広告では、“ティー・テーブルの貴

族”と銘打っていた。1970年代にはエドグレッツ、タイガー、アンバー・チップスといったほかの製茶企業を買収した。
47 シビル・エクロイドとの私信より。
48 Goldsmith, *Tea: A Potted History of Tea in New Zealand*, P.134.
49 同上 pp. 131-2.
50 同上 pp. 88-91.
51 同上 PP. 92–3.
52 同上 pp. 94-5.
53 同上 p.95.
54 同上 pp. 96-7.
55 同上 p.98.
56 同上 p. 134.
57 同上 p. 149.
58 同上 pp. 150-51.
59 *Hildegonda Duckitt's Book of Recipes*, selected by Mary Kuttel (Cape Town, 1966). pp. 6-7.

5章　インドと周辺地域

1 *The Voyages and Travels of J. Albert de Mandelslo (A gentleman belonging to the Embassy, sent by the Duke of Holstein to the great Duke of Muscovy, and the King of Persia) into the East Indies. Begun in the Year M.D.C.XXXVIII, and finished in M.DC.X in Three Books, Rendered into English by John Davies of Kidwelly*, 2nd edn (London, 1669).
2“ジムカーナ”はもともと集会場所を意味するインド英語だ。英国統治下時代に、ボンベイ、デリー、ラホール、カラチなどの大きな都市にジムカーナが作られ、晩の社交の催しや知識人の憩いの場としてだけでなく、競技場や運動場の役割を果たした。英国では競馬や馬術競技会を指す言葉として使われている。
3 植民地時代のインドではティフィンは午後の軽食だった。食事時間以外の飲食を指す英語の俗語“ティッフィング”と、昼食をとることを指す“ティッフ”から派生した言葉だ。なかでもマドラス地方では午後のおやつを指す言葉として使われてきた。K.T.Achaya, *A Historical Dictionary of Indian Food*（Delhi,1998）, p.252.
4 Beatrice A. Vieyra, *Culinary Art Sparklets: A Treatise on General Household Information and Practical Recipes for Cooking in All Its Branches* (Madras, 1915), p. 224.
5 Colonel Kenney-Herbert, *Culinary Jottings for Madras* (1878), facsimile edn (Totnes, 1994), pp. 192-3.
6 David Burton, *The Rajat Table: A Culinary History of the British in India* (London, 1993), p. 197.
7 Isobel Abbott, *Indian Interval* (London, 1960), p. 95.
8 Burton, *The Rajat Table*, p.198.
9 Colonel Kenney-Herbert, *Sweet Dishes* (Madras, 1884), P. 199.
10 Dennis Kincaid, *British Social Life in India, 1608-1937* (Newton Abbot, 1974), p. 283. からの引用。
11 Jennifer Brennan, *Curries and Bugles: A Memoir and a Cookbook of the British Raj* (London, 1992), pp. 179-80.
12 Pat Chapman, *Taste of the Raj: A Celebration of Anglo Indian Cookery* (London, 1997), pp. 93-5.
13 Carole Manchester, *Tea in the East: Tea Habits Along the Tea Route* (New York, 1996), p.104.
14 Brennan, *Curries and Bugles*, p. 197.
15 Chitrita Banerji, *Bengali Cooking: Seasons and Festivals* (London, 1997), p. 31.

16 Rani Kingman, *Flavours of Madras: South Indian Cookbook* (Reading, 1995) p. 124.

17 ナンカタイ（nankhatai）はペルシア語で“キャセイ（支那）のパン”、つまり中国のパンという意味だが、ナン（nan）はパンで、カット（khat）は元来のレシピに使われていた6種の材料、小麦粉、ギー（水分を蒸発させた澄ましバター）、砂糖、椰子の樹液（トディー）、卵、アーモンドを表したものだと主張する歴史家たちもいる。のちに興奮作用を危ぶんでトディーが使われなくなり、多くのグジャラート人が口にしない卵も省かれた。ナンカタイはスラトのゾロアスター教徒の男性によって考案されたと伝えられている。パン屋の男性が店でビスケットを焼いて売りだした。そのビスケットがグジャラート人たちのあいだでティータイムに人気のおやつとなり、スラトから多くのグジャラート人たちが住むボンベイに伝わった。英国統治下時代には、英国人たちにもショートブレッドを呼び起こさせるビスケットとして好まれた。

18 トディー（椰子の発酵酒）はナツメヤシ、ココヤシなどあらゆる品種の椰子の樹液から抽出される。

19 Suketu Mehta, *Maximum City: Bombay Lost and Found* (New York, 2005). p. 261.

20〈フルーリーズ〉の歴史についてはBachi Karkaria, *Flurys of Calcutta*（Kolkata, 2007）参照。

21 シャリマティーの案内冊子には「中国とスリランカの緑茶と紅茶を絶妙にブレンドし、バニラ、ベルガモット、シナモン、ラベンダー、カルダモンの天然香料で風味づけされている」と書かれている。

22 こちらを参照。'9 Kinds of Breads You Have to Try in Kashmir, http://dialkashmir.com, 7 July 2015.

23 Colleen Taylor Sen, *South Asia, in The Oxford Companion to Sugar and Sweets* (New York, 2015), p. 635.

6章　ティー・ロードとシルク・ロード

1 Rinjing Dorje, *Food in Tibetan Life* (London, 1985), p.53.

2 John Clarke, "Tibet and the Himalayas, in *Tea: East and West*, ed. Rupert Faulkner (London, 2003), pp. 69-70.

3 Mi Mi Khiang, *Cook and Entertain the Burmese Way* (Ann Arbor, MI, 1978), p. 156.

4 Sue Arnold, review of *Tea: A Global History, in Asian Affairs*, XLIII/1 (March 2012), pp. 113-15.

5 Khiang, *Cook and Entertain the Burmese Way*. Pp. 156-7.

6 ライフ・ヌーアとの私信より。

7 Darra Goldstein, *A Taste of Russia: A Cookbook of Russian Hospitality* (London, 1985). p. 210.

8 Tamara Karsavina, *Theatre Street: The Reminiscences of Tamara Karsavina* (London, 1930), p. 76, Faulkner, ed., Tea: East and West, p. 79. からの引用。

9 Goldstein, *A Taste of Russia*, pp. 213-27.

10 Arnold, review of *Tea: A Global History*, pp. 113-15.

11 同上 pp. 210, 211–12.

12 Margaret Shaida, *The Legendary Cuisine of Persia* (Henley on-Thames, 1992), pp. 270-71.

13 サレブ、またはサレップは、ラン科植物の球根を乾燥させて砕いた澱粉質の粉末でこしらえる乳白色のとろりとした飲み物。O.

S.Gokyay, ed., *Evliya Celebi Seyyahatnamesi*, vol. (Istanbul. 1996), p.261.

7章　中国、日本、韓国、台湾

1 Lu Yü, *The Classic of Tea*, trans., with introduction by Francis Ross Carpenter (Boston, MA, 1974), PP-70-72, 107.

2 Margaret Leeming and May Huang Man-hui, *Dimsum: Chinese Light Meals, Pastries and Delicacies* (London, 1985), p. 8.

3 同上 pp. 8-9.

4 Carole Manchester, *Tea in the East: Te Habits Along the Te Route* (New York, 1996), p. 12.

5 Fuchsia Dunlop, *Shark's Fin and Sichuan Pepper: A Sweet-sour Memoir of Eating in China* (London, 2008), p. 190.

6 Ken Hom, *The Taste of China* (New York, 1990), pp. 155-6.

7 こちらを参照。Carolyn Phillips, "The Beginner's Field Guide to Dim Sum http://luckypeach.com, accessed 26 June 2017.

8“カイセキ”には2種類ある。“会席”はパーティ料理と同義語としても使われ、結婚披露宴でも広く供されている。その場合にはまず、ビールや日本酒を前菜とともに味わう酒宴から始まり、刺身や焼き物の伝統的な日本料理が供される。もう一種類は懐石と表記し、前者と区別してたいがい茶懐石と呼ばれる。

9 Richard Hosking, *At The Japanese Table* (Oxford, 2000). P-58.

10 Gilles Brochand in 'Time for Tea' , *The Book of Tea* (Paris, nd), PP. 116, 119-20.

11 Suk Yong-un, 'History and Philosophy of Korean Tea Art, *Koreana*, XI/4 (Winter 1997). pp. 4-11.

12 Michael J. Pettid, *Korean Cuisine: An Illustrated History* (London, 2008), pp. 124-7.

13 Chun Su jin, "Sweet Treats for Teatime Snacks, http://korcajoongangdaily.joins.com, 26 November 2007.

14 こちらを参照。Bon Teavant, 'How to Use a Tea Aroma Cup: http://bonteavant.com, 17 November 2010.

recipe《レシピ》

茶飲料

茶は多様性に富む飲み物で、茶の種類（白茶、黄茶、烏龍茶、紅茶、紫茶、プーアール茶）、飲まれる地域、飲まれる場面、個人の嗜好により幾通りもの様々な飲み方がある。英国とアイルランドでは、ほとんどの人が紅茶にミルクを入れて飲む。ロシアでは、ミルクは入れずに薄切りレモンを加える。アメリカ人はアイスティーを好む。インドと中央アジアではたいがい香辛料が加えられる。北アフリカではミントの葉を使う。中国人と日本人はなにより緑茶を飲む。そうしたそれぞれの流儀は本書の各章ですでに紹介した。

使用する水の質と温度も肝心だ。ミネラルウォーターと温度計を使用する人々もいる。茶葉によっても浸出時間が短いほうがよいもの、長いほうが適しているものもある。

茶は温めて飲まれるだけでなく、冷たいパンチやフルーツカップの材料にも広く使われている。

❋ティー・ア・ラ・リュス

19世紀中頃にアメリカ合衆国で、ティー・ア・ラ・リュス（ロシア風ティー）が流行した。マリオン・ハーランドがその作り方を紹介している（1886）。

みずみずしい新鮮なレモンを薄く切る。丁寧に皮を取って、カップの底に敷く。白砂糖を振りかけてから、沸騰水で濃く浸出させた茶を注ぐ。

または、薄切りレモンをカップに添えて出し、各自で好みの量を搾って加えてもらう。皮付きのまま搾れば、苦い風味を好む人にはなお望ましい。じつのところ、（目下）流行中のこの飲み物については風味の好みがそれぞれにまるで異なるので、皮付きか皮を取るかは来客にまかせるのが無難だ。レモンの皮の独特なえぐみが熱い茶に染み込むのを好まない人々もいる。

ティー・ア・ラ・リュスは、クリームを入れても入れなくても、たいがい砂糖をたっぷりと加えて飲まれている。“ハイティー”と“ケトルドラム（午後の茶会）”にとても人気で、昨今は大流行していることから、皮肉屋たちからは、女性にとって茶を飲むのは、軽い飲酒も同然で晩餐と食後のコーヒーでは替えの利かないものなのだと言われている。

❋マサラ・チャイ

インドではマサラ・チャイ（香辛料入りのティー）が人気で、その作り方は数多い。とはいえ、いくつかの欠かせない材料と基本の作り方がある。おもな材料は、インドの濃い紅茶に甘味（砂糖、糖蜜、蜂蜜、人工甘味料）、ミルクかクリームかコンデンスミルク、さらに、カルダモン、シナモン、アニス、クローブ、胡椒、生姜、コリアンダーなどの香辛料を好みで加える。

マサラ・チャイの基本的な作り方の手順は、香辛料と甘味を水に溶かして沸騰させてから茶とミルクと合わせ、さらに沸騰させる。たいがいこれを数分浸出させて、濃厚な茶を作る。

カップ5杯から6杯の作り方は以下のとおり。

クローブ……4個
鞘付きカルダモン……2個
シナモンスティック……2本
黒胡椒……ひとつまみ
水……1リットル（4カップ）
牛乳180ml（3/4カップ）
蜂蜜（クローバーかオレンジから採れたものが望ましい）または砂糖……大さじ3
紅茶の茶葉……大さじ3

香辛料をつぶして、黒胡椒と一緒に平鍋に入れる。水を注ぎ、沸騰させる。火からおろし、5分おく。ミルクと蜂蜜か砂糖を加え、また沸騰させる。火からおろし、茶葉を加える。かき混ぜて、蓋をして3分くらい浸出させる。漉して、温めたティーポットに入れるか、直接ティーカップに注ぐ。

❀クイマク・チャイ（クロテッドクリーム付きティー）

婚約など特別な行事で用意されるアフガニスタンの茶で、カシミールのシアー・チャイ（グラビチャイやヌーン・チャイ）ととてもよく似ている。

クイマク（中東のカイマクと同じもの）はクロテッドクリームに似ていて、風味や舌触りは少し異なるが、クロテッドクリームでも代用できる。

クイマクの材料
全乳……450ml
コーンフラワー（トウモロコシ粉）……大さじ1/2
ダブルクリーム（乳脂肪が高濃度のクリーム）……75ml

全乳を平鍋に入れて沸騰させる。弱火にしてクリーム状にかき混ぜる。コーンフラワーをふるいにかけて入れ、混ぜ合わせてから、泡立てる。弱火で煮詰める。表面に厚い膜ができたら取り除いてべつの鍋に移し、これを液体が少量になるまで繰り返す。厚い膜（クイマク）を集めた鍋をまた弱火にかけ、さらに2時間ほど煮詰める。使うときまで涼しい場所で保管する。

ティーの材料
水……680ml
緑茶の茶葉……小さじ6
重曹……小さじ1/4
牛乳……280ml
好みに応じて砂糖……小さじ4～8
カルダモンの粉末……小さじ1～2
クイマク……小さじ8
角氷

水を平鍋に入れ、沸騰させる。緑茶を加え、茶葉が開くまで5分ほど煮立たせる。重曹を加え、さらに2、3分煮る。茶葉が表面に浮いてきたら、角氷を入れてそのたび温度を下げる。鍋を火からおろし、茶葉を落ち着かせる。茶葉を漉して捨てる。

べつの鍋に角氷を入れ、そこに茶が空気に晒されるように高い位置から注ぐ（お玉を使って空気に晒してもよい）。鍋から鍋へ高い位置から注ぐのを何度か行ない、そのたび角氷を加えて、茶が濃い紅色になるまで繰り返す。

鍋を火にかけ、牛乳を加えると、茶が紫がかったピンク色に染まっていく。沸騰寸前までゆっくりと温め、好みで砂糖とカルダモンを加えてかき混ぜる。

茶をティーカップに注ぎ、小さじ2のクイマクを表面に浮かべる。

❀ティーカップとパンチグラス

パンチを飲む風習と使用するカップは、そうした清涼飲料を好み、ティー・パーティでもよく飲

んでいた東インド会社の職員たちによりインドからイングランドに持ち込まれた。“パンチ”の語源は、この飲料を５種の材料（砂糖、蒸留酒、レモンまたはライムの果汁、水、香辛料）で作ることから、5を意味するペルシア語の“panj：パンジ”やヒンディー語の“panch：パーンチ”だとも言われている。やがて〈サルゴーダ・クラブ〉のテニスカップなど、緑茶や紅茶を使用して作るものも生みだされた。パンチは北米のとりわけ南部の州でも人気を集めた。大規模なティー・パーティで供され、チャールストンでは、オトラント・クラブ・パンチ（濃い緑茶とレモンにアルコール——ピーチブランデー、ジャマイカラム、ブランデーやライウイスキー——をたっぷり入れて作る）とセント・セシリア・パンチ（ダークラム、シャンパン、ソーダ水にブランデー漬けのレモンとパイナップルの薄切りと緑茶の浸出液に砂糖を溶かしただけのシロップを混ぜ合わせて作る）が生みだされたことがよく知られている。

パンチはアルコールが含まれたものばかりではなく、同じくチャールストンでは、ディキシー・ティー（茶にレモン、オレンジを入れ、クローブで香味づけしたもの）とフェアリー・パンチ（1961年『古き南部料理』では、茶、パイナップル、ブドウ汁、オレンジ、レモン、バナナ、砂糖、チェリー少々、炭酸水、氷で作る）も考案された。ただし以下に紹介するのはインドから伝わり、ゴール・K・シャヴァクシャにより『タイム・アンド・タレンツ・クラブの料理書』（1962）に収められたティー・パンチの作り方だ。

4杯分の材料

水……4カップ（1リットル）
紅茶の茶葉……小さじ4
砂糖……小さじ8
シナモンスティック……2本
クローブ……6個
ミントの葉……10枚
ジンジャエールまたはレモネード
飾り用にミントの小枝
小さく切ったリンゴ、イチゴ、モモ（お好みで）

水を沸騰させ、茶葉に注ぎ、2、3分浸出させる。漉して大きな水差しに入れ、温かいうちに砂糖を溶かし入れる。シナモン、クローブ、ミントの葉をモスリンの袋に詰めて口を結び、これを甘くした茶に入れる。6時間ほど冷ます。ジンジャエールまたはレモネードの好きなほうに注ぎ、お好みで小口切りの果物を入れる。よくかき混ぜて、角氷を入れた背の高いグラスに注ぎ、ミントの小枝を飾る。

ティータイムのごちそう

ティー・サンドイッチ

ティー・サンドイッチは、アフタヌーンティーで食べられる優美で小さなサンドイッチだ。白いパンで作る伝統があるものの、黒パン、プンパーニッケル（ドイツのライ麦パン）、サワードウパン、ライ麦パンなども使われている。きめの細かいパンを薄切りにする。薄くバターを塗り、具の汁気が染みださないように封じる。具はパンの大きさに応じて風味がよく軽やかなものにする。クリームチーズ、マヨネーズなどを合わせて塗ってもよい。具の選択肢は幅広くある。卵、クレソン、キュウリ、トマト、アスパラガス、チーズ、スモークサーモン、ハム、チキンが好まれている。パンの耳は切り落とし、細長いフィンガー・サンドイッチ、三角形のサンドイッチ、ビスケットを作る型を使って刳《く》り貫《ぬ》くなど、きれいな形に整える。軽くつまんで、上品にふた口で食べられる大きさにこしらえるのが望ましい。

❄キュウリのサンドイッチ

王道のアフタヌーンティーに欠かせないものと考えられているのがキュウリのサンドイッチだ。洒落たティー・サンドイッチは英国貴族と上流階級の娯楽と特権を象徴するものでもある。小説や映画でも上流社会の人々を印象づけるものとしてキュウリのサンドイッチが登場している。オスカー・ワイルド作『真面目が肝心』（1895）でも、登場人物のアルジャーノン・モンクリフはおばのオーガスタ（レディ・ブラックネル）の訪問に備えて用意していたキュウリのサンドイッチを食べつくしてしまう。仕方なく執事の口を封じて「今朝は市場にキュウリがなかったのです……せっかく代金を用意していったのですが」とささいな嘘をつく。

キュウリのサンドイッチの人気はエドワード朝時代に頂点に達し、その後は低賃金労働者と石炭の産出量の増加によってキュウリが1年を通して温室で栽培されるようになった。それでも夏季のあらたまったアフタヌーンティー、クリケットティー、ピクニックには相変わらず、とりわけ好まれている。

伝統的な作り方は、白パンの耳を切り取って軽くバターを塗り、ごく薄く切ったキュウリを挟む。現代版もいくつか登場している。いまでは黒パンが多く使われ、クリームチーズや刻んだハーブ（ディルやミント）や香辛料なども加えられている。

細長いキュウリ……1本
塩
ビネガー……少々
薄くスライスした黒パン……8切れ
薄くスライスした白パン……8切れ
新鮮な軟らかい無塩バター……110g
白胡椒……ひとつまみか、ふたつまみ
刻んだ生のミントかディル……小さじ1～2
（お好みで）

焼きたては切りにくいので、1日おいたパンが望ましい。

キュウリの皮を落とし、ごく薄い輪切りにする。塩とビネガーを軽く振りかけ、水切り用のボウルに15分おく。しっかりと水気を切ってから、キッチンペーパーで軽く叩くようにしてさらに水気を取る。

スライスしたパンにバターを塗る。下側のパンにキュウリを2段に重ね、塩と白胡椒を振って味を調え、ミントやディルもお好みで入れる。同様にバターを塗ったパンを上から重ね、手のひらで軽く押す。

よく切れるナイフでパンの耳を切り落とし、1組につき三角形の四つ切りか、四角形の三つ切りにする。白パンと黒パンのサンドイッチを交互に並べて皿に盛りつける。食べる直前まで湿らせた布を掛けておく。

❄卵とクレソンの フィンガー・サンドイッチ

ヘレン・グレイヴズの『世界最上のサンドイッチのレシピ集：101のサンドイッチ』（2013）から作り方をご紹介する。もちろん、お好みでサンドイッチを三角形に切ってもいいし、黒パンを使ってもかまわない。クレソンを増やしてもいいし、出来上がったサンドイッチをさらにクレソンで飾りつけてもすてきだ。

6個分の材料

固ゆで卵……2個
マヨネーズ……大さじ1
生のチャイブのみじん切り……大さじ1
サラダ用クレソン……3つまみ
味を調えるための海塩

白胡椒……ひとつまみ
薄くスライスした白パン……4枚

ゆで卵の殻を剝き、フォークでつぶしてから、マヨネーズ、チャイブ、サラダ用クレソンと混ぜ合わせる。塩と白胡椒で味を調える。それを2枚のパンに塗り、残りの2枚のパンで上から挟む。パンの耳を切りとり、小さく切ってフィンガー・サンドイッチにする。すぐに食べる。

❀スモークサーモンとクリームチーズの小さな風車のサンドイッチ

『サンドイッチの歴史』(原書房刊)の著者でフードライター、ジャーナリストのビー・ウィルソンが特別なアフタヌーンティー・パーティにぴったりの優美な小ぶりのサンドイッチの作り方を教えてくれた。

約48個分の材料
ほどほどの厚みにスライスしたパン
(白パン、全粒小麦パン、薄いライ麦パンのどれでもいい)……1斤(400g)
あっさりしたチャイブ入りクリームチーズ……170g
薄切りのスモークサーモン……280g

パンの耳を切りとって形を整えてから、麺棒で薄く軟らかに"押し伸ばす"。乾かないように湿らせた布巾をかぶせておく。クリームチーズを塗る。スモークサーモンをのせて、重なり合ってもかまわないので表面を埋め尽くす。サーモンの上からさらに少しクリームチーズを塗る。きっちりとパンを巻きやすいように、ナイフの背を使って両端にくぼみをつけておく。巻きはじめの端を持ち上げる。くぼみの線に合わせてぴたりと折り曲げる。サンドイッチをしっかりと巻く。ひとつずつラップにくるみ、切り分けやすくなるように冷蔵庫で冷やして固める。食べる直前に冷蔵庫から取りだして、ラップをはがし、切れ味のよいナイフで、5ミリ幅の輪切りにする。皿に盛りつけて、パセリを飾る。

❀デリー・サンドイッチ

インドでは、英国の統治下時代に香辛料の利いたインド料理と、英国でもともと使われていた材料を組み合わせたアフタヌーンティー・パーティ用のサンドイッチが生みだされた。多くの人々がこの"融合された"料理の文化を英国に持ち帰った。その代表例がデリー・サンドイッチだ。C・F・レイエルとオルガ・ハートリーの共著『料理のたしなみ』(1929)から作り方を紹介する。

アンチョビ……6枚
サーディン……3枚
チャツネ……小さじ1
卵……1個
バター……1オンス(約30g)
カレー粉……少々

サーディンとアンチョビから小骨を取り除く。香辛料、チャツネ、バターを擦り込む。卵黄を泡立てて流し入れ、唐辛子を振りかける。温めながらなめらかになるまでかき混ぜる。
トーストにぴったりのスプレッドの出来上がりだ。パンは厚めのものを2枚に裂いてトーストし、軟らかいほうにはバターを塗って食べる。

❀ウェルシュ・ラビット

ウェルシュ・ラビット(またはウェルシュ・レアビット)は昔からいまに至るまで、ハイティーに人気のごちそうだ。名称の由来は定かではなく、ウェールズ発祥の料理であることを示す根拠もない。肉が手に入らなかった頃の代替料理だったのではないかと言われている。“レアビット”という呼称（最古の記録は1785年）はあとから、よりわかりやすくするために付けられた。

使われるチーズの種類や、液体（ビールやエールやワイン）により、あらゆる作り方がある。チーズソースもトーストとべつに添えて出してもよいし、上にかけて黄金色がついてふつふつ泡立つまで焼いてもいい。ほかにも落とし卵をのせたバック・ラビット、ベーコンと落とし卵をのせたヨークシャー・ラビットもある。

小さい角切りか、すりおろしたチェダーチーズ……225g
市販のイングリッシュ・マスタード…小さじ2
ウスターソース……少々
バター……25g
ブラウンエール……大さじ3～4
唐辛子……ひとつまみ（お好みで）
トースト

すべての材料（トーストは除く）を平鍋に入れる。できるだけ弱火でチーズをなめらかな粘り気のある液体になるまで溶かす。トーストにのせるか、トーストを浸して食べる。

❀アイリッシュ・ポテトケーキ

ジャガイモを愛する国アイルランドには、ボクスティ、チャンプ、コルカノン、スタンピーなど多彩なジャガイモ料理がある。“タッティ”や“パーリー”とも呼ばれるアイルランドのポテトケーキも朝食やティータイムに国じゅうで味わわれている。残り物のマッシュポテトもよく利用されている。レジーナ・セクストン著『アイルランド料理の歴史小話』(1998)から作り方を紹介する。

ジャガイモ（品種はゴールデンワンダーかカーズピンクが理想的）……450g
塩……小さじ1
挽き立て黒胡椒……ひとつまみ
バター……25～55g
小麦粉……110g
揚げるなら、バターかベーコン脂を少々

ジャガイモを擦り洗いし、皮は剝かずに、軟らかくなるまで塩を少々入れた水（ジャガイモがかぶる程度の湯量）で茹でる。さわれるくらいまで冷めたら水を切り、皮を剝く。おいしいポテトケーキを作るにはまだ温かいジャガイモを使うのが肝心だ。

ジャガイモをつぶし、塊《かたまり》がなくなるまでなめらかにする。塩と挽き立て黒胡椒で味つけし、溶かしバターと合わせる。小麦粉を入れてこねて、しなやかな生地にする(ただし、こねすぎるとケーキの仕上がりが硬く重くなる)。

軽く小麦粉を振った板の上で生地を伸ばし、5ミリから1センチの厚さにする。三角形か円形の1/4、または小さな丸いパンケーキに切り分ける。熱した乾いたフライパンで両面にきつね色がまだらにつくまで焼く。深いフライパンにバターかベーコン脂を溶かして揚げてもよい。

熱いうちにバター、蜂蜜や砂糖を塗り、生姜パウダーをかけたり、裂いて、バターを少し塗って燻製ベーコンと軽く焼いたマシュルームをのせて食べたりしてもおいしい。

❀パコーラー

パコーラーはインド北部、パキスタン、アフガニスタンの全域で食べられている美味なスナックだ。ジャガイモの薄切り、ナス、ピーマン、タマネギ、カリフラワーといったあらゆる種類の野菜で作られる。わたしたちの電子版の共著『ターメリック：魅惑のスパイス』からコリーン・センによるレシピを紹介する。

小ぶりのカリフラワー
……1個を小さな花蕾ごとにばらす

揚げ衣の材料

ヒヨコマメ粉……1カップ（120g）
唐辛子の粉末……小さじ1/4
ターメリック……小さじ1/2
ベーキングパウダー……小さじ1/4
塩……小さじ1/2
必要に応じて、植物油
……225～450ml（1～2カップ）

衣の材料をボウルに入れて混ぜ合わせながら、薄くとろりとした液体になるまで少しずつ水を入れる（スプーンを使うと少量ずつ落としやすい）。中華鍋か深いフライパンに植物油を入れ、中火から強火で熱する。花蕾に衣を絡ませ、そっと油のなかに落とし、きつね色がついて少しカリッとするまで揚げる。ケチャップ、チャツネ、またはお好みのソースをかけて食べる。

（注意：衣が衣類に付くと落ちない染みになってしまうので気をつけましょう）

アコーリ（スパイシーなスクランブルエッグ）

アコーリはパールシーの郷土料理で、インドの大きな都市にあるイラニ・カフェでよく食べられている。

卵……6～8個
塩と黒胡椒
植物油……大さじ1
春タマネギ……6個（みじん切り）
青トウガラシ……1～2個（種を除いて、みじん切り）
生姜のすりおろし……小さじ1
ターメリック……小さじ1/4～1/2
クミンの粉末……小さじ1/4～1/2
トマト……1個
（皮を剥いて粗みじん切り、お好みで）
コリアンダーの葉……大さじ1（刻む）

ボウルに卵を泡立て、塩と黒胡椒で味を調え、脇に置いておく。

大きなフライパンに中火で油を熱し、タマネギを入れ、よくかき混ぜながら軟らかくなるまで炒める。青トウガラシ、生姜、ターメリック、クミン、お好みでトマトを入れ、さらに2分ほど炒める。

先ほど脇に置いた卵をフライパンに加えて合わせる。刻んだコリアンダーの葉の半分を加え、厚く固まり始めたら卵を取りだす。焼きすぎないようにする。残りのコリアンダーを飾り、チャパティ、パラータや、トーストしたパンと一緒に温かいうちに食べる。

甘いもの／ケーキと焼き菓子

ベッドフォード公爵夫人のティーケーキ

ここでは、レディ・ラノーヴァー著『優れた料理の第一原理』（1876）に掲載のレシピをご紹介する。

材料は、ふるいにかけた小麦粉2ポンド（約910g）、砕いた砂糖3オンス（約85g）、新鮮なバター4オンス（約113g）、卵4個（しっかり泡立てる）、パン種（またはドイツ製の酵母）を大さじたっぷり1または半オンス（約28gまたはその半分）、新鮮な牛乳1パイント（約570mℓ）。バターを牛乳に入れて温めて溶かし、すべての材料を合わせて、よく混ぜる。1時間寝かせてから、しっかりとバターを塗った小ぶりの丸いブリキ型に入れ、じっくり発酵させる。かまどに入れて20分でさっと焼き上げる。

❀ヴィクトリア・サンドイッチ

ヴィクトリア・サンドイッチはジャムを挟んだ軽いスポンジケーキだ。ヴィクトリア女王がティータイムに好んで食べていたことから、19世紀中頃にこの名が付けられた。けれども、このスポンジ"サンドイッチ"はもともと子供部屋のティータイムのおやつとして食べられていたものだったと考えられている。その後、丸いヴィクトリア・スポンジケーキが人気を得て広まり、楔形に切り分けられるようになった。現在では挟まれるものも多様化して、ジャムだけでなく、バタークリームやホイップクリームが使われることも多い。上部にはたいてい粉砂糖が振りかけられている。

ビートン夫人の『家政読本』(初版1861年)にもそのレシピが収載されている。

材料:卵4個、それぞれ適量の砕いた砂糖、バター、小麦粉。塩を塩用計量スプーン1/4、塗る用のジャムかマーマレード

作り方:バターをクリーム状になるまで練る。小麦粉と砕いた砂糖をまぶし、よく混ぜ合わせる。そこに、じゅうぶんに泡立てておいた卵を入れる。およそ10分ほどしっかり練り合わせ、バターを塗ったヨークシャー・プディング用の型に流し込み、中火で20分焼く。冷まして、半分の表面においしいジャムを塗り、残りの半分をのせて、軽く押し合わせる。それから、細い指形に切り分ける。ガラス皿に横木を積むように盛りつけて出す。

❀バルモラルケーキとバルモラルタルトレット

名称の由来は定かでないが、ヴィクトリア女王のスコットランドでの居城バルモラルに関わりがあるものと思われる。

バルモラルケーキとバルモラルタルトレットは混同されやすいがべつものだ。ケーキはニッセンハットと呼ばれる半円筒の兵舎にどことなく似た特製の型で作られ、ヴィクトリア朝時代に大人気となった。ドイツ菓子のレーリュッケンの焼き型によく似ていることから、キャラウェイシードで風味づけされたこのケーキはアルバート公にも関わりのある菓子と考えられている。薄く切り分けて、炉火であぶって食べられていた。紹介するレシピは、ロバート・ウェルズ著『パンとビスケット職人と砂糖精製者のために』(1890)から。

バルモラルケーキ

小麦粉31/2ポンド(約1.6kg)、バター1ポンド(約454g)、砂糖1ポンド、卵5個、牛乳1クォート(1L)くらい、キャラウェイシード少々、ソーダ1オンス(約28g)に対し酸を3/4の割合で混ぜた炭酸水と酒石酸11/2。

酸入りソーダを小麦粉と混ぜてから、バターと砂糖を加えてこね、小麦粉で堰《せき》をこしらえて、シードを加え、卵と牛乳を混ぜ合わせ、生地を作る。バターを塗った鍋に入れ、キャスター糖をまぶして、中火で焼く。

バルモラルタルト、またはタルトレットが初めて作られたのは1850年代半ばと見られる。エリザベス・クレイグ著『宮廷のお気に入り』(1953)に収載されている1850年のバルモラル・チーズケーキは、グッドハウス・キーピング誌の1954年10月号に掲載されたバルモラルタルトのレシピと酷似している。そのレシピを少し修正してご紹介する。

甘いショートクラスト・ペストリー(パイ生地)……175g
バター……25g
キャスター糖……25g
卵……1個(黄身と卵白を分ける)

ケーキ用クラムス……10g
砂糖漬けの皮つきチェリーのみじん切り
……25 g
コーンフラワー……20g
ブランデー（お好みで）……小さじ1

オーブンを190度で予熱しておく。

飾り用の生地を少し残して、パイ皮のカップを10個から12個並べる。バターと砂糖をクリーム状に混ぜる。卵黄を溶き入れ、ほかの材料も加える。卵白をしっかりと泡立ててから加える。パイ皮に注ぎ入れ、細く切ったパイ皮を上部に飾りつける。オーブンで20分焼く。

リッチ・フルーツ・スコーン

スコーンはスコットランドで生まれた。上質の白いパンを意味するオランダ語"スコーンブロート"から名づけられたと言われている。小麦粉にたいていはベーキングパウダーや重曹を混ぜ、乳酸やバターミルクなどの酸性の材料を使ってこしらえる軟らかで平たい様々な小さいケーキがスコーンと呼ばれている。グリドル（鉄盤）、オーブン、どちらでも作られる。ハーブやチーズを使って風味を利かせたものもあるし、スコットランドやアイルランドではジャガイモを加えたものが人気で、ドライフルーツを入れて甘くしたものも多い。スコーンは伝統的なアフタヌーンティーの象徴として、ジャムとクロテッドクリームかホイップクリームを添えて供されることで広く知られている。わたしの母が作っていたスコーンのレシピをご紹介する。母曰く、軽やかでふんわりとしたスコーンを上手にこしらえる秘訣は、焼くまえに手をかけすぎないことだという。母はいつもオーブンから出してまだ温かいうちにバターやクリームとイチゴのジャムを添えて食べさせてくれた。

約10個分の材料

ベーキングパウダー入り小麦粉……200g
塩……小さじ1/2
バター……50g
砂糖……25g
干しブドウ（レーズンまたはスルタナ）
……大さじ2
卵……1個
適量の牛乳に溶き入れて1/4パイント（約143ml）の液体を作る

オーブンを220度に予熱しておく。

小麦粉と塩を合わせる。バターを練り込む。砂糖と果実を入れてかき混ぜる。卵と牛乳は上部の刷毛塗り用に少しだけ残して、あとは加える。

表面に小麦粉をまぶした板の上で軽くこねて、1センチの厚みに伸ばす。丸く切り分け、切り離したものをこねて伸ばして、また丸く切る。

油を塗った焼き皿に並べ、溶き卵と牛乳の残りを刷毛で上部に塗る。オーブンで10分ほど焼く。

温かいうちにクロテッドクリームかホイップクリームとジャムを添えて食べる。

メイズ・オブ・オナー

メイズ・オブ・オナーはアーモンド風味の小さなタルトだ。様々な作り方があり、誕生の物語についても多数の言い伝えが存在する。エリザベス1世がとても気に入っていたタルトで、侍女たちをリッチモンドの菓子屋まで買いに行かせていたとも伝えられている。ほかにも、アン・ブリンがヘンリー8世の最初の妻キャサリン・オブ・アラゴンの侍女だった時代に考案したもので、ヘンリー八世の大好物だったので、王妃の未婚の侍女を意味する"メイズ・オブ・オナー"と名づけられたとの説もある。だがこの菓子が最初に登場する印刷物は、1769年3月11日付のパブリック・アドヴァタイザー紙で、"アーモンドとレモンの

チーズケーキ、メイド・オブ・オナー、パイ生地の砂糖菓子"と書かれていた。このタルトレットがリッチモンド（最初に作られていた場所とされている）やキューにあった宮殿との密接な関わりから誕生した可能性は高い。

キュー・ガーデンの向かいにあるティー・ショップ〈オリジナル・メイズ・オブ・オナー〉で現在使われているレシピ（企業秘密とされている）は、店主の祖先が19世紀半ばに〈リッチモンド・メイズ・オブ・オナー〉で修業して得たもので、ニューエンズ家に代々受け継がれてきた。ここではわたし流の作り方をご紹介する。

約18個分の材料

パイ生地……200g
カードチーズ（カッテージチーズ）……50g
軟らかくしたバター……25g
卵（溶いたもの）……2個
橙花水またはブランデー……大さじ1
レモン…1/2（果汁と皮をすりおろしたもの）
シナモンまたはナツメグ（両方でも可）
……ひとつまみ
アーモンドの粉末……50g
小麦粉……10g
キャスター糖……25g
干しブドウ（カランツ）……少々（お好みで）

オーブンを200度に予熱しておく。

打ち粉をした板の上でパイ生地をごく薄く伸ばす。7.5センチの型抜きを使って丸形に刳り貫く。タルト型やパイ皿にその生地を入れて並べ、具をこしらえるあいだ、冷蔵庫か涼しい場所に置いておく。

カッテージチーズとバターをクリーム状になるまで混ぜ合わせる。卵を溶いて橙花水またはブランデーを加える。これをチーズとバターを合わせたものに入れる。レモンの果汁と皮、アーモンド、小麦粉、キャスター糖、香辛料を加えて混ぜ、よく練り合わせる。

それをパイ型の半分くらいまで、小さじ1くらいを入れる。お好みでカランツを上部に散らしてから、盛り上がってきつね色がつくまで20分から25分くらい焼く。オーブンから取りだし、そのまま2、3分冷ましてから、慎重に網台に移してさらに冷ます。

クイーンケーキ

クイーンケーキは遅くとも18世紀には広まっていた小ぶりの濃厚なケーキだ。小麦粉、バター、砂糖、卵でこしらえ、干しブドウを加えて、橙花水とメース（ナツメグの仮種皮を乾かした香辛料）で風味づけされている。小さなブリキ型やパイ焼き鍋で作られていた。しだいにアーモンドの粉末や刻んだもの、レモンの皮、薔薇水なども使われるようになった。アメリカ合衆国でも人気が高まり、1857年出版の『ミス・レスリーの新しい料理書』では、レモンの糖衣をかけたり、薔薇で風味を添えたりすることを勧めている。わたしのレシピをご紹介する。

約12～16個分の材料

バター……100g
砂糖……100g
卵……2個
ベーキングパウダー入り小麦粉……100g
メースの粉末……ひとつまみ（お好みで）
橙花水……小さじ1
干しブドウ（カランツ）……50g

オーブンを190度で予熱しておく。

バターと砂糖をボウルに入れて軽くふんわりするまでかき混ぜる。一度に1個ずつ卵を溶かし入れ、そのたび少しずつ小麦粉も入れる。小麦粉とメースを一緒にふるいにかけて、やさしく混ぜ込む。橙花水と干しブドウを加えて、軽く混ぜる。

紙製のケースか油を塗ったパイ皿の半分まで注ぎ入れ、こんがり色づいてしっかり固まるまでオーブンで15分から20分焼く。

オーブンから取りだし、2分ほどそのまま冷ましてから、網台に移し替える。好みで糖衣をかけたり、粉砂糖を軽くまぶしたりして、盛りつける。

ジンジャーブレッド・マン

ジンジャーブレッドの歴史ははるか昔に遡り、現在作られている種類もレシピも多彩だ。子供たちのティー・パーティにはここにご紹介する素朴なものがぴったりだろう。

ベーキングパウダー入り小麦粉……350g
重曹……小さじ1/2
すりつぶした生姜……小さじ3
バター……100g
ソフトブラウンシュガー……100g
ゴールデンシロップ……大さじ3
牛乳……大さじ3
飾りつけの糖衣に干しブドウ（カランツ）、チェリー

オーブンを190度で予熱しておく。

小麦粉、重曹、生姜を合わせて、バターを混ぜ込み、砂糖を入れてかき混ぜる。シロップと牛乳を合わせ、粉末類の材料を加える。かき混ぜて、生地に固め、両手でこねる。

打ち粉をした板の上に生地を伸ばし、ジンジャーブレッド・マンの型で刳り貫く。生地は厚すぎたり、薄すぎたりしないように作るのがコツ。油を塗った焼き皿に並べ、カランツやチェリーをお好みで飾り、オーブンに入れて、15分くらい焼く。

焼けたあと、子供たちにジンジャーブレッド・マンの髪や服などをカラフルな糖衣で付けさせればもっと楽しめる。

シュルーズベリーケーキ

最古の記録では1561年にシュルーズベリーケーキへの言及が見てとれる。1938年には“シュルーズベリーケーキ”と題された冊子にその“銘菓の物語”が綴られていた。当のケーキよりもむしろ、18世紀の終わりから19世紀の初めにシュルーズベリーで菓子店を営んでいたミスター・パリンにより薔薇水と香辛料を使って特製のレシピが生みだされたことが、『インゴルズビーの伝説集』（1840年に初版が刊行された）に収載されて広く知られるようになった。

ケーキ作りの貴公子、パリン！
その名を聞いただけで垂涎ものだ

料理書では材料、配合、風味づけの様々なレシピが紹介されていた。マーサ・ブラッドレイはシナモンとクローブを、エリザベス・ラッファルドはキャラウェイシードを使い、ハナー・グラスは薔薇水で風味づけし、ランデル夫人はシナモン、ナツメグ、薔薇水を用いて次のようにこしらえていた。

1ポンド（約454g）の砂糖、シナモンの粉末少々、すりつぶしたナツメグ1個を3ポンド（約1.36kg）の最上質の小麦粉に入れてふるいにかける。少量の薔薇水を卵3個に加えてよく溶いて、小麦粉などと合わせる。溶かしたバターも入れて、ちょうどよい厚みに伸ばす。

しっかり固めて、薄く伸ばし、好きな形に切りとる*。

＊ランデル夫人は焼く手順について指示していない。ビスケットは通常こんがり色づいて、しっかり固まるまで中火で、オーブンなら170度で12分から15分焼き、温かいうちにキャスター糖を振りかけて、網台に移して冷ます。

❀ファット・ラスカル

ファット・ラスカルはスコーンとロックケーキの中間のような菓子だ。ターフケーキとも呼ばれる。小麦粉、ラード、塩、ベーキングパウダーにクリームか牛乳を合わせ、ノースヨークシャーの荒野でも作られていた、とても素朴な菓子だ。収穫期（または豚の出荷時期）には干しブドウと砂糖を加え、蓋付きの大きなフライパンで1センチほどの厚みのパンケーキに焼き上げられていた。突然の来客にすぐに作れるのがこのケーキのよいところだった。“ウォーム（温かい）ケーキ”“ターン（ひっくり返し）ケーキ”“サッド（芝）ケーキ”“バックストーン（石張り）ケーキ”とも呼ばれる。イングランド北東部でティータイムに人気の似たようなケーキが、シンギングヒニーだ。ヒニーは愛称で、シンギングは生地がラードやバターでおいしそうな音を立てて焼けるときの音を表現している。現在ではファット・ラスカルはそれぞれの家でオーブンで焼かれることが多い。ヨークシャーの〈ベティーズ〉の人気メニューとしても知られている。レシピは企業秘密とされているが、ごく近しいレシピをご紹介する。

使用する型の大きさにより5～8個分の材料

小麦粉……225g
塩……小さじ1/2
ベーキングパウダー……小さじ大盛り1
シナモンの粉末……小さじ1/2（お好みで）
バター……100g
砂糖（なるべくならゴールデン・キャスター・シュガー）……50g
干しブドウ（カランツ）……50g
小ぶりのオレンジまたはレモンの皮……1個分
卵……1個（溶いておく）
脂肪分無調整の牛乳……大さじ4～5
グレーズ（つや出し）用
……大さじ1の水に卵黄1個分を溶き入れたもの

飾り用

砂糖漬けのチェリーやレーズン
オレンジの皮またはアーモンド（両方でも可）

オーブンを220度で予熱しておく。小麦粉、塩、ベーキングパウダー、シナモンを合わせてふるいにかける。バターを練り込んでパン粉をこしらえる。砂糖、干しブドウ、オレンジかレモンの皮も入れて混ぜる。卵を溶き入れ、牛乳を加えて軟らかい生地を作る。小麦粉を振った板の上で、2.5センチの厚みの生地に伸ばす。7～8センチの丸型で切り抜き、油を塗った焼き皿に並べる。卵黄を水で溶いたものを刷毛で塗る。ファット・ラスカル（太っちょのいたずらっ子）に干しブドウや砂糖漬けのチェリーで目を付けたり、オレンジの皮を唇にしたり、アーモンドを歯に見立てたり、思いのままに顔を描く。こんがりとおいしそうに色づくまで15分ほど焼いて、網台に移して冷ます。

❀ペティコートテール

張り骨で広げたクリノリンのペティコートに似た円形に焼く、スコットランドのショートブレッドビスケットだ。焼くまえに、食べるときにきれいな楔形に割れるよう円形の真ん中から縁へ等間隔で切り込みを入れる。

このようなビスケットの発祥については数多くの推察が行なわれている。『イングランドの食事』（1954）でドロシー・ハートレイは、12世紀の昔から作られていたもので、“ペティ・コーツ・タリス”と呼ばれていたと解説している。ペティ（小さい）、コーツ（狭い囲い）、タリス（きっちりと計って等分に切ること）を合わせた呼称だ。そこから、中央の丸いところは取り除かれ、女性のペティコート形のビスケットになり、ペティコートタリスが誕生した。だが、フランスの小さなケー

キ、“プティ・ガトー・テール”が1560年にフランスからメアリー女王によってスコットランドに持ち込まれたときに、誤って伝えられた呼称だとの説もある。そしてすぐにペティコートテールとして広まったというのだ。

1826年にマーガレット（メグ）・ドッズ夫人の筆名で『料理と主婦の手引き』を著したクリスチャン・イゾベル・ジョンストーンはペティコートテールについてこう書いている。「スコットランドの料理用語には多くの誤りがあるが、ペティコートテールという名称は、わたしたちの祖先である宮廷女性たちの鐘状に広がったペティコートに似た形のケーキに付けられたと考えてまず間違いないだろう」

小麦粉……250g
キャスター糖……75g（お好みで上部に仕上げに振りかけるなら余分に）
バター……175g
キャラウェイシード（お好みで）

小麦粉と砂糖をボウルに入れて合わせ、バターを練り込む。お好みでキャラウェイシードも少々加えて、なめらかでしっかりとした生地にこねる。厚さ1センチの円形に伸ばし、縁をつまみ上げる。

小さな丸型で真ん中を刳り貫く。生地を8等分に切り分けられるよう印を付ける。円形の縁を波形にするかつまみ上げ、フォークで模様を刻みつけていく。油を塗った焼き皿にのせ、160度のオーブンでこんがり色づくまで25分から30分くらい焼く。お好みでさらにキャスター糖を少しまぶし、網台にのせて冷ます。

❀シードケーキ

ヴィクトリア朝時代に急速に広まり、キャラウェイシードのぴりっとした風味が人気でティー・テーブルには欠かせないケーキとなった。けれども、スコットランドではことに何世紀もまえから食べられていた。社交の催し、農作物の収穫時、祝祭、さらに種蒔きの際にも、シードケーキが食べられる風習があった。もともとはキャラウェイシードを糖菓(砂糖漬け)にしてケーキに加えていたが、17世紀の終わりか18世紀初め頃から、そのまま使われはじめた。第二次世界大戦以降は時代遅れと見なされてあまり好まれなくなった。現代では、しっとりとしておいしい日持ちのするケーキにもかかわらず、ほとんど作られていない。茶とともに古めかしいシードケーキを楽しみたい人や、特別なティー・パーティに供したいという人のために、1861年のビートン夫人のレシピをご紹介しよう。

とてもおいしいシードケーキ

材料：バター1ポンド（約454g）、卵6個、ふるいにかけた砂糖3/4ポンド（約340g）、風味づけにメースの粉末とすりつぶしたナツメグ、小麦粉1ポンド、キャラウェイシード3/4オンス（約21g）、ブランデーをワイングラス1杯分

作り方：バターをクリーム状に練り、小麦粉を混ぜ、砂糖、メース、ナツメグ、キャラウェイシードを加え、しっかりと混ぜ合わせる。卵を泡立て、ブランデーを入れて混ぜ、このケーキをまた10分ほどしっかりこねる。バターを塗った紙を敷いた型に注ぎ込み、1時間半から2時間焼く。このケーキはキャラウェイシードの代わりに干しブドウを入れても同じくらいおいしく出来上がる。

❀ダンディーケーキ

濃厚で、こんがりとした焼き色が美しく、ハイティーやクリスマスなどの特別な日にぴったりのスコットランドの伝統的なフルーツケーキだ。たいがい仕上げにアーモンドが同心円状に美しく上部に飾られる。そもそもは1800年代後半にダンディー（スコットランド東部の港町）のキーラー

家が営むマーマレードと菓子の工場で、真冬の祝祭時期にマーマレードとジャムの生産ラインを利用して作られていたケーキだった。マーマレードを作るのに使っていたダイダイの皮を入れて濃厚なフルーツケーキを作りだし、そのうちに町の名が付けられた。スコットランドのケーキなので、ウイスキーで風味づけするのがお勧めだが、お好みで甘いシェリー酒やブランデーを使ってもいいだろう。

バター……250g（軟らかくしておく）
キャスター糖……250g
オレンジとレモンの皮のすりおろし…各1個分
中位の大きさの卵……5個（溶いておく）
小麦粉……280g
スルタナ種の干しブドウ
（またはミックスドライフルーツ）……450g
ウイスキー……大さじ2
マーマレード用の厚い皮を裏ごししたもの
……大さじ山盛り1
仕上げにのせる用の湯むきしたアーモンド
……50g

オーブンは160度に予熱しておく。

20.5センチの深く丸いケーキ型に油を塗り、焦げつきを防ぐベーキングパウダーを振っておく。

バター、砂糖、オレンジとレモンの皮をすりおろしたものを軽くなめらかなクリーム状になるまで練る。卵をひとつずつ、よく混ぜながら溶き入れる。小麦粉をふるいにかけて入れ、軽く混ぜてから、スルタナ種の干しブドウかミックスフルーツを加える。ウイスキーと裏ごししたマーマレードを入れて、やさしく、かつしっかりと混ぜ合わせる。軟らかく、とろりとした濃度が目安。

その生地をケーキ型に注ぎ、真ん中がいくらかへこむように四方に広げる。湯むきしたアーモンドを同心円状に飾りつける。ケーキを保護するために、生地のほんの少し上に褐色の紙がのるようケーキ型をくるむ。紐やテープで留めておく。

1時間ほど焼く。ケーキの上部がすでに褐色になりはじめていたら、耐油紙で覆い、オーブンの温度を150度に下げて、さらに1時間半、もしくはケーキがこんがりと色づいて、金属の串を入れても何も付かない程度まで焼く。

オーブンからケーキを取りだし、冷却用の網台に移し、そのまま冷ます。このケーキは密閉容器に保存すれば長持ちする。

❀バラ・ブリス

ティー・ローフは茶と一緒に味わうのにまさしくぴったりで、地域ごとに特色あるものが作られている。バラ・ブリスは濃厚な風味のウェールズの伝統的なフルーツ・ローフ（パン）だ。バラ・ブリス（Bara Brith）とは“斑点模様のパン”という意味で、斑点はフルーツを表している。

膨張剤が作りだされるまではほかの伝統的な多くのケーキやパンと同様に、酵母ケーキだった。バターやラードを使うものもあり、ご紹介するレシピのように、たいがいは紅茶に漬けたドライフルーツが加えられている。ウェルシュ・ブリュー・ティーを使ってもいいし、ジャスミンティーなどほかの茶なら変わった風味も楽しめる。有塩のウェールズバターを塗って食べるとなおおいしい。

visitwales.comのレシピを少し改変した作り方をご紹介する。

ミックスドライフルーツ……450g
冷たい茶……300ml
マスコバド糖……175g
放し飼い鶏の中位の卵……1個
オレンジ果汁……大さじ2
オレンジの皮……大さじ1
蜂蜜……大さじ1

ベーキングパウダー入り小麦粉……450g
ミックススパイス……小さじ1
グレージング用の蜂蜜

ミックスドライフルーツをボウルに入れ、茶を注ぎ、蓋をしてひと晩寝かせる。翌日に、砂糖、卵、オレンジ果汁、オレンジの皮、蜂蜜を混ぜ合わせて加える。小麦粉とスパイスをふるいにかけて入れ、よく混ぜる。バターを塗ったパン型（1.2 l／2パイント）に注ぎ入れる。160度に予熱したオーブンで1時間45分くらい焼く。焼き色が付いて、真ん中までしっかりと固まるくらいがちょうどよい。温かいうちにさらに蜂蜜をかける。じゅうぶんに冷まし、ケーキ型に入れて保存する。

レモン・ドリズル・ケーキ

カフェやティールームで、家庭でも、ティータイムに人気のおやつだ。オレンジのドリズル（果汁シロップ）でも作ることができる。その場合にはレモンの代わりに小さめのオレンジ2個を使う。

バター……175g（軟らかくしておく）
キャスター糖……175g
ワックス不使用レモン…2個分の皮と果汁
卵……3個
ベーキングパウダー入り小麦粉……175g
牛乳……少々
グラニュー糖……100g

オーブンを180度に予熱しておく。1kg用のパン型に耐油紙を敷いて油を塗る。

バター、キャスター糖、レモン1個の皮をすりおろしたものを、軽くふんわりしたクリーム状になるまでかき混ぜる。卵を1個ずつ、よく混ぜ込みながら加えていく。

小麦粉をふるいにかけて加え、練り込む。とろりとしてぽたぽたと（スプーンから）落ちるくらいになるまで牛乳を加え、用意しておいたパン型に注ぎ入れ、平らにならす。急速に色づくようなら170度に下げて、串を通しても何も付かなくなるくらいまで、40分から45分焼く。

残りのレモンの皮と果汁をグラニュー糖と混ぜ合わせる。ケーキがまだ温かいうちに串を上部に刺し通して、果汁シロップをかけ、一山ずつ染み込むのを待って、次の山にかける。そのまま冷ましてから、型から出す。

マドレーヌ

『ジェラルデン・ホルトのケーキ』（2011）に収載のレシピをご紹介する。本書の序文にはこう書かれている。「『失われた時を求めて』で女中フランソワーズがこしらえるこの伝説的な小さなケーキは、作者マルセル・プルーストが若い頃にコンブレーに住むおばのレオニーから供されたもので、19世紀に人気を博したルイス・ユスターシュ・ウドゥの料理書『田舎と街の料理』に収載されたレシピで作られた可能性もある。簡単でしかも美味なケーキに仕上がる作り方なので、そうだとすればなお喜ばしい。焼きたてのマドレーヌはもちろん、ライムティーとご一緒に」食べる直前にさっと粉砂糖をかけるのがわたし流だ。

180度／焼き時間15分
用意する物：貝殻型のマドレーヌ容器（焦げつきを防ぐために澄ましバターを塗っておく）

24個分の材料
バター……60g
キャスター糖……150g
レモン1/2……すりおろした皮
卵……3個（卵黄と卵白に分ける）
ベーキングパウダーが入っていない菓子用小麦粉……120g（できればフランス産）
澄ましバター……大さじ1

（ケーキ型に刷毛で塗る）

温めたボウルでバターをクリーム状に溶かし、砂糖とレモンの皮を入れてゆっくりと混ぜる。橙花水に卵黄を入れてかき混ぜる。卵白を角が立つくらいにしっかりと泡立てて、ふるいにかけた小麦粉と交互に混ぜ入れていく。

マドレーヌ型に澄ましバターを刷毛で塗る。深みのあるスプーンで生地を型に流し込み、それぞれ平らに整える。

予熱したオーブンに入れ、焼き色が付いて、小さなケーキが型のなかで収縮しはじめるまで焼く。そのまま1分冷ましてから、金網台に移す。湯だけで型を洗い流し、乾かして、澄ましバターを塗り、残りの生地で2皿目のケーキを焼く。

ティー・キス

ティー・テーブルで可愛らしく映える小さなメレンゲ菓子で、大西洋の両岸で愛されている。アメリカ合衆国ではイライザ・レスリー著『ミス・レスリーの新しい料理書』（1857）に早くも作り方が紹介されていた。レスリーは菓子の底部を刳り貫いて、ゼリーを詰めていた。「そして、ふたつの片割れをぴたりと合わせ、残しておいた少量のメレンゲで縁を湿らせて底部を密着させます」

このメレンゲは香りのよい茶（右記のレシピ参照）やレモン、薔薇水、橙花水、バニラで風味づけしてもよい。好みで、着色料を数滴垂らして、生地を半分くらい色づけしてもよいだろう（薔薇の香りの茶を使うならピンク、アールグレイの“レディ・グレイ”を使うなら淡い青色にという具合に）。抹茶を使えば緑色になるし、ちょっぴり刺激的な風味も加わる。ホイップクリームを挟むという手もある。工夫の仕方は無限にある。

ローズプーチョン茶またはジャスミン茶
……大さじ1
キャスター糖……110g
大きめの卵……2個分の卵白
食用着色料（お好みで）
ホイップクリーム（お好みで）

茶葉をモスリン布でくるんで砂糖のなかに埋める。少なくとも2時間はそのままにする。より長いほうが望ましい。密封容器に入れ、時どき振り動かしながら、長くて2週間置いておく。モスリン袋を取り除いて、その砂糖を使う。

オーブンは130度に予熱しておく。焦げつきを防ぐベーキングシートを敷く。卵白を角が立つまで泡立てる。香りの付いた砂糖を加え、しっかりと立って厚みのある艶やかなメレンゲになるまで泡立て続ける。途中で、半分に分けて、お好みで片方にほんのりと色づけしてもよい。スプーンで落としたり、絞り袋で渦巻きや星模様を描いたりして、ベーキングシートに生地をのせる。50分焼く。そのまま冷まし、慎重に取りだす。お好みでホイップクリームを挟んでもよい。小さな可愛らしい紙のケースに入れて出す。

ロシア風スノーボール

白い粉がまぶされた球体で口のなかで溶けることから“スノーボール”と呼ばれる、軽くておいしい菓子だ。中世のイングランドではごく一般に食べられていた、練粉菓子とビスケットの中間のようなジャンブルと呼ばれる菓子の一種だ。使うのはだいたい小麦粉、バター、刻んだナッツ、粉砂糖、風味づけのバニラくらいで、ごく簡単に作られている。

アメリカ合衆国ではクリスマスの時期によく作られる。使われるナッツは、クルミ、アーモンド、ヘーゼルナッツ、ペカンなど。別名がいくつかあり、ロシアン・ティーケーキとも呼ばれるが、その名から受ける印象とは少し異なり、ケーキというよりはクッキーやビスケットに近いし、ロシア

との関連も不明だ。ほかにも、バターボール、メルトアウェイ、さらに、ペカンで作られているものはペカンパフ、またはペカンボールとも呼ばれる。

メキシコのウエディングケーキ（またはクッキー）、イタリアのウエディングクッキー、ポーランドのクリスマスのクロワッサン、スペインのポルボロンなど、世界じゅうの多くの国に似たような形の菓子がある。

ペカン（またはクルミ、アーモンド、ヘーゼルナッツ）……110g
バター……110g（軟らかくしておく）
キャスター糖……大さじ山盛り2
バニラエッセンス……小さじ1（またはラム酒、ウイスキー、ブランデーを大さじ1）
ベーキングパウダー入りではない小麦粉（中力粉）……125g
まぶし用の粉砂糖

オーブンは170度に予熱しておく。

ナッツを細かく刻むか、フードプロセッサーで砕く。バターをクリーム状にこねてから砂糖を入れて軽くふわっとするまで練る。バニラエッセンス、小麦粉、ナッツの順で加え、小麦粉が練り込まれるまでしっかり混ぜる。クルミの大きさにちぎって手のひらで丸め、油を塗っていない焼き皿に間隔を空けて並べる。うっすらと焼き色がつくまでオーブンで20分から25分くらい焼く。

そのあいだに粉砂糖をふるいにかけて深皿に入れておく。オーブンから丸いクッキーを取りだし、粉砂糖のなかで転がす。網台に移して冷ましてから、また両面に粉砂糖をまぶし、密封容器に保存する。

ニューファンドランド・ティー・バン

レーズン・バンとも呼ばれ、ティーケーキとスコーンの中間のような小さなパンだ。各家庭にほとんどがラム酒を使った“秘伝”のレシピがあり、いろいろな種類がある。19世紀にカナダから塩漬けのタラを船積みしてカリブ海沿岸に運んだ商人が引き換えにラム酒を手に入れた。そうして作られたパンはたいがい学校からお腹を空かせて帰ってきた子供たちに（これにはラム酒は使われていなかっただろう）食べさせたり、ハイティーで供されたりしていた。無糖練乳を使うと最上のレーズンパンができると言われているが、新鮮な牛乳でも作れるし、多くのニューファンドランド人はフュッセルの缶入りの濃厚なクリームを好んで使う。

カナダ観光局作成のレシピカードを少し改変した作り方をご紹介する。

12個分の材料

レーズン……150g
ラム酒……大さじ1～2
小麦粉……300g
ベーキングパウダー……小さじ2 1/2
塩……小さじ1/4
砂糖……110g
無塩バター……100g
卵……1個（110mlの無糖練乳で溶く）

レーズンはラム酒に2、3時間からひと晩漬けておく。オーブンは200度に予熱する。

小麦粉、ベーキングパウダー、塩、砂糖を大きなボウルに入れて混ぜ合わせる。バターを加えてパン粉のようになるまで練り込む。

レーズンをラム酒の漬け汁と一緒に加え、卵を入れ、材料がしっとりする程度に牛乳を加えて練り、軟らかい生地をこしらえる。小麦粉を振った板の上で、4、5回こねる。丸型で刳り貫き、1セ

ンチの厚みに丸める。

テフロン加工のフライパンに生地を並べる。焼き色がつくまで10分から15分焼く。網台の上で冷まし、バター（あるいは濃厚なクリーム）と、あればジャムを添えて出す。

❊ナナイモ・バー

ナナイモ・バー（略してNB）はカナダで大人気の菓子のひとつだ。この呼称は、ブリティッシュコロンビア州の都市ナナイモから付けられた。正確な発祥の経緯は不明だ。1930年代頃に誕生したようだが、当時はチョコレート・フリッジ・ケーキ、またはチョコレート・スクエアやチョコレート・スライスと呼ばれていた。“ナナイモ・バー”として作り方が明記された最古の印刷物は1953年刊行のエディス・アダムスの著名な料理書（第14版）だ。

ザクザクとした生地にふんわりとしたカスタード入りバタークリームをのせ、さらになめらかで艶やかな甘すぎないチョコレートをのせた、焼かずに作られる3層の美味なチョコレートバーだ。様々な作り方がある。1985年にナナイモ市のグレイム・ロバーツ市長が“究極の”ナナイモ・バーのレシピを決定するコンテストを開催した際には、およそ100種もの参加登録があった。地元住民のジョイス・ハードキャッスルが優勝し、彼女の作り方が現在はナナイモ・バーの“公式”レシピとして認定されている。

ご紹介するのはノリーン・ハワードから教えられたレシピを少し改変したものだ。ノリーンによれば、1965年にモントリオールにある夫の両親宅を訪れたとき、大学で家政学を専攻した義母メアリー・ハワードが毎日午後4時くらいに、夕食まで待ちくたびれないように茶とともにチョコレートのバーやクッキーやスクエアを食べさせてくれたという。

1層目の材料

バターまたはマーガリン……110g
（溶かしておく）
ブラウンシュガー……50g
ココアパウダー……大さじ4
溶き卵……1個
グラハム・クラッカー・クラスト（または全粒粉を原料にした甘いビスケットを砕く）……225g
ココナッツの粉末……75g
刻んだクルミ……50g
バニラエッセンス……小さじ1

混ぜ合わせて23センチの正方形の型に入れ、30分冷やす。

2層目の材料

粉砂糖……250g（ふるいにかける）
バター……50g（軟らかくする）
クリームまたは牛乳……60ml
バーズのカスタードパウダー……大さじ2

材料をすべて混ぜ合わせ、なめらかでまろやかになるまで攪拌し、1層目の上部に丁寧に広げる。

3層目の材料

セミスイートの板チョコレート……3枚（75g）
バター……50g

チョコレートとバターを一緒に溶かしてから、2層目の上部に広げて冷やす。

出来上がった濃厚なバーを2.5センチ四方の小さな四角形に切り分ける。

❀アフガン

ニュージーランドとオーストラリアのどちらでも人気の伝統的なビスケット（クッキーとも呼ばれる）だ。発祥の経緯は不明で、アフガニスタンやアフガニスタン人とはまったく関わりがないと唱えている人々が多い。とはいえ、19世紀後半（1878–80）に大英帝国の兵士たちによる第二次アングロ・アフガン戦争で、アフガニスタンに従軍していた英国の兵士に届けられたビスケットが始まりとの説もある。そのほかにも、濃い色の肌で、チョコレートの糖衣のような髪をして、クルミ形の帽子（あるいはターバンかもしれない）をかぶったアフガニスタン人男性にどことなく似ているビスケットだから、アフガンと名づけられたと唱えている人々もいる。アフガニスタンからニュージーランドを訪れた紳士に敬意を表して作られたという説もあるが、その紳士の名すら誰も知らない。誕生の経緯がどうあれ、簡単に作ることができて、おいしいビスケットだ。

ニュージーランドでは広く知られる『エドモンズ・クッカリー・ブック』の多くの版にアフガンのレシピは収載されている。1955年の豪華版に収載されたレシピを少し改変してご紹介する。

軟らかくしたバター……200g
砂糖……75g
小麦粉……175g
ココアパウダー……大さじ1
コーンフレーク……50g
チョコレートのアイシング
（下記のレシピ参照）
クルミを半分に割ったもの

オーブンを180度に予熱しておく。

バターと砂糖をクリーム状に練る。小麦粉とココアパウダーを入れてよく混ぜる。最後にコーンフレークをなるべく壊れないように加える。

油を塗ったオーブン皿に混ぜ合わせたものを大さじ1杯ずつ小盛りに落として、15分くらい焼く。オーブンから取りだし、冷ます。

冷めたら、チョコレートのアイシングをかけて、半分に割ったクルミをそれぞれのてっぺんに飾りつける。

チョコレートのアイシング

バター……デザートスプーン1
沸騰水……デザートスプーン1
細かく砕いたチョコレート……50g
粉砂糖……225g
バニラエッセンス

平鍋でバターを熱する。チョコレートを水に溶かしてバターに加え、粉砂糖をふるいにかけて入れ、なめらかにツヤがでるまでかき混ぜる。風味づけにバニラエッセンスを2滴落とす。

❀アンザックビスケット

ご紹介するのは少年時代をニュージーランドで過ごしたロジャー・アットウェルが教えてくれたレシピだ。ロジャーの母親と祖母は『エドモンズ・クッカリー・ブック』に収載されているレシピを少し変えてアンザックビスケットを焼いていたという。

小麦粉……50g
砂糖……75g
ココナッツ……50g
ロールドオーツ（押しオーツ麦）……50g
バター……50g
ゴールデンシロップ……大さじ1
重曹……小さじ1/2
沸騰水……大さじ2

オーブンを180度に予熱しておく。

小麦粉、砂糖、ココナッツ、ロールドオーツを混ぜ合わせる。バターとゴールデンシロップを合わせて溶かす。重曹を沸騰水に溶かし、バターとゴールデンシロップを加える。小麦粉の真ん中にくぼみをこしらえ、液体を流し入れて混ぜる。よくかき混ぜる。小さじ1くらいずつ、油を塗った冷えた焼き皿に間隔を空けて落としていく（または、深みのある小さなスプーンでボール形に落として上から少し押さえて平らにしてもかまわない）。こんがりと焼き色がつくまで15分から20分焼く。オーブンから出して、焼き皿にのせたまま5分冷まし、網台に移す。

ルイーズケーキ

ニュージーランドで昔から愛されている菓子で、薄いケーキやビスケットにラズベリージャム（ほかの種類のジャムでも可）を塗り、ココナッツのメレンゲをのせて、オーブンで焼いて作る。ニュージーランド人必携の料理書『エドモンズ・クラシックス』では、人気レシピの上位10品でルイーズケーキが第6位に選ばれている。1955年版の『エドモンズ・クッカリー・ブック』のレシピを少し変えてご紹介する。

バター……50g
小麦粉……150g
砂糖……25g（大さじ2）
キャスター糖……125g（1/2カップ）
卵……2個（卵黄と卵白に分ける）
ベーキングパウダー……小さじすりきり1
ラズベリージャム
乾燥ココナッツ……50g（1/2カップ）

オーブンを170度に予熱しておく。バターと砂糖を軽くふっくらするまでクリーム状に練り、卵黄を加え、小麦粉とベーキングパウダーをふるいにかけて入れる。油を塗った焼き皿か焼き型に平らに伸ばして入れる（わたしは20センチの角型を使用）。ラズベリージャムを塗る。卵白をしっかり角が立つくらい泡立ててから、キャスター糖とココナッツを加える。しっかり混ぜ込んでジャムの上に広げる。メレンゲがこんがり色づいて固まるまで30分くらい焼く。

型に入れたまま冷ます。正方形か指状に細長く切り分けて出す。

ヘルツォギー

南アフリカの伝統的な茶菓子。

材料〔生地〕

小麦粉……250g
キャスター糖……25g
ベーキングパウダー……小さじ2
塩……小さじ1/4
バター……125g
卵黄……大3個
冷水……大さじ1

材料〔具〕

アプリコットジャム
卵白……3個分
砂糖……250g
乾燥ココナッツ……160g

小麦粉、砂糖、ベーキングパウダー、塩をふるいにかけて、ボウルに入れて混ぜる。バターを加え、指先で軽くこねる。卵黄を水と合わせて溶き入れ、よく混ぜて、軟らかい生地になるまで練り、必要に応じて冷水を少し加える。蓋をして、涼しい場所に置く。

オーブンを180度に予熱し、パイ焼き皿に薄く油を塗っておく。

小麦粉を振った板の上でごく薄い生地（5ミリ

くらいの厚さ）に伸ばし、型抜きで丸く刳り貫く。油を塗った焼き皿に丸い生地を並べる。小さなタルトのひとつずつにアプリコットジャムをスプーンで少しずつのせる。

卵白をしっかりと泡立てる。砂糖を少しずつ加え、ふんわりするまで撹拌する。ココナッツを加えてよく混ぜる。そのメレンゲをジャムの上にスプーンでかぶせる。

オーブンに入れ、20分から25分くらい焼く。そのまま少し冷ましてから、慎重に取り上げ、網台の上に移して冷ます。

❄シナモントースト

冬に身体を温めてくれるおやつだ。わたしが調べたなかで最も古いシナモントーストのレシピは、ロバート・メイ著『絶品料理』（1660）に収載されていた。このシナモントーストが、英国に当時伝わったばかりの茶とともに食べられていたのかどうかは不明だ。ロバートの指示書きは簡潔だ。「上質なパンを薄く切って、焼き網の上で焼き、皿に重ねて、細かく砕いたシナモンと砂糖とクラレット（赤ワイン）を混ぜたものをのせ、火にあぶって、温かいうちに食べる」

英国統治下のインドでは、シナモントーストがアフタヌーンティーの定番の食べ物だったが、クラレットは加えられていなかった。

4枚分の材料

シナモンの粉末……小さじ1
砂糖……大さじ1
無塩バター……大さじ2
パン……4枚

シナモンと砂糖を混ぜ合わせておく。パンを軽くトーストし、温かいうちにバターをたっぷり塗る。シナモンと砂糖を振りかけ、グリルに入れて、砂糖が溶けるまで2分くらい焼く。出してすぐに食べる。

❄ラブケーキ

イリノイ州リバティーヴィルのナポリオーナ・ティー社の紹介でポーリーン・ホルシンガーから教えられたのが下記のレシピだ。ポーリーンのスリランカの一族に100年以上も引き継がれてきたティータイムには定番の人気の菓子で、一家が営むヌワラエリアの茶園を訪れる客に供されているという。ポーリーンによれば、おいしく作る“秘訣はじっくり焼くことと、適切な焼き鍋を使うこと”だそうだ。この濃厚で甘いケーキは小さい四角形にこしらえるのが望ましい。

セモリナ粉……110g
無塩バター……225g
レモンの皮……1個分
生のカシューナッツ……450g
バニラ……10g
アーモンドエッセンス……小さじ1/2
薔薇水……30ml
南瓜の砂糖煮……450g
卵黄……10個
ソフトブラウンシュガー
……150g（3/4カップ）
ナツメグとシナモン……それぞれ小さじ1/4
蜂蜜……40g（1/8カップ）
卵白……4個分(しっかり泡立てる)

セモリナ粉を軽く焼く。温めて少し焼き色がついたら、バターとレモンの皮を混ぜておく。

カシューナッツを木槌で砕き（刻まない）、バニラ、アーモンドエッセンス、薔薇水を加えて、蓋をする。1時間おいて風味をなじませる。

南瓜の砂糖煮を刻んで泡立つまでかき混ぜる。卵黄と砂糖を加え、ふんわりと泡立ててから、ナツメグとシナモンを混ぜる。蜂蜜とセモリナ粉、

カシューナッツを混ぜたものをすべて入れてかき混ぜる。

卵白4個分を角が立つまで泡立て、やさしく混ぜ込む。

クッキングシートを敷いて油を塗った25×30センチの焼き型に注ぎ入れ、150度で表面にうっすらと焼き色がつくまで焼く（伝統的な手法では焼き型に新聞紙を折り重ねた上にクッキングシートを敷いて生地を流し込む）。

冷まして、2.5センチ四方の正方形に切り分ける。切り分けて冷凍すれば3カ月間保存可能。

セイロン茶とともに味わう。

南瓜の砂糖煮は食料雑貨店やスーパーマーケットにはあまり置いていない。プフル・ドーシという名でアジア系の食料品店で探してみると見つかりやすいだろう。ただし、ラブケーキのレシピには南瓜の砂糖煮を使わないものもある。

❄クルチェ・パンジェレ（ローズクッキー、ローザクッキー、ロゼッテクッキーとも呼ばれる）

イランとアフガニスタンで茶とともによく食べられている薄く、カリッとした揚げ菓子で、凝った模様が彫り込まれた焼き型で花の形に仕上げられているものが多い。この焼き型は油につけて熱し、小麦粉と卵と牛乳でこしらえて軽く砂糖を加え、バニラや薔薇水で風味づけした衣に押し込み、それごとまた熱した油に浸けると、金属の型どおりにパリッとした殻が付く。型を油から引きだし、型から衣を抜いて皿に置く。たいがい軽く粉砂糖をまぶす。

こうした揚げ菓子は世界の多くの国々で見られる。インドではポルトガル人によってもたらされたと伝えられていて、英国とインドの血を引く人々のあいだではローズクッキー、またはローザクッキーとも呼ばれている。キリスト教徒のコミュニティではクリスマスや特別な時に作られる風習がある。ケララ州ではアチャッパムとも呼ばれている。たいがい牛乳ではなくココナッツミルクが使われる。スリランカではコキスと呼ばれ、米粉とココナッツミルクで作られる菓子で、オランダから伝来したと考えられている。

スウェーデン、ノルウェー、フィンランドでは、ロゼットと呼ばれている（アメリカ合衆国のスカンジナビア系の血を引く一族でも人気の菓子だ）。メキシコではブニュエロ、コロンビアではソルテリタスと呼ばれる。トルコではデミル・タトゥルスがある。イランとアフガニスタンのクルチェパンジェレ（“飾り窓”ビスケット）のレシピをご紹介する。

卵……中2個
砂糖……小さじ1
塩……小さじ1/4
小麦粉……110g
牛乳……225ml
溶かしバター……小さじ2
揚げ油
仕上げにまぶす粉砂糖

ボウルに卵を割り入れ、しっかりと混ぜる。砂糖と塩を加えて混ぜ、小麦粉は牛乳と溶かしバターと交互に少しずつ混ぜながら加える。なめらかになるまで練る。

深鍋にたっぷりの油を200度に熱する。まずは揚げ型を熱い油に入れてなじませる。その型を上部はかぶらないように衣用生地に差し込む。熱い油に、泡が消えて焼き色がつくまで、20秒から30秒手早く浸ける。油から出したら、必要ならフォークを使って、慎重に型から揚げ菓子を抜く。キッチンペーパーで油を切る。生地がなくなるまで、この手順を繰り返す。冷めたら、粉砂糖を振る。早めに食べるのがいちばんおいしい。

❄クリスマス・トライフル

トライフルは一年を通じてティータイムに人気のごちそうだが、夏のティー・パーティや真冬にはなお喜ばれる。クリスマスのティー・テーブルにはトライフルがなくては始まらない。

生のクランベリー……250g
キャスター糖……100g
小さなスポンジケーキかマドレーヌ
……8～12個
ドランブイなどのオレンジリキュール
……大さじ5
マンダリンオレンジかタンジェリンオレンジの果汁……大さじ5
ラタフィアビスケット……12～16枚

〔カスタード用〕
ダブルクリーム……565ml
キャスター糖……大さじ2
卵黄……6個分
コーンフラワー……小さじ2
バニラエッセンス……小さじ1（お好みで）

〔シラバブ用〕
レモン…1個の皮と果汁白ワイン
（辛口か甘口はお好みで）……大さじ3
橙花水……小さじ2
キャスター糖……75g
ダブルクリーム……280ml

仕上げに
クランベリー、アンゼリカ、銀色の粒状の糖衣菓子（アラザン）

クラベリーを飾り用に少し残して、150mlの水と一緒に鍋に入れる。沸騰させてから火を弱め、蓋をせずに、コトコトと5分煮る。砂糖を加える。さらに10分、果実が軟柔らかくなるまで煮る。火からおろし、少し冷ます。

装飾のきれいなガラスのトライフル容器にスポンジケーキを入れる。オレンジ果汁とリキュールを合わせ、スポンジケーキに均一にかけて染み込ませる。その上にクランベリーを煮詰めたものを広げ、砕いたラタフィアビスケットを散らす。涼しい場所に置く。

そのあいだにカスタードを作る。ダブルクリームをソースパン（片手鍋）で熱する。卵黄、砂糖、コーンフラワーをボウルに入れて混ぜ、そこに熱したクリームをかき混ぜながら加える。それをソースパンに戻し入れ、弱火にかけて濃厚なカスタードになるまでかき混ぜる。火からおろして少し冷ます（固まりだしたら手早く泡立てて元の状態に戻す）。

カスタードをケーキと果実にかけて、冷まして落ち着かせる。

シラバブ作りに取りかかる。レモンの皮を果汁に2時間くらい浸けておく。しっかりとクリーム状に泡立てる。砂糖、ワイン、橙花水をレモン果汁に加えて、やさしく混ぜ合わせて、ふんわりとした軽いクリームをこしらえる。このシラバブをカスタードの上にかける。

残しておいたクランベリー、アンゼリカ、アラザン、またはお好きなものを飾りつける。

図版謝辞

著者と発行者は以下の図示資料の提供または複製の許諾に感謝申し上げます。

Alamy: pp. 21 (The National Trust Photolibrary), 34, 105, 121 (Chronicle), 217 (Picture Partners), 235 (Dave G. Houser), 256 (IMAGEPAST), 257 (Lebrecht Music and Arts Photo Library), 283 (Chronicle), 305 (Chronicle), 315 (Giles Robberts), 317 (Lou-Foto), 334 (Chronicle), 337 (Philip Game); Courtesy Angelina, Paris: pp. 106, 111; Archives of Ontario: p. 187; Art Gallery of New South Wales: p. 328 ; Asamudra: p. 167; Babingtons Tea Rooms: p. 122; Karen Dias: p. 278 ; Courtesy Dishoom: p. 273 ; Fáilte Ireland: p.118; Getty Images: pp. 12 (Culture Club), 76 (H. E. Davis), 367 (Buddhika Weerashinghe); Gryffindor: p. 99; Courtesy Horniman Museum, London: pp. 246, 288 , 293; iStockphoto:p.70 (threeseven); Library of Congress, Washington, DC: pp. 128 , 129 , 131, 156, 325, 326, 329; David Loong: p. 40; New York Public Library:p. 160; Mary Evans Picture Library: pp. 26 (A.Koch/Interfoto), 31 (Illustrated London News Ltd), 41, 61 (Retrograph Collection), 83, 87 , 91 (Illustrated London News Ltd), 108 (Estate of Edmund Blampied/ILN); Miansari66: p. 279; Museum of New Zealand Te Papa Tongarewa: pp. 219, 226 ; National Portrait Gallery, London: p. 56: The Metropolitan Museum of Art, New York: pp.19, 103, 127 , 129 , 135; courtesy Postcard Teas, London: p. 266; courtesy Kaori O'Connor: PP. 43, 57 , 205, 207; courtesy Gillian Riley: p. 101; Alex Saberi: pp. 20 , 37, 50, 62, 151, 285, 289, 296, 301, 308; courtesy of the Savoy: p. 86; Monica Shaw: p. 225; Shutterstock: pp. 66 (Magdanatka), 97(Bjoern Wylezich), 179 (Noir Chocolate), 191 (Kelly vanDellen), 202 (Kylie Ellway), 203 (Millefiore Images). 267 (EIRoi). 268 (espies), 300 (mar_chm1982), 309 (Resul Muslu), 318 (KPG_Payless), 319 (Makistock), 324 (Scan Pavone), 331 (Sann von Mai), 339 (stockcreations), 342 (Anneka); State Library of New South Wales, Sydney: p. 214; Courtesy State Library of Victoria: p. 197; Jaco Swart: p. 241; Topfoto: pp. 31, 90; Derek Ward: p. 88; Ke.We: p. 64; Wellcome Collection, London: p. 79; courtesy Mary Williamson: p. 189; Victoria and Albert Museum, London: p. 309.

著者　ヘレン・サベリ　Helen Saberi
食物史研究家。イギリスのヨークシャー出身。ロンドンを拠点に活躍するフードライターで、食物史に関する著書多数。食物史の名著『オックスフォード食物必携 *The Oxford Companion to Food*』(初版)では編者アラン・デビッドソンの片腕として編集・執筆を行なう。アフガニスタン在住の経験があり、アフガニスタン料理に関する著書『アフガニスタンの食べものと料理 *Afghan Food and Cookery*』もある。邦訳書に『お茶の歴史』(原書房)がある。

訳者　村山美雪（むらやま・みゆき）
英米文学翻訳家。東京都出身。外資系商社、出版社勤務を経て翻訳者となる。19世紀の英国を舞台にしたヒストリカル・ロマンス小説のほか、ノンフィクションを含め、出版翻訳をおもに手掛けている。主な訳書に『ブリジャートン家』(竹書房)、『英国レシピと暮らしの文化史』(原書房)ほか多数。

ヴィジュアル版　世界《せかい》のティータイムの歴史《れきし》

2021年11月22日　第1刷

著者……………………ヘレン・サベリ
訳者……………………村山美雪《むらやまみゆき》
ブックデザイン………永井亜矢子（陽々舎）
発行者…………………成瀬雅人
発行所…………………株式会社原書房
〒160-0022 東京都新宿区新宿 1-25-13
電話・代表　03(3354)0685
http://www.harashobo.co.jp/
振替・00150-6-151594
印刷……………シナノ印刷株式会社
製本……………東京美術紙工協業組合

ISBN 978-4-562-05963-8 Printed in Japan